Olivier Blanc

DER LETZTE BRIEF

Die Schreckensherrschaft der Französischen Revolution in Augenzeugenberichten

Aus dem Französischen von Brigitte Pätzold

PAUL ZSOLNAY VERLAG
WIEN · DARMSTADT

Alle Rechte vorbehalten, insbesondere das des öffentlichen Vortrags,
der Übertragung durch Rundfunk und Fernsehen, auch einzelner Teile.
© Paul Zsolnay Verlag Gesellschaft m.b.H., Wien · Darmstadt 1988
Titel der französischen Ausgabe: La dernière Lettre – Prisons
et condamnés de la Révolution 1793–1794
© Editions Robert Laffont, Paris 1984
Umschlag und Einband: Buchholz & Hinsch unter Verwendung eines Ausschnitts aus
dem Gemälde von Eugène Delacroix
Satz: Fotosatz Pfeifer, Germering
Druck und Bindung: May & Co., Darmstadt
Printed in Germany
ISBN 3-552-04015-3

CIP-Titelaufnahme der Deutschen Bibliothek

Blanc, Olivier:
Der letzte Brief: d. Schreckensherrschaft d. Franz. Revolution in Augenzeugenberichten / Olivier Blanc. Aus d. Franz. von Brigitte Pätzold. – Wien; Darmstadt: Zsolnay, 1988
Einheitssacht.: La dernière lettre ‹dt.›
ISBN 3-552-04015-3

PAUL ZSOLNAY VERLAG

Olivier Blanc
Der letzte Brief

Paul Blanc zum Andenken

INHALT

Vorwort 13

Einleitung 17

1. Teil: Die Gefängnisse unter der Schreckensherrschaft
und ihre Insassen 25

  1. Kapitel: Hinter den Mauern 27
    Das Leben der Gefangenen 27
    Haftbedingungen der Gefangenen 35

  2. Kapitel: Eine heimtückische Erfindung:
    Die Verschwörungen in den Gefängnissen 63
    Bicêtre 63
    Das Luxembourg-Gefängnis 66
    Plessis 73
    Saint-Lazare 78
    Das Karmelitergefängnis 86

  3. Kapitel: Von der Conciergerie zum Schafott 91
    In Erwartung des Urteils 91
    Vor dem Revolutionstribunal 103
    Die letzten Augenblicke und der Weg zum Schafott . . 105
    Eine Episode: Die Abfahrt aus dem Gefängnis
    »Les Oiseaux« 115

Anhang des 1. Teils: Das Geld in den Gefängnissen des
Terrors 127

2. Teil: Die letzten Briefe 143

   Allgemeine Bemerkungen anhand von Briefauszügen . . . 145

   Louis-Alexandre Beaulieu de Surville 151

   Das Komplott »La Rouërie« 155
      Nicolas-Bernard Groult de La Motte 159
      Thérèse de Moëllien, Gräfin von Trojoliff 161
      Jean-Baptiste-Georges Camasse de Fontevieux 163
      Guillaume-Maurice Morin de Launay 166
      Georges-Julien-Jean Vincent 167
      Marie-Jeanne Micault, Gräfin Lamotte-
      La Guyomarais 169
      Louis-Anne du Pontavice 172
      Félix-Victor Locquet de Grandville 174
      Angélique-Françoise Des Isles, Gräfin Desclos von
      La Fonchais 176
      Michel-Alain Picot de Limoëlan 179

   Claude-François Berger 180
   Jeanne-Charlotte de Rutant 183
   Antoine-Joseph Gorsas 186
   Jean-Jacques Barbot 189
   Marie-Antoinette von Habsburg-Lothringen 192
   Gabriel Rochon de Wormeselle 196
   Guillaume-Antoine Lemoine 196
   Marie Gouze, genannt Olympe de Gouges 198
   Marie-Madeleine Coutelet 201
   Madeleine-Françoise-Joséphine de Rabec,
   Frau von Kolly 203
   Etienne-Pierre Gorneau 209
   Pierre-Léon Dufresne 212
   Guillaume Léonard 215
   Charles-Antoine Pinard 216
   Philippe Rigaud 216
   Jacques Serpaud 220
   Jacques Blouet 220

Amable-Augustin Clément 222
Baron Frédéric von Dietrich 224
Armand-Louis-Philippe-François Custine 225
Anne-Jeanne Roettiers de la Chauvinerie, Marquise de
Charras 228
Jean-Baptiste-Emmanuel Roettiers de la Chauvinerie . . . 228

Die Coulommiers-Affäre 232
   Charlotte Noirette, Frau Blancheton 235
   Marguerite Foi-Franquet, Frau Deltombe 235
   Charles-Jean-Louis Igonnet 235
   François-Joseph-Toussaint Prévost
   de la Plumasserie 237
   Pierre Merlin 237
   Étienne-François Maulnoir 238
   Guillaume Martin 240
   Étienne-Thomas Ogier de Baulny 241

Jean-Jacques Graf Baillard von Troussebois 242
Claude-Valentin Millin de Labrosse 246
René-François Fourcault de Pavant 248
Étienne-Thomas de Maussion de Cande 251
Louis Prunelle 254
Claire-Madeleine de Lambertye, Gräfin von
Villemain 256
Louis-François Poiré 259
François-Charles Gattey 262
Antoine-Laurent de Lavoisier 265
Rosalie Chodkiewicz, Prinzessin Lubomirska 267
Prinz Friedrich von Salm-Kyrburg 267
Avoye Paville, Frau Costard 273
Jean-François Dufouleur de Courneuve 276
Jean-Baptiste-François Raucourt 279
Marquis Louis-Henri-Marthe von Gouy d'Arsy 280
Antoine-Quentin Fouquier-Tinville 283
Gracchus Babeuf 287

Anhang 293
Verzeichnis der Pariser Gefängnisse zur Zeit
der Schreckensherrschaft 295
Zeittafel 297
Konkordanz des republikanischen und des
gregorianischen Kalenders 299
Verzeichnis der Abkürzungen 300
Anmerkungen 301
Bibliographie 314
Namenverzeichnis 317

VORWORT

Dieses Buch ist mehr als nur ein geistreicher Einfall: es stellt eine wahre Fundgrube im Hinblick auf die Quellen und die hier angewandte Methode dar. Dem Leser Briefe vorzulegen, die oft als letzter Abschiedsgruß aus den Kerkern der Revolution gesandt wurden, ist gar nicht so selbstverständlich. Man glaubt sie zu kennen, weil man die berühmtesten unter ihnen, die von der Literatur banalisiert wurden, gelesen hatte, und entdeckt nun, daß es Hunderte gibt – vom lakonischen Billet bis zum ausführlichen Brief in Testamentform.

Daß diese Zeugnisse einer Epoche aus den Akten der Serie W der Staatsarchive und insbesondere aus der Vielfalt der vom öffentlichen Ankläger des Revolutionstribunals – Fouquier Tinville – beschlagnahmten Papiere ans Licht der Öffentlichkeit gebracht wurden, ist Olivier Blanc zu verdanken. Als Historiker mit der Archivarbeit vertraut, ist es ihm gelungen, die Verschwiegenheit der Geschichte zu überlisten und den Geheimnissen der Archive auf die Spur zu kommen. Vor allem aber ist es sein Verdienst, die Bedeutung einer derartigen Quelle für die Geschichte der revolutionären Mentalität entdeckt und die emotionelle Kraft dieser im Angesicht des Todes geschriebenen Dokumente vermittelt zu haben, ohne dabei in den Stil der hagiographischen Literatur zu verfallen.

Diese ebenso reichhaltige wie präzise Schilderung, die uns mit dem Autor jedes einzelnen dieser Briefe bekannt macht und in einer weit ausholenden Einleitung das Szenenbild der Pariser Gefängnisse dieser Zeit und des Lebens darin beschreibt, hat mich begeistert und sowohl den Historiker in mir angesprochen wie auch den Forscher, der sich eingehend mit der menschlichen Einstellung zum Tod beschäftigt.

So interessant es für den ersteren ist, Neues über die im Mittelpunkt der Revolution stehende Episode hinzuzulernen, so unschätzbar ist für den letzteren die Perspektive, die es erlaubt, den Terror von innen kennenzulernen: aus dem Blickwinkel jener überaus heterogenen Gruppe von wirtschaftlichen Delinquenten, wie man heute sagen würde, – Königstreuen und Gemäßigten –, die ihm zum Opfer fielen. Unsere oft etwas abstrakte oder ungenaue Vorstellung von den »Verdächtigen« gewinnt in diesem Licht präzisere Konturen.

Doch vor allem als Menschen im Angesicht des Todes, der kein Falschspielen duldet, erregen sie mehr als nur unser Interesse: Sie wecken unsere Anteilnahme. Nicht etwa durch indiskrete Gefühlsergüsse. Man erwartet sich ein überschwengliches Pathos im Stil der rousseauschen Elite und findet es auch, jedoch vorwiegend beherrscht und gezügelt. Liegt es vielleicht an den Umständen, unter denen diese Briefe geschrieben wurden? Das politische Glaubensbekenntnis ist zurückhaltend, es besteht zumeist nur in einer Erklärung der Vaterlandsliebe, die allen gemein ist. Auch Glaube und Hoffnung werden nicht so wortreich ausgedrückt, wie man es von diesen zum größten Teil konservativen Gefangenen erwarten könnte, eher mit Zurückhaltung: Für die meisten bleibt Gott, auf den sich alle berufen, ein von der Furcht vor dem Jenseits ungetrübter Trost. Dagegen konzentrieren sich alle Kräfte dieser gespannten und verkrampften letzten Augenblicke des Lebens auf die Familie; sie werden in Worte gekleidet, die prosaisch wirken könnten, die aber in Wirklichkeit nur realitätsbezogen sind: Man ist besorgt um die Kinder, die Zeitverhältnisse, die Nahestehenden. Das Jenseits, dem die Sorge dieser Menschen gilt, ist das irdische Jenseits derer, die sie lieben.

Für mich als Historiker, der ich Hunderte von Testamenten studiert habe, enthalten die hier vorliegenden Briefe zwar gewisse Züge, die sie dieser vertrauten geschichtlichen Quelle ähnlich machen, aber zugleich erscheinen sie mir von grundlegend anderem Charakter. Sie vermitteln dem Leser den Eindruck, bis an die Grenzen der Indiskretion vorzudringen, bis ins Verborgenste dieser Männer und Frauen.

In dieser Hinsicht ist das Buch weit mehr als nur eine Befriedigung historischer Wißbegierde: Jeden, dem daran liegt, die Empfindungswelt unserer Vorfahren besser kennenzulernen, wird es in seinen Bann ziehen. Eine neue und gleichzeitig uralte Geschichte, die niemanden unberührt läßt.

Michel Vovelle

EINLEITUNG

Beim Durchsehen der Akten 111 bis 195 der Serie W der Staatsarchive – jener Serie, die die von dem Öffentlichen Ankläger des Pariser Revolutionstribunals beschlagnahmten Papiere enthält –, fand ich unter den Tausenden von unveröffentlichten Dokumenten, die hier verborgen liegen, jene Briefe am ergreifendsten, welche die zum Tod Verurteilten wenige Stunden oder Augenblicke vor ihrer Hinrichtung geschrieben hatten. Fast alle waren von der Gerichtsverwaltung zwecks Übergabe an Fouquier-Tinville unterschlagen und ohne jegliche Ordnung in den Akten gestapelt worden, wo sie dann begraben blieben.

Das vorliegende Buch enthält nur einen Teil dieser ergreifenden letzten Abschiedsbotschaften. Ihre Absender befanden sich oft noch eine Woche vor der Verhaftung im Kreise ihrer Familie oder kamen aus dem Theater, als man sie festnahm. Im Lauf ihrer mehr oder minder langen Haft fanden sie jedoch Zeit, sich mit dem Gedanken ihres bevorstehenden Todes vertraut zu machen.

Von den hier gedruckten 150 Briefen oder Abschiedsbilletts sind 113 unveröffentlicht; von den übrigen wurden manche kurz nach der Revolution veröffentlicht, sind jedoch im allgemeinen wenig bekannt, mit Ausnahme der ergreifenden Briefe von Marie-Antoinette und Madame Roland, auf deren Wiedergabe hier ich nicht verzichten zu müssen glaubte.

Der Anzahl und Unterschiedlichkeit dieser Briefe wegen mußte eine gewisse Auswahl getroffen werden. Dabei wurden unveröffentlichte den bereits veröffentlichten und längere Briefe den kurzen Abschiedsbilletts vorgezogen. Orthographie, Zeichensetzung und Form der Dokumente wurden so gut wie möglich beibehalten. Ihr Inhalt spricht meistens für sich. Ich hielt es jedoch für angebracht, etwas von der Atmosphäre und dem Hintergrund, vor dem sie geschrieben wurden, wiederzugeben. Letzterer ergibt sich größtenteils aus der persönlichen Geschichte des Schreibers, aus seiner Straftat, Festnahme und Verurteilung. Die Atmosphäre ist die der etwa vierzig Pariser Gefängnisse des Jahres II, die oft in aller Eile in Schulen, Hotels, Kasernen, Klöstern oder Krankenhäusern eingerichtet wurden.

In den Jahren 1793–1794 werden sie zum oft verhängnisvollen Durchgangsort von fast siebentausend Personen. Sieht man von einer Minderheit gemeiner Verbrecher ab, für die die landesrechtlichen Gerichtshöfe zuständig sind, lassen sich drei Kategorien von Gefangenen unterscheiden: Da sind zunächst die vom Revolutionstribunal zu langer Haft oder zur Deportation und Zwangsarbeit Verurteilten.[1] Häufiger aber sind die in Untersuchungshaft genommenen Angeklagten, die noch nicht vor dem Revolutionstribunal erschienen sind. Ihr Gefängnisaufenthalt kann sich von achtundvierzig Stunden bis zu sechs Monaten ausdehnen; die gegen sie vorgebrachten Anklagen sind äußerst unterschiedlich und reichen von der unrechtmäßigen Aneignung von Waren oder Edelmetallen, finanziellen Delikten im allgemeinen bis zu direkten Verstößen gegen die öffentliche Ordnung: Föderalismus, Verrat, Bestechung, Emigration, geheime Korrespondenz mit dem Ausland und sogar schriftliche oder mündliche abfällige Äußerungen über politische Institutionen oder Persönlichkeiten. Die dritte Kategorie der Häftlinge besteht schließlich aus den »Verdächtigen«, gegen die – im Gegensatz zu den Angeklagten – noch kein Anklageakt vorliegt; eine juristische Formalität, die normalerweise der Untersuchungshaft vorausgeht.

Nachdem der Konvent am 17. September 1793 das berühmte Gesetz gegen die Verdächtigen verabschiedet hatte, bildeten diese bald die Mehrheit der Gefängnisinsassen.

Welche Bedeutung hatte dieses Gesetz? Infolge der äußerst weit gefaßten Definition des Begriffs Verdächtiger konnte es mühelos gegen alle Feinde der Revolution gerichtet werden. Zu Verdächtigen wurden alle diejenigen erklärt, die sich durch ihr Verhalten, ihre Beziehungen, ihre Äußerungen oder ihre Schriften als »Partisanen der Tyrannei oder des Föderalismus und als Feinde der Freiheit« verrieten. Verdächtigt wurden auch alle, die keine legale Einkunftsquelle vorweisen konnten, sowie jene, die als Verwandte von Emigranten keine rechte Begeisterung für die Revolution gezeigt hatten. Verdächtig waren schließlich all jene, die ausgewandert waren, auch wenn man sie vor der Verabschiedung des Gesetzes freigesprochen hatte.

Das Gesetz gegen die Verdächtigen war vor allem gegen die konterrevolutionäre Bewegung gerichtet, deren Komplotte und Umtriebe der Regierung schadeten. Und dies vor allem wirtschaftlich, denn die Gegner der Revolution hatten sehr bald begriffen, daß eine wirtschaftliche und finanzielle Schwächung der Revolution mehr schaden würde als ein bewaffneter Angriff. Dies war eine richtige Einschätzung der Lage, auch wenn die Realisierung des Vorhabens nur teilweise gelang. Seit 1789 war das Geld durch die Staatsgüter abgesichert, das heißt durch den gesamten vom Staat beschlagnahmten Besitz von Emigranten oder Verhafteten, vor allem aber durch die Krondomäne und die Kirchengüter. Allerdings konnte das aus dem Verkauf dieser Güter herrührende Geld nur langsam und unter Schwierigkeiten einkassiert werden. Die Käufer, unter ihnen viele Spekulanten, zögerten die Zahlung hinaus, da sie mit der schnellen Abwertung der Assignaten rechneten. Wieviele der 1791 erworbenen Güter wurden 1795 für nicht einmal die Hälfte ihres Preises wieder verkauft!

Da nicht genügend Gelder in die Staatskassen flossen, mußten besonders nach 1792 für die Bedürfnisse des täglichen Lebens und des Krieges große Mengen von Papiergeld in Umlauf gesetzt werden. Gleichzeitig fielen die Steuereinnahmen aus, und die patriotischen Geldspenden und Beiträge sowie die auf den Reichtum erhobenen Steuern und sonstigen Zwangsanleihen brachten mehr Enttäuschungen als Geld ein. Um das Maß voll zu machen, erwiesen sich die Beamten der Schatzkammer und des Finanzwesens, die aus den früheren Behörden hervorgegangen waren, für die Mächtigen der Revolution als Hemmschuh.

Seit 1791 hatten sich die Gegenrevolutionäre organisiert, um den Staat wirtschaftlich und finanziell zu schwächen. Direkt oder indirekt über ihre im Finanzwesen mitwirkenden Vermittlungsmänner (Notare, Bankiers usw.) versuchten sie, der schwerfälligen Gesetzesarbeit der Nationalversammlung zuvorzukommen, der es trotz aller repressiven und restriktiven Maßnahmen nur mit großer Mühe gelang, die Kapitalflucht sowie die ständig fortschreitende Inflation einzudämmen.

So wurden die Verdächtigen oft als Akteure oder Komplizen illegaler oder betrügerischer Umtriebe festgenommen, wobei ihre Denunziation meist durch Personen aus ihrer Umgebung erfolgte. Dabei verfolgten die Verdächtigen nicht ausschließlich politische Ziele. Vielen ging es auch um die Bewahrung ihrer Güter und ihres Kapitals.

Um die Beschlagnahmung und den Verkauf ihres Familienbesitzes zu verhindern und weiterhin daraus Einkünfte zu beziehen, kehrten viele begüterte Emigranten heimlich nach Frankreich zurück und versuchten, sich falsche Aufenthaltsbescheinigungen ausstellen zu lassen, um von den Emigrantenlisten gestrichen zu werden.[2] Das war für den Öffentlichen Ankläger des Revolutionstribunals, Fouquier-Tinville, kein Geheimnis:

> Zahlreiche Emigranten sind nach Frankreich zurückgekehrt; sie verfügen über falsche Zertifikate für ihren Wohnsitz und ihre Güter, die von Rechts wegen der Nation gehören, und es ist nicht übertrieben zu behaupten, daß der Nation durch die von bestechlichen Gemeinde- und Verwaltungsmitgliedern ausgestellten Freisprechungen über 2 Milliarden verlorengegangen sind (Frankreich besteht aus 85 Departements: Rechnen Sie davon nur 83 und nur 5 Emigranten in jedem Regierungsbezirk, die, nehmen Sie an, 4 Millionen besäßen, und schon haben Sie mehr als 2 Milliarden (...). Daraus folgt, daß wenn es Käufer dieser falschen Bescheinigungen gibt, es notwendigerweise auch Verkäufer gibt, und diese sitzen nirgendwo anders als in den Verwaltungsbehörden.[3]

Die Emigranten, die bei ihrer Rückkehr nichts Eiligeres zu tun hatten, als sich die Mobilien ihrer geflüchteten Verwandten und Freunde anzueignen, hatten meistens schon einen beträchtlichen

Teil ihrer eigenen Güter im Ausland in Sicherheit gebracht: Goldbarren, Silberwaren, wertvolle Stücke der Goldschmiedekunst usw. Übrigens befindet sich noch heute eine ganze Anzahl solcher damals verkauften Schmuckstücke in gewissen ausländischen Sammlungen...

Was in Frankreich blieb, waren die Immobilien. Um deren Verkauf zu vermeiden, mußte der ununterbrochene Aufenthalt in Frankreich seit der Veröffentlichung der ersten Emigrantengesetze nachgewiesen werden. Sobald sie ihre Papiere dank falscher Urkunden mit dem Gesetz in Einklang gebracht hatten, kauften die Optimisten ihre inzwischen verstaatlichten Güter (oder die ihrer Verwandten und Freunde) mit entwerteten Assignaten zurück, während die Pessimisten so schnell wie möglich und zum bestmöglichen Preis alles verkauften, was sie an Mietshäusern, Grund und Boden oder Pachtgut besaßen.

Gleichzeitig ging die Kapitalflucht ins Ausland ständig weiter. Wollte man Edelmetalle oder Edelsteine ins Ausland schaffen, so wurden »Schmuggler« ins Vertrauen gezogen; ging es um im Ausland umsetzbare Wertpapiere, so wandte man sich an gewisse Wechselmakler; Gefälligkeitsatteste zugunsten in Frankreich zurückgebliebener Personen, die nichts zu befürchten hatten, zum Beispiel treugedienten Hauspersonals, erhielt man von gewissen Notaren.

Reichen Verdächtigen, die mit ihrer Verurteilung und der damit unvermeidlich verbundenen Konfiskation ihrer Habe rechneten, gelang es oft, im letzten Moment ihren Besitz an andere abzutreten. So zum Beispiel ist am 29. Tag des Regenmonats des Jahres II in dem Register eines Pariser Notars die Ausstellung eines Pfandbriefes der Bürgerin Billens an die Bürgerin Dufresne verzeichnet.[4]

Das war der Tag, an dem die Baronin Billens, seit einem Monat in der Conciergerie in Haft, per Anklageschrift aufgefordert wurde, am nächsten Tag vor dem Revolutionstribunal zu erscheinen. Die Republik kassierte nur einen lächerlich geringen Teil ihres rechtzeitig an die Bürgerin Dufresne abgetretenen Vermögens; diese wiederum erwies sich ihrerseits äußerst großzügig gegenüber einer mysteriösen dritten Person.

Indem sie mehrmals rechtzeitig den Besitzer wechselten, entgingen den Revolutionären beträchtliche Summen. Aber nicht jedem gelang dieses Spiel. Der Fall des Herzogs von Châtelet, der ein außerordentliches Vermögen, doch keine direkten Erben besaß, ist bekannt. In Einzelhaft genommen, erwartete ihn der sichere Tod. Seine Neffen und Nichten setzten alles daran, um noch vor seiner Verurteilung in den Besitz einer notariellen Akte über die Abtretung seines Vermögens zu gelangen. Er selbst unternahm einen Selbstmordversuch, denn solange nicht das Urteil über ihn gefällt war, bestand die Möglichkeit, daß ein nicht ins Ausland emigrierter Familienangehöriger zu seinem Erben ernannt wurde. Aber alle Versuche blieben vergeblich, und als im Dezember 1793 das Todesurteil über ihn verhängt wurde, fiel sein gesamter Besitz in die Hände des Staates.[5]

Viele der Verdächtigen, die die Gefängnisse der Schreckensherrschaft füllten, waren verhaftet worden, weil sie auf den Verkauf von Staatseigentum spekuliert hatten.[6] Die Spekulation in all ihren Formen war eine der bedrohlichsten Gefahren, die die junge Republik zu fürchten hatte. Spekuliert wurde überall: Vom einfachen Austausch eines Assignats von 100 Livres zu fünfzig Prozent seines Zahlwertes auf der Freitreppe des Palais-Royal bis zu den Geschäften zwischen den obersten Verwaltungsbehörden und den Gesellschaften, die für den Militärtransport zuständig waren. Der Abt d'Espagnac, Direktor einer dieser Gesellschaften, ist dafür ein berühmtes Beispiel (siehe S. 137).

Vor allem aber breiteten sich große Mengen falscher Assignaten epidemisch aus, was das allgemeine Mißtrauen gegenüber einer schon geschwächten Währung noch verstärkte. In Deutschland oder England hergestellt, gelangten diese falschen Wertpapiere meist über die Schweiz in die an der französischen Grenze gelegenen Departements.[7] Alsdann wurden sie über die verschiedensten Wege weitergeleitet, in Münzgeld umgetauscht oder massenweise von den Königstreuen verteilt. Mehrere Verurteilte standen unter dieser Anklage: Die Marquise von Forceville wurde wegen Zahlung von vierundzwanzigtausend Livres Falschgeld an den ehemaligen

Generalpächter Duvaucel verhaftet; der Graf von Angivilliers wurde verurteilt, weil er beträchtliche Summen falschen Geldes von dem ehemaligen Minister Ludwigs XVI., Bertrand de Molleville, aus London erhalten hatte;[8] der Marquis de l'Aigle und seine Nichte, die Gräfin von Durtal, kamen wegen des gleichen Vergehens unter das Fallbeil. Zweifellos brachten die falschen Wertpapiere sowie die Hungersnot die Revolution weit mehr in Gefahr als die Koalition der Revolutionsgegner.

Wenn uns heute oft nicht klar ist, aus welchen Gründen die Verdächtigen verhaftet wurden, so deshalb, weil die finanziellen Umtriebe, deren man sie bezichtigte, ziemlich undurchsichtig blieben.

Tausende Verhaftete lebten in ständiger Angst, verraten zu werden: Es genügte das Geständnis eines der Ihren oder die Entdeckung eines Beweisstückes (gefälschte Urkunden, aus dem Ausland erhaltene geheime Briefe, Falschgeld usw.), um aus dem Verdächtigen einen Angeklagten und schließlich zum Tode Verurteilten zu machen.

Der 1. Teil dieses Buches befaßt sich mit den Gefängnissen und den damit verbundenen Erinnerungen einiger ihrer Insassen. Die bis auf wenige Ausnahmen meist trübe Atmosphäre kommt in unveröffentlichten Briefen, Polizeiberichten sowie Auszügen aus den »Memoiren« der Verhafteten zum Ausdruck.

Der 2. Teil konzentriert sich auf jene Personen, deren letzter Brief an ihre Familienangehörigen gerichtet ist. Einige unter ihnen sind gänzlich unbekannt. Die Angaben über ihr Leben, die Gründe ihrer Verhaftung und, in manchen Fällen, die letzten Augenblicke ihres Lebens wurden anhand von Polizeidossiers und Tribunalakten zusammengestellt. Handelt es sich um bekanntere Persönlichkeiten, wird der Leser auf Literatur verwiesen, die sich eingehender mit ihnen befaßt.

Meine Absicht ist, die Dokumente und Tatsachen für sich sprechen zu lassen. Es würde mich freuen, wenn diese dokumentarische Arbeit anderen dienen und damit zu einer besseren Kenntnis der Geisteshaltung jener historischen Epoche am Ende des 18. Jahrhunderts beitragen könnte.

1. TEIL

Die Gefängnisse unter der Schreckensherrschaft und ihre Insassen

1. KAPITEL
Hinter den Mauern

Das Leben der Gefangenen

Zu einer Zeit, da allein schon die aristokratische Herkunft Verdacht erregte, war es für die Adligen lebenswichtig, Mittel und Wege zu finden, um unerkannt zu bleiben und ihre Identität zu verbergen. Ebenso wie die anderen Gegner der Republik suchten sie bei Freunden und Nachbarn Zuflucht und wechselten ihren Namen, so oft sie es für notwendig hielten. In gewisser Weise bewahrheitete sich damals bereits, was Chateaubriand später schrieb:

> Indem sie sich entsprechend verkleideten, gaben sich viele Leute für etwas aus, was sie gar nicht waren: jeder trug seinen Kriegs- oder Decknamen um den Hals, so ähnlich wie die Venezianer beim Karneval, die zum Zeichen ihrer Maskierung eine kleine Maske in der Hand hielten. Der eine wurde für einen Italiener oder Spanier gehalten, der andere für einen Preußen oder Holländer; ich war Schweizer. Die Mutter gab sich als Tante ihres Sohnes aus, der Vater als der Onkel seiner Tochter; man gebrauchte seinen Namen mit der Freiheit eines Regisseurs...[9]

Genauso war es in den Gefängnissen der Schreckensherrschaft. Um alles noch komplizierter zu machen, wurden gewisse polizeiliche Akten, über die wir heute verfügen, geplündert, und etliche Haftregister sind durch den Brand des Pariser Rathauses 1871 vernichtet worden. In denen, die glücklicherweise noch erhalten sind, sind viele Namen orthographisch falsch geschrieben oder durch Pseudonyme ersetzt, von denen die Gefangenen absichtlich Gebrauch machten (Rouvroy de Saint-Simon läßt sich »Bonhomme«

nennen, Caumont-La Force taucht unter dem Namen »Boucher« auf, Lambert gibt sich für »Scarra« aus), oder auch durch selten gebrauchte Patronyme.[10] Zudem waren die Haftregister oftmals gefälscht: wer genügend dafür bezahlte, konnte erreichen, daß sein Name unerwähnt blieb.

Diese Unregelmäßigkeiten erschweren nicht nur die Arbeit der damaligen Verwaltung, sondern machen heute auch die des Historikers nicht leicht. Hinzu kommt eine weitere Schwierigkeit: Viele Gefangene gaben ungenaue Erklärungen über ihre Funktion und die von ihnen ausgeübten Tätigkeiten ab, was größte Vorsicht gegenüber den in den Archiven enthaltenen Informationen gebietet. Ein gewisser Bonnard gibt sich als Landwirt in Villiers-la-Garenne aus, fügt aber nicht hinzu, daß er auch der Bevollmächtigte des Herzogs von Zweibrücken ist. Rabourdin, ein kleiner Dorfpfarrer, dient gleichzeitig der Herzogin von Choiseul-Praslin als Finanzmann in Neuilly. Egré alias Cornet d'Egré, Bierbrauer in Suresnes, stellt falsche Assignaten her. Hinter einem Händler birgt sich ein ehemaliger Finanzier; hinter einem Dienstmädchen, einer Hausmeisterin oder der Inhaberin eines Spielhauses eine ehemalige Gräfin oder eine Dame aus dem Großbürgertum. Unter diesen Bedingungen ist es besser, auf jeglichen Versuch einer rigorosen Typologie der Gefangenen zu verzichten.[11]

Wenn auch die Mehrzahl der Gefangenen Männer waren, ist doch die Zahl der Frauen überraschend hoch für eine Zeit, die ihnen alle politischen Rechte versagte. Insbesondere nach der Verabschiedung des Gesetzes gegen die Verdächtigen im September 1793 nimmt ihre Zahl ständig zu. Von da an bringt sie allein die Tatsache, Mutter oder Tochter eines Emigranten zu sein, hinter Gefängnismauern. Doch am häufigsten werden sie unter dem Verdacht verhaftet, mit Hilfe von Mittelsmännern Geld ins Ausland geschafft zu haben. Ebenso werden die Frauen von Emigranten verfolgt, auch wenn sie sich, wie es oft der Fall ist, vorsichtshalber scheiden lassen, um den Auswirkungen des Gesetzes über die Beschlagnahmung der Emigrantengüter zu entgehen.[12]

Einige dieser Frauen, wie etwa Madame de Beaufort, Madame de Rochechouart und Madame de Bonneuil, hatten eine aktive Rolle in der gegenrevolutionären Bewegung gespielt. Wer erinnert sich schon daran, daß sie immer wieder ihren Kopf riskierten, um einen Freund zu verteidigen oder ihr Vermögen zu retten? Wagemutig verkehrten sie in den Fluren der Ausschüsse, verführten Abgeordnete, bestachen Polizeibeamte, bevor sie – freilich nicht in allen Fällen – festgenommen und ins Gefängnis geworfen wurden.

Gewöhnlich wurden die Anklagebriefe den Gefangenen erst spät abends ausgehändigt. Viele hatten bereits bei Fouquier die zu ihrer Verteidigung nötigen Papiere oder ein Treffen mit ihrem Rechtsanwalt beantragt, um nicht unvorbereitet bei der Gerichtsverhandlung zu erscheinen, die im allgemeinen 48 Stunden nach Erhalt der Anklageschrift stattfand.

Die vom Revolutionstribunal zugelassenen Rechtsanwälte, »offiziöse Verteidiger« genannt, sollten den Angeklagten angeblich bei der Vorbereitung ihrer Verteidigung helfen. Ihre Aufgabe war, günstige Zeugenaussagen sowie für ihre Klienten nützliches Beweismaterial zusammenzustellen, das manchmal aus der Provinz herbeigeschafft werden mußte.

In Wirklichkeit stellten die meisten dieser »Verteidiger«, die sich ihre Dienste teuer bezahlen ließen, keine große Hilfe dar. Als sie mittels einer Verordnung wieder abgeschafft wurden, teilte ein Gefangener namens Lambertin Fouquier seine Befriedigung darüber mit, »sich eines Gauners und Nichtsnutzes entledigt zu sehen, dessen Dienste ihm im Abbaye-Gefängnis angeboten worden waren und der sein Versprechen, sich für ihn einzusetzen, nie eingelöst hatte«.[13]

Auf der Liste der Käufer von Staatsgütern während der Revolution und der Zeit des Direktoriums (1795) tauchten die Namen mehrerer dieser »Geier« auf – unter anderen La Fleutrie –, die sich auf Kosten ihrer unglücklichen Klienten bereicherten.

Als gewissenhafter erwies sich hingegen der Bürger Chauveau-Lagarde, Rechtsanwalt der Königin und Charlotte Cordays, der – als die Reihe an ihm war, verhaftet zu werden – folgenden Brief an die Mitglieder des Revolutionstribunals schrieb:

Bürger,
Ich bin im Besitz zahlreicher Papiere, die mir von den Angeklagten anvertraut wurden, welche ich vor der Abschaffung der Verteidiger zu vertreten hatte, und die vielleicht dazu dienen könnten, das Gericht aufzuklären und zur Rettung Unschuldiger beizutragen. Ich bitte Sie, mir Zugang zum Gericht zu verschaffen, um sie ordnungsgemäß dem Öffentlichen Ankläger auszuhändigen, so daß dieser ihrer Bestimmung gemäß darüber verfügen kann. Diese Papiere sind ein nicht antastbares Eigentum, dessen ich mich auf jeden Fall entledigen muß.
Wenn es an der Zeit sein wird, an mich selbst zu denken, werde ich mich allein auf Eure Gerechtigkeit berufen; je eher dies geschieht, desto besser, welches Schicksal auch immer mich erwarten mag.

16. Messidor, Jahr II der einen und unteilbaren Republik[14]

Viele Gefangene verzichteten auf die Dienste eines Rechtsanwalts und zogen es vor, sich direkt an Fouquier zu wenden. Der Bürger Souque, der sich vor dem Tribunal fürchtete, schreckte nicht davor zurück, den Ankläger rundheraus um Rat zu fragen, wie »es zu vermeiden wäre, bei dieser Verhandlung zu erscheinen, die [wie er sagte] auch ohne ihn stattfinden könnte«.
Der pragmatische Bourrée de Corberon, ehemaliger Präsident des Parlaments, kam auf die Idee, dem Gesuch an Fouquier ein Assignat von 50 Livres – »für die ersten Auslagen« – beizulegen. In den staatlichen Archiven ist der Brief mitsamt der darangehefteten Banknote aufbewahrt.[15]
Die unzähligen, von den Angeklagten zu ihrer Rechtfertigung verfaßten Schriften lassen einen nicht ungerührt, besonders wenn man bedenkt, welches Los ihren Verfassern bevorstand. Ménage-Pressigny läßt mehr als dreißigmal den gleichen Text abschreiben: Geschah dies in der Absicht, jedem der Mitglieder des Tribunals ein Exemplar auszuhändigen?[16]
Auch der junge La Pallu schreibt sehr viel, und seine Briefe werden immer häufiger, je mehr ihm bewußt wird, wie schlecht es um seine Sache steht. Inständig wendet er sich an Zeugen seiner Wahl

und bittet sie, bei seinem Prozeß zu erscheinen: »Ich flehe Sie an, vergessen Sie mich nicht!« Vergeblich. Er wird hingerichtet.[17]

Der Sohn des Naturforschers Buffon beruft sich in der zu seiner Rechtfertigung verfaßten Denkschrift auf das Andenken seines Vaters. Vergebliche Mühe.

Während die Untersuchung ihren Lauf nimmt, verteidigen einige...ihre Ehre. Auf den Plakaten und in den Broschüren, die sie in der Öffentlichkeit verbreiten, schrecken manche nicht davor zurück – wie Mazuel oder Olympe de Gouges –, die Institutionen oder die vom Volk Gewählten anzugreifen.[18]

Andere weniger bemerkenswerte Persönlichkeiten zögern nicht, einstige Freunde oder Schicksalsgenossen zu denunzieren. Eine Frau schreibt an Fouquier, um ihn von der Straffälligkeit einer Gefangenen zu überzeugen, mit der sie die Zelle teilt: »Sie will ihren Namen nicht angeben und sagt, sie sei die Schwester des Grafen von Aria [sic!], sie stellt sich dumm und spielt die Betrunkene...«[19]

Auf dem Schreibtisch Fouquiers häufen sich die Papiere. Sie kommen von überall her. Frau L'Herbette ersucht ihn um die Rückerstattung ihres Miniaturporträts, das man ihrem Mann vor der Hinrichtung abgenommen hatte: »Da ich annehme, daß mein Gesicht nur für die, die mich kennen, von Interesse ist, hoffe ich auf Ihre Einwilligung, es mir zurückzuerstatten.« Auch erklärt sie sich bereit, den Preis des Goldrahmens an die Republik zu bezahlen.[20]

Heurtault de Lammerville stirbt noch vor dem Gerichtsverfahren, und der Hausmeister des Gefängnisses fragt bei Fouquier an, ob der Prozeß nicht dennoch stattfinden könne, »um sein Vermögen beschlagnahmen zu können, das bereits teilweise eingezogen wurde«.[21]

Ununterbrochen gehen Meldungen und Denunziationen ein. Der eine wird festgenommen, weil er auf der Straße mehrmals ausgerufen hat: »Zum Teufel mit der Nation!«[22], der andere wird »verdächtigt, verdächtig zu sein«.

Viele der von Fouquier oder seinen Sekretären gelesenen Schreiben tragen am Rand den Vermerk in roter Tinte: »Zur Akte X zu legen«, das heißt zu der unter dem Namen des Betreffenden angelegten Akte.

Eine solche auf ein Minimum beschränkte, fast nicht existierende Verteidigung ließ den Gefangenen kaum eine Chance, dem Tod zu entrinnen. Welcher Ausweg blieb ihnen? Die Flucht? Aber war es möglich, aus den Gefängnissen des Terrors und insbesondere aus der Conciergerie zu entkommen?

Gewiß glückte einigen Gefangenen dieses Vorhaben. In mehreren Dokumenten der Archive wird das Fehlen einzelner Häftlinge beim Appell vermerkt. Aber diese Fluchtversuche sind selten, und kaum jemals werden sie von bemerkenswerten Persönlichkeiten unternommen, die sich zu gut bewacht wissen, um ein solches Abenteuer zu wagen.

Die Aufzeichnungen des Gefängnisschließers Louis Larivière enthalten den Bericht einer geglückten Flucht, an der Fouquier-Tinville selbst beteiligt war. An manchen Abenden, bei Einbruch der Dunkelheit, ging Fouquier in den Fluren der Conciergerie auf und ab, als wäre er auf der Suche nach jemandem. An einem dieser Abende erblickte er einen Gefängnisschließer, der auf leisen Sohlen an den Wänden entlangschlich.

– Holla, wo willst du hin?
– Ich komme vom Dienst, stammelte der Gefängnisschließer, und will mich etwas ausruhen.
– Kennst du mich?
– Wer kennt nicht den berühmten Öffentlichen Ankläger unseres Tribunals?
– Weißt du, wo ich wohne?
– Ja, ich habe Sie aus Ihrem Haus kommen sehen, und einmal habe ich auch einen Brief bei Ihnen abgeliefert.
– Dann geh und sag meiner Frau, sie soll nicht zum Abendessen auf mich warten, ich habe hier zu tun und werde erst spät heimkommen.
– Ja, nur... wandte der Gefängnisschließer schüchtern ein, wird man mich zu dieser Stunde vielleicht nicht hinauslassen.

Daraufhin begleitete ihn Fouquier zum ersten Schalter und rief:
– Geben Sie den Weg frei, es ist für die Gerichtskanzlei.

Der Befehl wurde von einem Schalter zum anderen weitergegeben, und es dauerte nicht lange, da befand sich der Gefängnis-

schließer außerhalb des Gebäudes. Die Pförtner hatten ihn nicht erkannt, aber sie dachten, es handle sich um einen »Neuen«. Und im übrigen wurden die Befehle von Fouquier-Tinville nicht in Frage gestellt.
Als der Ankläger spät abends nach Hause kam, wartete seine Frau unruhig auf ihn. Sie hatte noch nicht gegessen und bemühte sich, das Essen bis zur Ankunft ihres Mannes warmzuhalten. Der Bote hatte sich an der Place Dauphine nicht sehen lassen.
Früh am nächsten Morgen begab sich Fouquier-Tinville wütend zum Hausmeister, wo er jedoch nur noch Beunruhigenderes erfuhr: ein junges Mädchen, der Komplizenschaft mit Emigranten angeklagt, war am Abend vor ihrer Verurteilung aus der Conciergerie verschwunden.
– Sie wurde überall gesucht, erklärte der Hausmeister Richard.
– So, dann suchen Sie jetzt mal mit mehr Erfolg nach dem Gefängnisschließer, diesem Verräter.
Jedoch blieb der ungetreue Bote ebenso unauffindbar wie das junge Mädchen. Statt dessen erklärte ein anderer Gefängnisschließer, man hätte ihm am Abend zuvor seine beste Uniform gestohlen.
Nach gründlicher Untersuchung kam man zu dem Schluß, die Gefangene sei in der gestohlenen Dienstkleidung geflüchtet.
So war Fouquier, der der Gefangenen die Türen hatte öffnen lassen, für ihre Flucht verantwortlich. Aber bestraft wurde der Gefängnisschließer, dem die Uniform abhanden gekommen war, weil er den Diebstahl nicht sofort gemeldet hatte. Obwohl Fouquier, schrieb Larivière, innerlich vor Wut kochte, spielte er den Scheinheiligen und sagte: letzten Endes hatte sie sich nicht viel zuschulden kommen lassen, und ich hätte sie wahrscheinlich freigesprochen.
– Nichtsdestoweniger bin ich überzeugt, fügt Larivière hinzu, daß er sie, wäre sie damals gefaßt worden, ohne Skrupel aufs Schafott geschickt hätte.[23]
Nicht alle Fluchtversuche waren so abenteuerlich. Am leichtesten hatten es sicher die reichen Verdächtigen, die in ihrer Wohnung unter polizeilicher Überwachung standen. Viele nutzten die

geringste Unachtsamkeit ihrer Wächter, um ins Ausland zu flüchten, wie zum Beispiel Castellane und seine Frau, die in die Schweiz entkamen.

Viele der Gefangenen starben bereits im Gefängnis – die Conciergerie bildete keine Ausnahme. Die einen erlagen der Krankheit (wurden in diesem Fall allerdings in das Krankenhaus des jeweiligen Bistums überwiesen), die anderen zogen es vor, sich selbst das Leben zu nehmen, statt ihren Kopf unter die Guillotine zu halten; angesichts der Schwierigkeit, zu fliehen, war dies die einzige Alternative, wenn man dem Tribunal entgehen wollte. Meistens, das muß betont werden, handelte es sich bei denen, die ihrem Leben selbst ein Ende setzten, um die mysteriösesten Persönlichkeiten der Revolution, die über so manche kompromittierende Geheimnisse Bescheid wußten.

Zu denen, die ihre Selbstmordversuche überlebten und letzten Endes doch der Guillotine zum Opfer fielen, gehörte der Herzog von Châtelet, der zunächst zerstoßenes Glas geschluckt und dann seinen Kopf an der Wand zu zerschmettern versucht hatte, Chabot, der sich vergiften wollte, und Osselin, der sich mit einem Nagel den Garaus machen wollte. Andere hatten das Glück, ihre Leiden mit gewissen Heilmitteln zu lindern; darüber schreibt ein Pariser Verleger, dem ein Mitgefangener eine Dose Opium hinterlassen hatte:

Bis dahin [schreibt er], hatte mir der Gedanke an das Los, das mich erwartete, keine ruhige Minute gelassen. Doch sobald ich wußte, daß das Schicksal in meinen eigenen Händen lag, atmete ich auf und erwartete mit einer Ruhe, die man sich kaum vorstellen kann, den letzten Schlag der Tyrannei, dem zu entrinnen ich ganz sicher war. Nichts lag mir mehr am Herzen, als diesen kostbaren Schatz zu verbergen; er verließ mich keine Sekunde, und noch heute, wo es doch scheint, die revolutionären Gewitter seien vorübergezogen, bewahre ich ihn mit besonderer Sorgfalt auf, nicht nur, weil ich jene Erinnerungen, die es gilt, nicht zu vergessen, in mir wachhalten will, sondern auch, um mir in allen Situationen des Lebens diesen ruhigen und abgeklärten Blick zu bewahren, mit dem ich damals in die Zukunft blickte...[24]

Haftbedingungen der Gefangenen

Jedes der Revolutionsgefängnisse stand in einem besonderen Ruf und hatte seine besondere Eigenart und Bedeutung. Abgesehen von den Polizeirevieren in den achtundvierzig Pariser Sektionen – in der Umgangssprache »Kittchen« (violon) genannt – gab es in den Jahren 1793 und 1794 in Paris etwa fünfzig Revolutionsgefängnisse. Annähernd fünfzehn davon waren Krankenhäuser, die vor dem Terror verhältnismäßig geschützt und für die reichsten Häftlinge bestimmt waren – was jedoch nicht hieß, daß sich Fouquier-Tinville nicht von Zeit zu Zeit auch hier seine Opfer wählte. Etwa zehn dieser Gefängnisse sind von besonderer Bedeutung: Abbaye, Madelonnettes, Port-Libre, Force, Sainte-Pélagie, Anglaises, Bicêtre, Luxembourg, Plessis, Saint-Lazare und das ehemalige Karmeliterkloster (eine vollständige und detaillierte Liste findet sich im Anhang). Diese Anstalten wurden je nach Zeitpunkt und Bestimmung als Gefängnis, Zuchthaus, Strafanstalt, Haus für Verdächtige oder Hospiz bezeichnet. Hinter ihren Mauern spielte sich ein ungewöhnliches, ständig von der Guillotine bedrohtes Leben ab.

Eines der ersten Gefängnisse, dessen Tore sich hinter den Gefangenen des Jahres 1793 schlossen, war die Abbaye. Schon im März gab es hier keinen Platz mehr, zumindest vorübergehend, denn kurz darauf kam es zu den ersten Gefangenenverlegungen. Während der Revolution hatten die Pariser mehr als einmal Gelegenheit, die langen Karrenzüge zu beobachten, die in Richtung der Gefängnisse rollten, für die ihre Ladung bestimmt war. Schon im Juli 1793 zählte die Abbaye mehr als dreihundert Häftlinge. Selbst wenn es ein Jahr später nur noch zehn waren, hielten sich so viele Gefangene, manche nur wenige Tage, hier auf, daß diesem Ort eine besondere Würdigung gebührt.

Als ehemaliges lehnsherrliches Gefängnis war die Abbaye vor der Revolution ebenso verhaßt wie die Bastille. Sie befand sich am Ende der Rue Sainte-Marguerite, in Höhe der Nummer 168 des jetzigen Boulevard Saint-Germain. 1792 wurden hier vorwiegend gemeinrechtliche Sträflinge eingesperrt; hinzu kamen nach dem

10. August zum Gefolge des Königs zählende Soldaten und Offiziere: der Graf Montmorin, der Abt Lenfant, Beichtvater des Königs, der Abt von Rastignac sowie viele Priester und Mönche, die sich geweigert hatten, den Eid auf die Verfassung der Republik abzulegen. Am 2. September kam es hier wie auch in mehreren anderen Gefängnissen zu einem furchtbaren Gemetzel, bei dem die Gefangenen vor den Türen, im Hof, in den Gärten und an der Kreuzung der jetzigen Rue Bonaparte und der Place Saint-Germain ermordet wurden.

Das Gebäude bildete eine Art unregelmäßiges Viereck, leicht erkennbar an den beiden Türmchen, die eine der beiden Fassaden flankierten. Es bestand aus drei Hauptgebäuden von beachtlicher Höhe, in deren Mitte ein kleiner Hof lag.

Die Gefangenen erster Klasse wurden in den besseren Räumen untergebracht. Zu ihnen gehörten der Herzog von Orléans, Madame Roland, de Vergniaud und einige andere, die zu einem Zeitpunkt festgenommen wurden, als andere, vielleicht angenehmere Gefängnisse noch nicht zur Verfügung standen. Dagegen waren diejenigen, die über kein Vermögen verfügten, in vier miserablen Zimmern zusammengepfercht und zudem noch dem Gestank einer Art Kloake, die als Vorraum diente, ausgesetzt.

Unter dem Druck dieser Verhältnisse wurden oft aufrichtige freundschaftliche Bande geknüpft, wie aus dem Abschiedsbrief eines der Gefangenen an seine Zimmergenossen hervorgeht:

An den Bürger La Perche, Häftling in der Gefängniskapelle der Abbaye Saint-Germain in Paris.

Conciergerie, 11. November
21. Brumaire des Jahres II der Republik

Erlauben Sie, Bürger, daß ich mich unserer unterschiedlichen Gesinnung zum Trotz an Sie als den Zimmerältesten wende, um einer Pflicht nachzukommen, die mir am Herzen liegt: ich möchte meinen früheren Mitgefangenen mein Bedauern darüber ausdrücken, daß meine überstürzte Abfahrt mir kaum Zeit gelassen hat, mich richtig von ihnen zu verabschieden. Ich hatte damit gerechnet, meine letzten Augenblicke wenigstens zum

Teil mit ihnen zu verbringen, und bin sehr traurig, daß sich meine Hoffnung nicht erfüllt hat. Wir haben vor unserer Verurteilung unser Unglück in guter Gemeinschaft ertragen, wie es sich für unschuldige Gefangene gebührt. Ich bitte sie alle, ungeachtet ihrer Gesinnung, meiner zu gedenken.
Leider war es mir nicht möglich, das Geld zurückzuschicken, das mir die Bürger, deren Namen ich noch nicht einmal kenne, vor meiner Abreise aufgedrängt haben. Man hat mich nämlich irrtümlicherweise glauben lassen, alle Verurteilten würden ihres Geldes beraubt und könnten mit niemandem in Verbindung treten. So glaubte ich, gut daran zu tun, es an die bedürftigen Gefangenen der Conciergerie zu verteilen. Ich werde meine Schwester mit der Rückerstattung des Geldes beauftragen. Die Summe beträgt ungefähr (zum Nachzählen blieb mir keine Zeit) siebzig Livres. Man sollte sich diesbezüglich an die Bürger Viée und Georget, Rue de la Poetrie, in der Nähe der Place de Grève, Nummer 6, in Paris wenden. Ich bitte diese, 25 Livres von dem Konto meiner Schwester, die sicherlich damit einverstanden ist, an die Bürger François und Mougis, Pförtner im Gefängnis der Abbaye, auszuzahlen und allen Gefängniswärtern, insbesondere dem Bürger und der Bürgerin La Vacquerie, meinen Dank für ihr Verhalten mir gegenüber auszudrücken. Trotz der Strenge, zu der sie ihr Amt verpflichtete, haben sie sich voller Fürsorge der unglückseligen Gefangenen angenommen.
Ich bitte die Bürger Viée und Georget, meiner vielgeliebten Schwester sowie meinen Eltern und Freunden Trost zuzusprechen.

Kalb.[25]

Bis zur Abbaye hatte am Abend des 13. Juli 1793 eine wütende schimpfende und zeternde Menschenmenge die Pferdedroschke verfolgt, aus der – ganz zerzaust von dem Tumult, den ihre Verhaftung ausgelöst hatte – die junge Marie-Anne-Charlotte Corday ausstieg. Es hätte nicht viel gefehlt, und sie wäre von der Menge für ihren an Marat begangenen Mord gesteinigt worden.
Über Charlotte Corday könnte man – obwohl sie eine der ephe-

märsten Gestalten der Revolution war – ohne weiteres eine ganze Bibliothek zusammentragen. Denn wenn ihrer Tat auch eine dauerhafte politische Wirkung versagt blieb, hat sie doch ungeheures Aufsehen erregt.

Zu dem Zeitpunkt, da man die Girondisten unter Arrest zu stellen beschloß, befand sich Charlotte in Caen, wo mehrere Abgeordnete dieser Partei, darunter Barbaroux, versuchten, die Bezirksverwaltung gegen die Beschlüsse des Nationalkonvents aufzuwiegeln. Unter dem Einfluß der intensiven Propaganda der Föderalisten, sah das junge Mädchen in Marat den wahren Verfolger der Girondisten. Für ihre Abreise nach Paris fand sie den damals nicht ungewöhnlichen Vorwand, sich um das Vermögen von Emigranten kümmern zu müssen. Sie stand im Briefwechsel mit einer gewissen Alexandrine Forbin d'Oppède, einer ehemaligen Stiftsdame der Abtei von Troarn (Calvados), die sie aus der Schweiz ersucht hatte, sich bei der Verwaltung für ihre von Beschlagnahme bedrohten Güter einzusetzen.

Um sich der Sache ihrer Freundin anzunehmen, wandte Charlotte sich zunächst an Barbaroux, der sie an Lauze du Perret, den Abgeordneten der Bouches-du-Rhône, weiterempfahl. Einer bis heute unveröffentlicht gebliebenen Denunziation zufolge soll Charlotte Corday auf ihre Reise nach Paris, am 9. Juli 1793 zwei Manuskripte mitgenommen haben: das Manifest und die Rede an die Pariser des Generals von Wimpfen, die ihr angeblich aufgrund ihres bevorstehenden Treffens mit Lauze du Perret anvertraut worden waren. Diese beiden Manuskripte waren dazu bestimmt, gedruckt und in ganz Paris verbreitet zu werden; sie sollen von Charlotte oder auch von Lauze du Perret an einen sogenannten »Riou« oder »Rivier«, Redakteur einer Pariser Zeitung, ausgehändigt worden sein.[26]

Bekanntlich war der Auftrag von Charlotte Corday damit nicht zu Ende, da sie Marat in seiner Badewanne erstach. Zwei Tage verbrachte sie im Gefängnis der Abbaye, bevor sie am 17. Juli 1793 vor Gericht gestellt und zum Tode verurteilt wurde.

Die folgenden drei Billetts sind die letzten, die sie geschrieben hat. In dem ersten bittet sie den Sicherheitsausschuß um die Erlaubnis, ihr Porträt malen zu lassen. Das zweite ist an ihren Vater gerichtet, und in dem dritten drückt sie ihren Zorn über einen gewissen Doulcet de Pontécoulant aus, der sie verteidigen sollte, aber nie erschien. Das war keineswegs verwunderlich, denn er war – was Charlotte jedoch nicht wußte – selbst festgenommen worden.

15. Juli 1793 des Jahres II der Republik.

An die Bürger des Sicherheitsausschusses.

Da mir noch einige Augenblicke zu leben übrigbleiben, möchte ich Euch, Bürger, um die Erlaubnis bitten, mein Porträt malen zu lassen, das ich meinen Freunden als Andenken hinterlassen will. So wie man an dem Abbild guter Bürger hängt, interessiert man sich übrigens aus Neugier manchmal auch für das von großen Verbrechern, denn es verewigt den Schauder, den ihre Verbrechen einflößen. Wenn Ihr gedenkt, meinem Gesuch nachzukommen, möchte ich Euch bitten, morgen einen Miniaturmaler zu mir zu schicken. Auch möchte ich Euch noch einmal darum ersuchen, mich in einer Einzelzelle schlafen zu lassen, und versichere Euch meiner Dankbarkeit.

Marie Corday.

In einem am 27. Juli im »Journal de Perlet«, einer revolutionären Zeitung gemäßigter Tendenz, erschienenen Artikel kann man lesen, wie Charlotte Corday im Tribunal auf den Bürger Hauër aufmerksam wurde, der gerade dabei war, ihr Porträt zu zeichnen. Sie bat ihn, in die Strafkammer zu kommen, wo sie auf das Ergebnis der Beratungen warten mußte, und da sie fand, das Porträt sei »gekonnt gezeichnet und gut getroffen«, forderte sie Hauër auf, es in ihrer Zelle zu beenden und saß ihm »mit einer kaum vorstellbaren Ruhe und Fröhlichkeit« Modell.

Das zweite, nach ihrer Verurteilung verfaßte Billett zeugt davon, wie verantwortungsbewußt sie für ihre Tat einsteht, aber auch davon, wie schmerzlich ihr der Gedanke ist, ihre Familie könnte ihretwegen verfolgt werden.

An Herrn Corday d'Armont, Rue du Bègle, in Argentan.

Verzeihen Sie mir, mein lieber Papa, daß ich ohne Ihre Erlaubnis über mein Leben verfügt habe. Ich habe viele unschuldige

Opfer gerächt und viel weiteres Unheil verhindert. Eines Tages wird das enttäuschte Volk zu schätzen wissen, daß ich es von einem Tyrannen befreit habe. Ich habe nur deshalb eine Reise nach England vorgetäuscht, weil ich unerkannt bleiben wollte. Aber ich mußte einsehen, daß es unmöglich war. Ich hoffe, daß man Sie nicht belästigen wird. Auf jeden Fall glaube ich, daß Sie in Caen Anwälte finden werden. Ich habe Gustave Doulcet de Pontécoulant zu meinem Verteidiger gewählt. Doch ein solches Attentat macht jede Verteidigung unmöglich und ist eine reine Formalität.

Adieu, mein lieber Papa, ich bitte Sie, vergessen Sie mich, oder besser: freuen Sie sich über mein Los, denn ihm liegt eine gerechte Sache zugrunde. Ich umarme von ganzem Herzen meine geliebte Schwester sowie alle meine Verwandten. Vergessen Sie nicht diesen Vers von Corneille: »Nicht das Schafott schändet, sondern allein das Verbrechen.«

Morgen wird das Urteil über mich gefällt.
Den 16. Juli.

Chauveau-Lagarde übernahm schließlich die Verteidigung Charlotte Cordays und berief sich in seinem Plädoyer auf ihren »Fanatismus«, womit sich die Angeklagte einverstanden erklärte. Sie wußte immer noch nichts von der peinlichen Lage, in der sich der Girondist Doulcet de Pontécoulant befand, als sie schrieb:

Der Bürger Doulcet de Pontécoulant ist ein Feigling, daß er meine Verteidigung abgelehnt hat, wo es doch eine so leichte Sache gewesen wäre. Jener, der mich letzten Endes verteidigte, hat es mit Würde getan, und ich werde ihm bis zum letzten Augenblick dafür dankbar sein.

In der Abbaye sprachen die Gefangenen noch lange mit Bewunderung über Charlotte Corday, obwohl ihre Tat verstärkte repressive Maßnahmen auslösen sollte. Von Ende Juli 1793 an wurden fast täglich Gefangene in die Abbaye eingeliefert. Am schlimmsten wurden die Girondisten verfolgt. Man erzählt, Vergniaud habe Charlotte Cordays Tat mit folgenden Worten gewürdigt: »Sie kostet uns das Leben, aber sie lehrt uns, zu sterben.«[27]

In den Madelonnettes herrschte eine etwas andere Atmosphäre. Aus dem ehemaligen Kloster, das unter der Schutzherrschaft der heiligen Magdalena stand, hatte die Revolution ein politisches Gefängnis gemacht. Anfang 1793 beherbergte es noch wenige Sträflinge, darunter vor allem Falschmünzer und Diebe, aber ab September füllten sich die Zellen. Da es für nicht mehr als zweihundert Personen vorgesehen war, kam es rasch zur Überfüllung; manchmal herrschte ein Überschuß von mehr als hundert Gefangenen. Einige erinnern sich, sogar »auf den Korridoren geschlafen« zu haben.

Der Hausmeister Vaubertrand hatte die Sympathie der Gefangenen gewonnen; ebenso seine Frau, auf die man, wie damals üblich, Endreime dichtete:

In Deinem Lächeln die . . . . Güte
schenkt uns die zärtlichste aller . . . . Mütter
Deines Gatten . . . . Menschlichkeit
verschafft uns den besten aller . . . . Väter
Jeder von uns wäre . . . . glücklich
Wenn das Gesetz, das uns zu Brüdern . , ... machte
auch unseres Elends . . . . gedacht.

Auch ein gewisser Marino, von Beruf Tonbrenner und Porzellanmaler, der nun das Amt eines Polizeiverwalters inne hatte, war bei den Gefangenen trotz seines manchmal etwas unfeinen Benehmens beliebt. Einer von ihnen, ein gewisser Coittant, erinnert sich, wie er eines Tages schlecht gekleidet und rasiert daherkam:

Einige versuchen, ihm ihr Anliegen vorzubringen. Ohne sie anzuhören, läuft Marino davon und kommt mit einem reichen Gefangenen, den sein wachsames Auge entdeckt hat, zurück. Er zeigt auf die Ärmsten unter den Häftlingen und sagt in ernstem Ton zu ihm:
– Hier, mein Sohn, das sind die Männer meiner Sektion, du mußt dich um sie kümmern, hörst du?
– Ja, Bürger.
– Setz dich hierhin.
– Ja, Bürger.
Während er ihm auf die Backe klopft:

- Du wirst das Fleischragout für sie bezahlen, hörst du?
- Ja, Bürger.
- Das Zimmer, die Spesen, den Wein?
- Ja, Bürger.
- Schau, das ist der »Präsident«, sagt er und weist auf einen von ihnen hin. Er wird alle Ausgaben zusammenstellen, hörst du?
- Ja, Bürger.
- Du hast ein Vermögen, sie haben keines. Also ist es an dir, zu bezahlen, hörst du?
- Ja, Bürger.
- Vergiß das nicht.
- Nein, Bürger.
- Und du wirst den Knoblauchbraten, die Kartoffeln und den Salat spendieren.
- Ja, Bürger.

Nach diesem Zwiegespräch versetzt er dem armen Mann nochmals einen leichten Backenstreich. An diesem Tage war er guter Dinge und ging pfeifend davon.[28]

Unter den Gefangenen in den Madelonnettes waren der royalistische Schriftsteller Chamfort, mehrere Parlamentsräte, der ehemalige Minister La Tour du Pin, der General Lanoue, der Verwalter Boulainvilliers sowie einige Schauspieler des Théâtre-Français, darunter Fleury, der uns ein Zeugnis über seinen Aufenthalt dort hinterlassen hat. Er erzählt, wie die Gefangenen bei Einbruch der Dunkelheit in einem der Säle des Gefängnisses zu Körperübungen antraten – ein Bild, dem es nicht an Komik fehlte.

So nahmen wir an der Prozession und dem Kriegsmarsch teil. Die dunklen Korridore, die blassen Männer, die flackernden Schatten, diese sich kreuzenden und voneinander entfernenden Irrlichter, die sich aneinanderreihten und mit ihrem ungewissen Widerschein die geblümten Morgenröcke, die Überröcke aus weißem Pikee, die Nachtmützen und die Gesichter erhellten, die sich um nichts auf der Welt zu einem Lächeln hätten hinreißen lassen, und um so komischer aussahen, als die Leuchter sie von unten her anstrahlten, alle hervorspringenden Stellen des Gesichtes schwarz übermalten und nur den Blick hervorhoben; dieser Kontrast von Licht und Schatten, von Marsch und Stillstand, von schmetternden Stimmen und Schweigen, gab ein effektvolles Bild ab, das zu erfassen sich für einen geschickten Maler wohl gelohnt hätte. Die Frau des Hausmeisters sah uns manchmal zu. Sie meinte, wenn wir richtig in Schwung waren, hätten wir selbst Rembrandt inspirieren können. Ich glaube, sie wollte uns damit ein bißchen schmeicheln; und mich erinnerte das Lachen des kleinen Vaubertrand eher an die grotesken Karikaturen im Stil von Callot, besonders wenn der gute Monsieur von Alleray mit seinem Leuchter das Kinn und die Hemdkrause des Ex-Generalleutnants von Crosne verbrannte, der nie recht begreifen konnte, was es hieß, mit dem linken Fuß anzutreten.[29]

Ende 1793 wurden die Gefangenen der Madelonnettes evakuiert und durch gemeinrechtliche Gefangene ersetzt; ein Teil der Häftlinge wurde nach Port-Libre überwiesen.

Port-Libre war das ehemalige Kloster von Port-Royal: man hatte die Nonnen 1793 daraus vertrieben und seinen Namen geändert, denn alles, was an den König erinnerte, war verpönt. Wie auch einige andere Klöster ähnlicher Art war es in ein Gefängnis umgewandelt worden. Trotz der Angst um ihre Zukunft genossen die Gefangenen hier eine gewisse Unabhängigkeit und konnten ihre Freizeit beliebig gestalten. So war ein kleines Quartett von Streichinstrumenten zustande gekommen. In der Kapelle, die als Versammlungsort diente, genoß das Auditorium die Harfenklänge des Pfarrers von Marly, der von Zeit zu Zeit Mademoiselle von Béthisys Vortrag ihrer Hymne an das Höhere Wesen begleitete. Abends wurde die Kapelle zum »Salon«. Jeder brachte seinen Leuchter mit. In diesem improvisierten »Lesesaal« stickten einige Frauen im Schein des Feuers. Wenn es Zeit zum Abendessen war, wurde ein großer Tisch aufgestellt, den sie alle zusammen fröhlich deckten und darüber fast vergaßen, daß sie im Gefängnis waren.

Tatsächlich [schreibt einer der Häftlinge] glich nichts weniger einem Gefängnis als dieses Haus; es gab keine Gitter, keine

Riegel, die Türen waren mit einer einfachen Klinke versehen. Hier war man in guter Gesellschaft, pflegte guten Umgang und ließ es den Frauen gegenüber nicht an Aufmerksamkeit und Zuvorkommenheit fehlen; es war als gehörten alle zu ein und derselben Familie, die sich in einem großen Schloß zusammengefunden hatte.

Über dem Eingang zur Kapelle stand der optimistische Spruch: »Selbst im Gefängnis liebt der Mensch die Freiheit.« Gelegentlich wurde aus dem »Salon« ein Refektorium. Es kam vor, daß vierundzwanzig Tische mit je zehn Gedecken aufgestellt wurden. An solchen Tagen wurde zweimal serviert, um ein und um zwei Uhr, und inzwischen lustwandelten jene, die noch nicht an der Reihe waren, im Klostergang. Jeder brachte seinen Teller und seinen Löffel mit, denn Messer und Gabeln waren verboten. Die Mahlzeiten waren einfach, aber ausgeglichen. Das Menü vom 25. und 26. Messidor ist uns bekannt: Suppe, Fisch, Artischocken; tags darauf Rindfleisch mit Kohl und grünen Bohnen.

Nachdem sich die Gefangenen an dem Brunnen, dessen Säule noch vorhanden ist, die Hände gewaschen hatten, gingen sie bis zum Einbruch der Dämmerung im Garten spazieren, nahmen auf einem Grashügel Platz oder plauderten unter einer alten Akazie miteinander. Das war die Stunde der Dichter... In Port-Royal gab es drei: Vigée, Florian und Anne-Marie von Beaufort. Letztere als leidenschaftliche Gegenrevolutionärin bekannt, beklagte sich bitter über die Trennung von ihrem kleinen Sohn. Es war nicht leicht, von ihren Deklamationen ungerührt zu bleiben:

> O Ihr, deren feinfühlige Herzen
> zärtlicher Liebe fähig sind,
> kommt und teilt meinen Schmerz,
> habt Mitleid mit meinen Tränen;
> auf daß das gestrenge Schicksal
> Euch nicht so hart strafe wie mich
> und Euch bewahre vor dem schrecklichen Leid,
> Gefangene und Mutter zugleich zu sein![30]

Dennoch hatte sie mehr Glück als ihr Schicksalsgefährte Victor de Broglie,[31] dem es – im Gegensatz zu ihr – nicht gelang, dem Tod zu entrinnen. Ein Zeuge berichtet über die kurzen Augenblicke vor seinem Transport in die Conciergerie folgendes:

> Obwohl man ihn zwei Stunden zuvor über sein Schicksal unterrichtet hatte, konnte er keine Ruhe finden. Sein Miniaturporträt war gerade fertig geworden, und er hatte es einer seiner Freundinnen zugedacht. Vigée war bei ihm und las ihm aus einem seiner Bücher vor; er zog die Uhr und sagte: »es ist bald an der Zeit; ich weiß nicht, ob ich Sie noch bis zu Ende anhören kann; aber was macht es schon, fahren Sie nur fort, bis man mich abholen kommt.«[32]

Am nächsten Tag, kurz bevor er sich zum Tribunal begab und überzeugt von seinem bevorstehenden Tod, schrieb er diesen letzten Brief an seine Frau:

> Aus der Conciergerie, den 9. Messidor.
> Freiheit-Gleichheit.*
> Seit gestern befinde ich mich in der Conciergerie, meine liebe Sophie. Ich werde mit reinem Gewissen vor dem Tribunal erscheinen und mit jener Ruhe, die unerschütterlicher Patriotismus einem mutigen Mann verleiht. Was immer auch geschehen mag – und die Stunde naht – ertrage es mit Standhaftigkeit. Erhalte Dich für unsere Kinder, die ich wie Dich mit Tränen des Schmerzes umarme. Vergiß nie Deinen armen Freund.
> Victor de Broglie.[33]

Je weiter jedoch das Jahr II voranschritt, desto bedrohlicher wurde die Lage, und die Begriffe »verdächtig« und »schuldig« unterschieden sich immer weniger voneinander. Die Insassen von Port-Libre nahmen die Dinge aber noch nicht allzu tragisch, und es herrschte in diesen Mauern eine seltsame Mischung von Rührseligkeit und Salonschöntuerei. Keiner drückte sich anders als in freund-

---

* Liberté-Egalité (Namen der Gerichtssäle; Anm. d. Übers.)

lichen Worten, kleinen Versen und leichtfüßigen Reimen aus: »Der Vicomte de Ségur wartete in guter und zahlreicher Gesellschaft auf die Guillotine, verfaßte Lieder auf seine Henker, Madrigale für die Damen und bewahrte sich, dem drohenden Fallbeil zum Trotz, seine Fröhlichkeit und sein charmantes Auftreten.«

Aber nicht alle lachten. Eines Tages schlägt für Malesherbes und seine Familie die Stunde, zum Schafott abzufahren, tags darauf vernimmt man die gellenden Schreie von Madame de Maleyssie, die in Schmerzen niederkommt, und die ständigen Klagen von Madame von La Chabaussière, ihrer Mutter, die in Einzelhaft gehalten wird, dann wieder nimmt sich der Kammerdiener des Marquis von Coigny das Leben und wird mit durchschnittener Kehle aufgefunden.

Coittant, ein Gefangener im Luxembourg, hat über all diese Begebenheiten ausführliche Aufzeichnungen hinterlassen. Hier seine Beschreibung einer Szene am 12. Prairial:

> Gerade hat man den Ex-Marquis von La Valette, einen ehemaligen Gardeoffizier, abgeholt, um ihn vor das Revolutionstribunal zu führen. Wir haben das unheilvolle Ereignis durch seine Frau erfahren, die entsetzlich schrie. Sie hatte sich an den Hals ihres Mannes gehängt, ihre Beine in die seinen verschlungen; so flehte sie den Pförtner an, sie zusammen mit ihrem Mann abzuführen. Diese herzzerreißende Szene hatte alle gerührt, nur nicht den unerbittlichen Pförtner, der – ungeduldig über die Verspätung – mit rauher Stimme ausrief:»Jetzt aber Schluß mit dem Theater!« Schon zuvor hatte der Schurke die unglückselige Frau zum besten gehalten. Die Fenster der Madame von La Valette gingen auf den Garten hinaus, wo ihr Mann Ball spielte.
> – Ruf deinen Mann, schrie der Pförtner ihr zu.
> – Warum denn?
> – Ruf ihn nur.
> – Aber, mein Freund, sag mir doch, warum?
> – Um zum Tribunal zu gehen.
> Bei dieser traurigen Nachricht fiel Madame de La Valette bewußtlos zu Boden.

Zwei Wochen später brach Coittant selbst der kalte Schweiß aus:

An jenem Morgen ging ich unter den Bäumen im kleinen Klostergang spazieren, als mir einer meiner Schicksalsgefährten mit bedrückter Miene entgegenkam und mich fragte, ob ich standhaft genug wäre, um seine Nachricht zu hören, was ich bejahte.
– Gut, dann mach dich fertig. Man ist gekommen, um dich und Gamache zum Tribunal abzuführen. Der Gendarm ist schon in der Gerichtskanzlei.
Darauf ging ich in mein Zimmer und vertraute meinem Freund meine Uhr, meinen Kasten und das Porträt von Hélène mit der Bitte an, diese Gegenstände meiner Freundin zu übergeben. Er versprach es mir und ging dann hinunter, um zu sehen, was in der Gerichtsregistratur vor sich ging. Freudig kam er nach einer Viertelstunde mit der Nachricht zurück, es handle sich um eine Namensverwechslung, und er habe umsonst um mein Leben gezittert. Das beruhigte mich zwar ein wenig, aber im Grunde war ich völlig resigniert.[34]

Am 7. Floréal wohnte man der Ankunft eines revolutionären Generals in Uniform, Federhut und gesticktem Kragen bei, eines einstmals glücklichen Jakobiners, der jetzt in den Kerker geworfen wurde. Ein Spottvogel lief in den Gängen vor ihm her:

(...) Da ist es, da ist es, das hohe Tier aus Afrika, es hat Zähne und frißt Steine, kommen Sie, meine Herren, kommen Sie und sehen Sie es sich an; es kostet nur zwei Pfennige, es anzuschauen. Es ist der große General aus den Wäldern, der aus der arabischen Wüste per Luftschiff zurückgekehrt und in La Bourbe gelandet ist, seht nur, seht!

Eine andere ehemalige Patriotin, die Bürgerin Momoro, die dazu auserwählt worden war, die Göttin der Vernunft darzustellen, war nach der Verurteilung ihres Mannes – einem Anhänger Héberts – festgenommen worden. Trug sie in ihrer Tasche die letzten Zeilen, die er ihr geschrieben hatte, bevor er aufs Schafott stieg?

Republikanerin, bewahre Deinen Charakter, Deinen Mut. Du

kennst meinen ungebrochenen Patriotismus. Bis zum Tode wird sich meine Haltung nicht ändern.
Erziehe meinen Sohn nach den republikanischen Grundsätzen. Du kannst die Druckerei nicht weiterführen. Entlasse die Arbeiter. Grüße die Bürgerin Marat und die Republikaner von mir. Ich hinterlasse Euch das Andenken an meine Tugenden. Marat hat mich gelehrt zu leiden.
Dein Gemahl. Momoro.[35]

Auch Fanny de Beauharnais, der alte Marquis de Sombreuil, Gouverneur des Invalidenhospizes, der Schriftsteller Richer de Sérizy, Madame de Simiane, die Geliebte des Generals La Fayette, und noch viele andere wurden in Port-Libre gefangen gehalten. Die meisten hatten das Glück, nach dem Thermidor befreit zu werden.
Während Port-Libre als privilegiert galt, war die Force einer der gefürchtetsten Kerker der Revolution.
1782 wurde aus dem Hôtel de la Force – damals zwischen der Rue de Roi-de-Sicile und der Rue Pavée gelegen – ein Gefängnis, zunächst hauptsächlich für zahlungsunfähige Schuldner. In einem Nebengebäude, der »Petite-Force«, waren die Frauen untergebracht, das Gebäude der »Grande-Force« war den Männern vorbehalten.
Jedes der beiden Gefängnisse hatte seinen eigenen Eingang – der für die Frauen lag in der Rue Pavée, der für die Männer in der Rue du Roi-de-Sicile –, aber im Innern des Gefängnisses waren die beiden Gebäude durch Gänge miteinander verbunden. Zudem hatten die Insassen Mittel und Wege gefunden, um miteinander zu sprechen und zu korrespondieren. Ein Abflußrohr diente als Sprachrohr, die Strömung eines Baches beförderte in einem Holzschuh versteckte Briefe; die Antwort darauf erhielt man, indem man den Holzschuh mittels eines Bindfadens bachaufwärts zog. So kam es im Sommer 1793 zum Briefwechsel zwischen Madame de Kolly und ihrem ältesten Sohn (siehe Seite 203).
Schon die Fassade der Petite-Force erweckte einen menschenfeindlichen Eindruck. Durch Ketten verbundene Steinpflöcke behinderten den Zugang. In dem von Säulen umgebenen Innenhof konnten die Wagen im Schutz eines vorspringenden Gewölbes ein-

und ausfahren. 1793 schlossen sich die Kerkertüren der Petite-Force hinter der schönen Olympe de Gouges, die des Föderalismus und »Feminismus« angeklagt worden war, sowie hinter der Herzogin von Bourbon, der Schwester von Philippe-Egalité.

Von der Rue Saint-Antoine aus fiel der Blick durch eine häßliche Sackgasse mit klobigem Pflaster und schmutzigen, baufälligen Häusern auf die Fassade der Grande-Force. Wenn man die Schwelle überschritten und zwei Schalter passiert hatte, gelangte man in einen Hof, den sogenannten Hof der »Gerichtskanzlei«. Das Innere des Gefängnisses war nicht freundlicher als seine unmittelbare Umgebung, und die Haftbedingungen ließen zu wünschen übrig. Im Prinzip war jeglicher Verkehr mit der Außenwelt verboten, jedoch, berichtet einer der Häftlinge, mangelte es »unseren Freunden, unseren Verwandten nicht an Erfindungsgeist, um uns etwas Trost zu verschaffen...: sei es in einem Taschentuch, im Schnabel einer Taube oder im Saum einer Krawatte versteckt...«.[36]

Was die Nahrung betraf, konnte eine Verbesserung festgestellt werden, nachdem der Konvent am 16. November eine von demokratischen Grundsätzen inspirierte Verfügung erlassen hatte, derzufolge die wohlhabendsten Gefangenen die Mahlzeiten ihrer mittellosen Schicksalsgefährten, bei denen es sich meist um gemeinrechtliche Gefangene handelte, bezahlen mußten.

Im Lauf des Jahres 1793 – und vor allem 1794 – verkehrten in der Force seltsame Gestalten. Man hatte ihnen den Spitznamen »moutons« (Schafe) gegeben, weil sie den Autoritäten als Spitzel dienten.

Unter den Spitzeln in der Force zeichnete sich Graf Ferrières-Sauvebœuf durch die unerschöpfliche Menge seiner Berichte und Meldungen besonders aus, die regelmäßig darauf abzielten, »infame Schurken« an Fouquier-Tinville auszuliefern. Wir verdanken ihnen die Kenntnis zahlreicher Einzelheiten des täglichen Lebens, das sich hinter den Mauern der Force abspielte. Hören wir, was er über Camille Haller (aus der gleichnamigen Schweizer Bankiersfamilie) zu berichten hatte, die sich zum Stelldichein mit ihrem Geliebten, dem Geschäftsmann Louis Comte heimlich in die Force geschlichen hatte:

Im Juni sah ich Comte im Hof der Force spazierengehen; die Polizeiverwalter hatten dem Hausmeister entsprechende Anweisungen gegeben [er befand sich in Einzelhaft, Anm. d. Verf.]. Er war in Begleitung einer Frau, die sich, wie mir schien, hinter ihrem Spitzenschleier zu verbergen suchte. Plötzlich begann es in Strömen zu regnen, und als ich an ihm vorbeiging, bat er mich, in meinem Zimmer, das gleich neben dem Schalter lag, Schutz suchen zu dürfen. Ich erlaubte es und ließ sie allein.
Etwas später kam er sich bei mir bedanken. Da er von redseliger Natur war, erzählte er mir, seine Begleiterin wäre die Gräfin Camille gewesen, die ich sicherlich einstmals in der Gesellschaft gesehen hätte. Sie habe sich aus Furcht vor meiner bösen Zunge nicht zu erkennen gegeben. Ich erinnerte mich nur zu gut an ihren damaligen Ruf. Doch aufgrund des Kompliments, das sie mir gemacht hatte, sagte ich mir, das nächste Mal könnte sie ihr Vergnügen anderswo suchen, und laut in den Schalter sagte ich, man solle sie nicht mehr in mein Zimmer lassen. Darauf erfuhr ich, daß Comte sich in Einzelhaft befand und daß Camille sich von einer anderen Frau eine polizeiliche Genehmigung ausgeliehen habe, mit der sie das wachsame Auge des Hausmeisters täuschte; der nämlich war in dem guten Glauben, die Erlaubnis betreffe diejenige, in deren Besitz sie sich befand.
Es war nicht üblich, nach einem weiteren Ausweis zu verlangen, die Autorisation genügte, um eingelassen zu werden. Sofort unterrichtete ich also den Hausmeister, der den Vorfall der Polizeiverwaltung meldete, so daß – wäre sie am nächsten Tag gekommen – man sie festgenommen hätte.
Der erste Pförtner der Gefängnisabteilung, in der sich Comte befand, war von ihm bestochen worden. Diese Tatsache und viele andere habe ich von einem Mann erfahren, der vorher Dangé, den guillotinierten Verwalter, davon unterrichtet hatte; der jedoch hatte das alles verschwiegen. Derselbe Mann konnte auch bezeugen, daß Comte mit Camille schriftlich verkehrte, und zwar mittels einer Geheimtinte zwischen den Zeilen der Zeitungen, die der Pförtner Camille überbrachte. Ich bin sicher, daß diese Frau, ihrem luxuriösen Lebensstil nach zu urtei-

len, dem Großen Komplott angehörte [der Verschwörung des Auslandes, Anm. d. Verf.], denn ich bezweifle, daß ihr die verblichenen Überreste ihrer Liebreize noch soviel Wohlstand verschaffen konnten...

Ferrières-Sauvebeuf, der tagsüber spioniert, an den Türen horcht und das Kommen und Gehen der Gefangenen beobachtet, bringt abends die tausend Einzelheiten des täglichen Lebens hinter den Mauern zu Papier. Unter anderen denunziert er eine gewisse Frau Joli, die »Lieferantin« des Gefängnisses, die für die gesamte Versorgung der Gefangenen verantwortlich ist. Aber die Nahrung ist sehr schlecht, und Ferrières klagt sie an, einen Teil des Fleisches, das für die Gefangenen bestimmt ist, an ihre Freunde zu verkaufen. Sie sei nämlich, gibt er zur Erklärung an, die Geliebte des Polizeiverwalters Dangé, eines Hébertisten, der die Gefangenen aushungern und so eine Revolte hervorrufen wolle. Unermüdlich denunziert er auch die Machenschaften eines gewissen Delainville, der seine Funktion als »offiziöser Verteidiger« zu einem einträglichen Geschäft ausnutzt, indem er sich bei den Gefangenen vorstellt und mit ihnen für einen Batzen Geld ihre Überweisung in die friedlichen – und kostspieligen – Hospize verhandelt:

> Ich kann dem Sicherheitsausschuß verläßliche Angaben über einen gewissen Delainville machen, dessen Verlegungsgeschäfte allgemein bekannt sind.
> Ich war Zeuge folgender Tatsachen: der offiziöse Verteidiger hatte von der Polizeiverwaltung die Genehmigung zur Überweisung eines Lotterieverwalters und eines Bankiers ins Hospiz erlangt. Als diese sich am Schalter präsentieren, findet sie der Hausmeister bei so guter Gesundheit, daß er sich ihrer Abfahrt widersetzt. Dennoch wird er am nächsten Tag – ungeachtet seiner Einwände – erneut aufgefordert, sich den Anweisungen ohne Widerspruch zu fügen.
> Delainville hatte einem invaliden Engländer namens Richard seit langem versprochen, ihn nach Belhomme zu überweisen. Richard glaubte, die Sache beschleunigen zu können, indem er Delainville durch seine Frau eine Anzahlung von vierzehnhun-

dert Livres zustecken ließ; das hat er mir selbst im Hof im Beisein mehrerer Gefangener anvertraut...

Ferrières-Sauvebeuf ist so schreibwütig, daß er nicht umhin kann – und er ist wirklich der einzige –, jede einzelne Beobachtung oder Überlegung sofort zu Papier zu bringen:

> Ich muß hinzufügen, Bürger [schreibt er an die Mitglieder des Sicherheitsausschusses], daß ich in diesem Gefängnis bei allen Häftlingen als Euer Spion und als Spion des Revolutionstribunals gelte. Ich bekomme fünfhundert Livres im Monat dafür, daß ich mehrmals als Zeuge vor dem Revolutionstribunal und gestern vor Eurem Ausschuß aufgetreten bin. Mich tröstet einzig und allein, daß ich nicht zu denen gehöre, die mich fürchten...

Und er fährt fort:

> Ich habe die Verläßlichkeit meiner Person bewiesen, und da ich meine aristokratische Herkunft durch revolutionäre Haltung ausgelöscht habe, hoffe ich, daß sie mir nicht länger zum Vorwurf gemacht wird, denn es gibt viele gute Bürger meiner ehemaligen Kaste, die sich als Mitglieder des Konvents und des Wohlfahrtsausschusses in den Dienst der Republik gestellt haben...

Fast ein Dutzend Personen hat Ferrières-Sauvebeuf durch seine Spitzelberichte aufs Schafott gebracht: André Chénier, die Prinzessin von Monaco, den Herzog und die Herzogin von Châtelet, den Grafen von Saint-Paul, Louis Comte, Madame d'Eprémesnil, den General de Flers, den Prinzen von Hénin, die Gräfin von Ossun, die Polizeiverwalter Dangé, Soulés und Froidure.[37] Die meisten seiner Opfer gehören dem Adel, dem geschäftstüchtigen Großbürgertum oder der vermögenden Klasse an, und ihr Besitz fällt nach ihrem Tode in die Hände der Republik. Aufgrund seiner aristokratischen Herkunft fiel es ihm leicht, den Sicherheitsausschuß über alle Einzelheiten zu unterrichten: er kannte den Umfang des Vermögens der einen, den Aufenthaltsort der anderen, kannte ihre verwandtschaftlichen Beziehungen und wußte Bescheid, wo sich der Besitz seiner Opfer befand.

Das Gefängnis Sainte-Pélagie lag der Force gegenüber auf dem anderen Ufer der Seine, in nächster Nähe des Jardin des Plantes. Im 17. Jahrhundert hatte man hier einige Häuser in ein Hospiz zur Aufnahme von Prostituierten umgewandelt. Ihren Namen hatte die Institution zum Andenken an die Kurtisane von Antiochia erhalten, die bei ihren Zeitgenossen zunächst durch ihre ausschweifende Lebensweise Anstoß erregte, sich dann aber bekehrte, um als fromme Christin den Heiligenschein zu erwerben. Bis zur Revolution war Sainte-Pélagie ein Zufluchtsort für »Sünderinnen« und wurde dann in ein politisches Gefängnis umgewandelt. Unter den hier Inhaftierten befanden sich mehrere bekannte Persönlichkeiten, darunter als einer der ersten der Herzog von Biron, General der republikanischen Armee, der aus Italien zurückgerufen worden war, um den Aufstand in der Vendée zu bekämpfen. Er war des Verrats verdächtigt und festgenommen worden. Den Worten seiner Freundin, der Herzogin von Fleury, nach zu urteilen, geschah dies zu Recht: »Die Passivität ihres Führers [Biron] hatte aus der republikanischen Armee praktisch eine Truppe des feindlichen Heeres gemacht.«[38]

Sechs Monate verbrachte der General in Sainte-Pélagie, bevor er im Dezember 1793 hingerichtet wurde. Nach den Aussagen von Madame Roland war er ein galanter Mann, der den Damen häufig Besuch abstattete. In einem Brief an Montané, der in der Force festgehalten wurde und sich um seine in Sainte-Pélagie inhaftierte Frau Sorgen machte, beruhigt sie ihn spöttisch: Wenn Biron auch regelmäßig in der Damenabteilung des Gefängnisses erscheine, schreibt sie ihm, so sei er doch stets »in Begleitung des sichersten Abschreckmittels vor etwaigen gewagten Unterfangen«; gemeint ist Mademoiselle Raucourt, die charmante Schauspielerin der Comédie-Française. Später schreibt Biron aus der Conciergerie dieses letzte Billett an eine gewisse Bürgerin Laurent:

> Noch ein paar Stunden, meine liebe, unglückliche Freundin, und mein Leben ist ausgespielt. Du bist mehr zu beklagen als

ich, denn Dein Schmerz wird nicht so schnell vergehen, und Du wirst mich noch lange beweinen. Wenn ich für Dich auf eine glückliche Zukunft hoffen könnte, würde dieser Gedanke mir helfen, mein Schicksal leichter zu ertragen. Ich habe allen Anlaß zu glauben, daß das männliche Geschlecht sowie die einzige Freundin, die mir auf dieser Welt bleibt, sich Deiner annehmen werden. Ich empfehle Dich Deinem Bruder wie auch der Gefährtin, die das Zimmer mit Dir teilt. Sie wird dieses Vertrauen, das ich in sie setze und das mir meiner eigenen Ruhe wegen unentbehrlich ist, nicht enttäuschen.

Adieu, adieu, ich küsse Dich noch einmal und zum letztenmal.

Biron.[39]

Nach einem mehrwöchigen Aufenthalt im Abbaye-Gefängnis war Madame Roland, des Komplizentums mit den Girondisten angeklagt, am 25. Juni 1793 in Sainte-Pélagie angekommen. Ihrem aus den gleichen Gründen verhafteten Mann war es gelungen, die Flucht zu ergreifen, doch als er von der Hinrichtung seiner Frau erfuhr, nahm er sich das Leben.

In ihren Memoiren beschreibt Manon Roland ausführlich ihren Aufenthalt in dem ehemaligen Kloster von Sainte-Pélagie und insbesondere ihre schmutzige, stickige Zelle: »Das also ist der Ort, der der würdigen Lebensgefährtin eines Ehrenmannes beschieden ist. Wenn die Tugend auf Erden so belohnt wird, wundere man sich nicht, daß ich das Leben verachte.«

Nachdem sie erst mit dem Gedanken gespielt hatte, in einem Brief an Robespierre ihre Unschuld darzulegen, dann mit dem, sich das Leben zu nehmen, vertraute sie schließlich ihre letzten Gedanken der Feder an und begann mit den denkwürdigen Worten: »To be or not to be: that is the question! Sie wird, was mich betrifft, bald gelöst sein.«

Nach den Aussagen ihrer Bediensteten verhielt sich Madame Roland wie die meisten Gefangenen: »In Gegenwart anderer nimmt sie all ihre Kräfte zusammen, aber allein in ihrem Zimmer sitzt sie manchmal drei Stunden lang am Fenster und weint.«

Als sie am 18. Oktober 1793 – zwei Tage nach der Hinrichtung der Königin – einen letzten Brief an ihre Tochter schrieb, schien sie sich über ihr Los keine Illusionen mehr zu machen:

> Ich weiß nicht, meine kleine Freundin, ob es mir gegeben sein wird, Dich noch einmal zu sehen oder Dir noch einmal zu schreiben. Erinnere Dich Deiner Mutter. Diese Worte sind das Beste, was ich Dir sagen kann. Du hast mich glücklich gesehen, als ich meine Pflichten erfüllte und mich den Notleidenden nützlich erwies. Das ist die einzige Art, glücklich zu werden. Du hast gesehen, wie ruhig ich mein Unglück und meine Gefangenschaft auf mich nahm, denn ich hatte nichts zu bereuen und konnte mit Freuden meiner guten Taten gedenken. Nur so kann man das Unglück und die Schicksalsschläge, die einem das Leben auferlegt, ertragen.
> Ich hoffe, daß Dich das Schicksal weniger hart prüfen wird als mich. Aber manchen Prüfungen wirst Du dennoch nicht entgehen können. Ein strenges und ausgefülltes Leben kann Dich am besten vor allem Unheil bewahren, und es ist ebenso weise wie notwendig, ernsthaft zu arbeiten.
> Erweise Dich Deiner Eltern würdig: sie hinterlassen Dir ein vorbildliches Beispiel, und wenn Du es Dir zunutze machen kannst, wird Dein Leben nicht umsonst sein. Adieu, liebes Kind, das ich mit meiner Milch genährt habe und dem ich all meine Gefühle vermitteln möchte. Eines Tages wirst Du verstehen, was es mich in diesem Augenblick kostet, mich von Deinem süßen Bild loszureißen. Ich drücke Dich an meine Brust.
> Adieu, meine Eudora.

Kurz darauf sah man sie völlig niedergeschlagen vom Prozeß gegen die Girondisten zurückkehren, wo man sie mit Fragen bedrängt hatte, die »ihr Ehrgefühl verletzten«.

Am Tag ihrer Hinrichtung erschien sie weiß gekleidet; ihr langes schwarzes Haar floß offen über die Schulter bis zur Taille; den Gefangenen, die sie vorübergehen sahen, bedeutete sie mit einer Geste, daß ihr Kopf fallen würde. Riouff erinnert sich an ihre »großen schwarzen Augen, so ausdrucksvoll und sanftmütig«, diese Augen, die wenige Stunden später auf der riesigen Freiheitsstatue verweilen sollten, um dann einen Moment lang den Blick des Henkers zu kreuzen...[40]

Zu den Insassen von Sainte-Pélagie zählte auch Madame du Barry, Ex-Favoritin von Ludwig XV., die wochenlang in einer Einzelzelle im zweiten Stock des Gefängnisses eingeschlossen blieb. Sie wurde mehreren Verhören unterzogen und versuchte sich einzureden, daß es nicht gar so schlecht um ihre Sache stand. Dabei ahnte die Arme nicht, daß Fouquier-Tinville über alle Einzelheiten ihrer vergangenen gegenrevolutionären Aktivitäten unterrichtet war, auch darüber, daß sie ihren angeblich gestohlenen Schmuck in Wirklichkeit in England versteckt hielt.

Sie wußte nicht, daß der Sicherheitsausschuß Berichte und Denunziationen, ihre Person betreffend, erhalten hatte und über ein Beweisstück verfügte, demzufolge sie enge Beziehungen mit den »Feinden der Revolution« in England unterhielt. Tatsächlich hatte sie bei ihren Aufenthalten in London den geräumigen Wohnsitz mit früheren Ministern wie etwa Bertrand de Molleville geteilt und mit ihnen gemeinsam darüber beraten, wie sie am besten Wertgegenstände und Geld aus Frankreich retten könnten.

In die Enge getrieben, gestand Madame du Barry vieles ein und machte ihren Richtern das Urteil leicht. Dieses aber wurde nicht nur aufgrund unwiderlegbarer Tatsachen ausgesprochen, sondern auch aufgrund der im Volk herrschenden Vorstellung, sie sei eine Art Messalina. Ihre besonders harte Gefangenschaft – sie wurde von einem Kerker in den anderen getrieben – ließ auch die Kaltblütigsten vor Schreck erschauern...[41]

Anderen war ein glücklicheres Schicksal beschieden. Fünfzehn Schauspielerinnen des Théâtre-Français, die weder privat noch auf der Bühne ihre feindselige Gesinnung gegenüber der Revolution verbargen, waren am 3. September festgenommen worden. Doch weil sie berühmt waren, erließ man ihnen – im Gegensatz zu anderen Gefangenen – gewisse Formalitäten. Im Register stand neben ihrem Namen die Eintragung: »Diese Bürgerin braucht infolge ihrer allgemeinen Bekanntheit ihre besonderen Kennzeichen nicht anzugeben.« Nach der Beschreibung von Madame Roland stand es um die Schauspielerinnen denn auch gar nicht schlecht:

Im Nebenzimmer hört man Lachen. Die Schauspielerinnen vom Théâtre-Français, die gestern verhaftet und nach Sainte-Pélagie gebracht wurden, sind heute zur Abnahme der Siegel zu ihrem Domizil geführt worden. Jetzt sind sie wieder im Gefängnis und dinieren zusammen mit dem Friedensrichter, der sich in ihrer Gesellschaft vergnügt.

Die Tischrunde ist heiter und ausgelassen: es werden fröhliche Reden geschwungen und ausländische Weine getrunken. Der Ort, die Gegenstände, die Personen stehen in auffallendem Kontrast zu meiner eigenen Beschäftigung.

Die Armen müssen dennoch so manche Ängste ausgestanden haben, denn die Gemeinde machte keine Anstalten, sie wieder auf freien Fuß zu setzen. Glücklicherweise aber waren einige Akten abhanden gekommen, was ihnen den Weg zum Schafott ersparte.[42]

Auch Madame de Bonneuil, deren vollkommene Schönheit von Madame Vigée-Lebrun bewundert wurde, hatte Glück. Dabei war sie aktiv an mehreren Verschwörungen beteiligt, hatte Kapital ins Ausland geschafft und – insbesondere am Vorabend der Liquidation der Ostindischen Handelskompagnie (deren Teilhaberin sie war) – mehrere Mitglieder des Konvents zu bestechen versucht. Ihre Machenschaften waren dem Sicherheitsausschuß unterbreitet worden, worauf sie im Juli 1793 in Sainte-Pélagie eintraf.[43] Ihr Andenken ist mit dem an André Chénier verbunden, der mit Leib und Seele in sie verliebt war und sie in seinem Werk unter dem Namen »Camille« verewigt hat.

In Sainte-Pélagie sollten noch so manche andere bedeutende Persönlichkeiten eingekerkert werden, unter anderen der Journalist Ducray-Duminil, die Schauspielerin Rose-Claire Lacombe, die den Klub der revolutionären Republikaner gegründet hatte, Gracchus Babeuf und der Maler Hubert Robert.[44] All diese Gefangenen lebten in der Furcht, eines Tages abgeholt oder verlegt zu werden. Einer von ihnen, Roucher, hat uns seine Erinnerungen daran hinterlassen:

> Vor einer Stunde wurde ich durch Lärm in den Korridoren und lautes Klopfen an den Türen aus dem Schlaf gerissen: Bürger

soundso, dieser da und der, schnell, schnell, stehen Sie auf, es geht nach Saint-Lazare, stehen Sie auf, hier, zu den Schaltern, ich mache Ihnen Licht!
Ich stehe auf, bringe zuerst meine Brieftasche in Ordnung – diesen Schatz, der Deine Briefe, meine liebe Tochter, enthält –, bringe meine Bücher in dem kleinen Koffer unter und schreibe ein paar Zeilen an meine Mutter, um sie von dem Ereignis zu unterrichten. Endlich bin ich fertig, und schon geht die Tür auf. Herein kommen drei Volksvertreter mit Schärpe, denen zwei Harzfackeln vorangetragen werden:
– Wie heißt du?
– Roucher.
– Bist du schon lange hier?
– In neun Tagen werden es vier Monate sein.
Sie sehen auf drei Listen nach.
– Da! Jean-Antoine Roucher, Schriftsteller.
– Das bin ich.
– Du wirst verlegt. Mach dich fertig.
– Ich bin fertig.
Sie gehen hinaus, begeben sich in die anderen Zellen. Ich bleibe allein zurück und beschäftige mich noch mit angenehmen Dingen, bevor diese groß angelegte nächtliche Überführung beginnt...[45]
»Les Anglaises«,[46] das Kloster der englischen Benediktinerinnen, wurde am 3. Oktober 1793 – wenige Tage nach der Veröffentlichung des Gesetzes gegen die Verdächtigen – in ein Gefängnis der Revolution verwandelt, in dem man eine religiöse Gemeinschaft in ihren eigenen Mauern gefangen hielt. Und zwar standen die Nonnen unter der Anklage, in ihrem Kloster geheime Versammlungen abgehalten zu haben.

Einen Monat darauf wurden bereits die ersten auswärtigen Gefangenen eingeliefert. Von da an wurde das Kloster Schauplatz eines ständigen Austausches mit den anderen Pariser Gefängnissen, insbesondere Sainte-Pélagie, Port-Libre und Salpêtrière.

Ein gewisser Foignet, der Ende Januar 1794 als Gefangener in das Kloster kam, hat uns folgende Beschreibung hinterlassen:

Dieses Gebäude ist [...] besonders gut durchlüftet: auf der Gartenseite befindet sich eine doppelte Mauer; hinter der ersten liegt ein Gemüsegarten, hinter der zweiten, die bei unserer Ankunft gebaut wurde, oben mit Glassplittern gespickt und so dick ist, als müßte sie einer Belagerung standhalten, lag einstmals der Friedhof; jetzt gehen die Gefangenen dort spazieren.[47]

Er berichtet auch, wie sich die Gefängnisinsassen beim Karten- und Würfelspiel die Zeit vertrieben, ferner über »die Zuvorkommenheit und die guten Manieren, mit denen sie miteinander umgingen«. Nichtsdestoweniger wurde ihnen die Zeit nur allzu lang:

Wir hatten nichts anderes zu tun, als zu trinken, zu essen, zu rauchen, die Treppen hinauf- und hinunterzugehen. Kostbare Zeit, die wir in den Dienst des Vaterlandes hätten stellen können, vertaten wir damit, uns dem Spiel und dem Laster hinzugeben.
Mehrere junge Leute – auch ich gehörte zu ihnen –, die von morgens bis abends nichts zu tun hatten, versuchten sich durch einen Zeitvertreib von dem Gedanken an ihr Unglück abzubringen, der ihnen am nächsten Tag den bitteren Nachgeschmack der Reue hinterließ...[48]

Bei seiner Ankunft fand Foignet bereits achtzig Schicksalsgefährten vor. Zwei Drittel waren Frauen, darunter die Benediktinerinnen, die später nach Vincennes verlegt wurden.

Regelmäßig mußten die Gefangenen Durchsuchungen über sich ergehen lassen, manchmal sogar nachts. Bei einer dieser Visitationen kam Foignet sein Branntwein abhanden, anderen ihre Assignaten oder ihr Schmuck.

In den Anglaises waren mehrere Frauen inhaftiert, die ihr Leben durch ihre Beziehungen zu dem Baron de Batz aufs Spiel gesetzt hatten. Der Baron, eine der merkwürdigsten Persönlichkeiten jener Zeit, war ein glühender Verteidiger der Monarchie und kämpfte für ihre Wiederherstellung. Er hatte sich wiederholt Entführungsversuchen der königlichen Familie schuldig gemacht sowie der Bestechung mehrerer Parlamentsmitglieder, wodurch er den Konvent in Mißkredit bringen wollte. In ganz Frankreich von der Polizei gesucht, ging er in keine der ihm gestellten Fallen, was er sicherlich einem Netz guter Beziehungen zu verdanken hatte.

Im Mai 1794 beauftragte der Nationalkonvent einen seiner Agenten, Dossonville, diesmal alle Hebel in Bewegung zu setzen, um den Baron aufzuspüren. Der Augenblick schien günstig, denn eine seiner ehemaligen Geliebten, Marie Babin de Grandmaison, saß schon seit einigen Monaten im Gefängnis der Anglaises, ebenso wie eine andere Komplizin, Madame Duval d'Eprémesnil, deren Familie dem Baron mehrmals in ihrem Schloß von Maréfosse in der Nähe von Le Havre Unterschlupf gewährt hatte.

Also beauftragte Dossonville einen seiner Gefängnisspitzel, die Verhafteten zum Sprechen zu bringen. Dieser versprach Marie Babin de Grandmaison die Freiheit, wenn sie einwilligte, ihm genaue Auskünfte über Batz zu geben. Ungeachtet ihrer sechsmonatigen Gefängnishaft glaubte die arme Frau zu wissen, daß sich Batz unter dem Namen Robert in Le Havre verbarg.[49] Von Françoise d'Eprémesnil dagegen erfuhr er kein Wort. Letzten Endes fielen beide Frauen zusammen mit 52 anderen Angeklagten dem Prozeß gegen »die ausländischen Verschwörer« zum Opfer und wurden am 29. Prairial des Jahres II hingerichtet. Noch eine andere Insassin des Klosters der Anglaises verlor an diesem Tag ihren Kopf. Ihre Geschichte, wenn auch in keinem Zusammenhang mit der des Barons de Batz, ist ebenfalls einer besonderen Würdigung wert.

Madame de Sainte-Amaranthe hatte geglaubt, von der Revolution nicht nur verschont zu bleiben, sondern sich obendrein, durch sie noch bereichern zu können, und zwar mittels eines Spielhauses, das dank ihrer Beziehungen zu einem Versammlungsort gegenrevolutionärer Elemente geworden war. Doch letzten Endes wurden sie und ihr »vom Abschaum der Aristokratie verpesteter Salon« dann doch denunziert. Und nachdem ihre Gönner – Anhänger Dantons – vom politischen Schachbrett beseitigt worden waren, konnte sie der Festnahme nicht mehr entrinnen. Gerüchten zufolge soll Robespierre sie verurteilt haben, gleichzeitig mit ihrem kleinen Sohn und ihrer sehr schönen Tochter, der er angeblich vergeblich den Hof gemacht hatte. In Wirklichkeit aber hatten die Feinde des Unbestechlichen die politische Gewaltanwendung verstärkt, um ihn schneller zu Fall zu bringen und sein Andenken zu beschmutzen.

Der herzzerreißende Abschied von den drei Mitgliedern der Familie Sainte-Amaranthe hatte die übrigen Gefangenen zutiefst bestürzt, aber dennoch gewann das Leben wieder die Oberhand, und ein jeder versuchte auf seine Art, die quälende Angst vor dem, was ihm bevorstand, loszuwerden.[50]

2. Kapitel

Eine heimtückische Erfindung:
Die Verschwörungen in den Gefängnissen

Vor Mai 1794 erreichte die Zahl der zum Tode Verurteilten selten mehr als 25 Personen täglich, sogar an den Tagen der »großen Schübe«, wie etwa der Hinrichtung der ehemaligen Parlamentsmitglieder und Steuerpächter oder einer Gruppe von 25 Personen, zu denen mehrere Persönlichkeiten des Ancien Régime gehörten, insbesondere Mitglieder der Familie von Loménie de Brienne sowie die jüngste Schwester Ludwigs XVI., die unglückliche Prinzessin Élisabeth. Im Juni und Juli aber stieg die Anzahl der Todesurteile plötzlich sprunghaft an. Die Gründe dafür waren der Erlaß vom 22. Prairial des Jahres II (10. Juni 1794), der den Angeklagten jegliche Verteidigung untersagte, und die sogenannten Gefängnisverschwörungen.

Bicêtre

Diese angeblichen Verschwörungen waren eine teuflische Erfindung, ein Vorwand, um auf einen Schlag eine große Anzahl von Gefangenen unter der gleichen hinterlistigen Anklage der Rebellion verurteilen zu können. Im Gefängnis Bicêtre wurde diese Methode zum erstenmal angewandt und ausgefeilt, bevor man sie auf andere Haftanstalten übertrug. Aber warum gerade hier? In der Vorstellung des Volkes war Bicêtre ein verruchter Ort und Inbegriff alles Bösen.

In der Tat hatten sich hier bereits im Mittelalter und lange bevor Bicêtre zum Gefängnis wurde, marginale, von der Gesellschaft ausgeschlossene Individuen aller Art zusammengefunden. Dabei hatte die Geschichte Bicêtres einen guten Anfang genommen, als nämlich Mitte des 13. Jahrhunderts Ludwig IX. zur Förderung der klösterlichen Institutionen eine Kolonie Kartäusermönche nach Paris kommen ließ und sie in einer auf der Hochebene von Gentilly gelegenen Domäne ansiedelte. Der Bischof von Winchester, Jean de Pontoise, hatte dieses Gut später gekauft und das Kartäuserkloster in einen prachtvollen feudalen Burgfried verwandelt. (Es ist möglich, daß der Name Bicêtre aus einer Verformung des Wortes »Wincester« entstanden ist.) Diese schöne Zeit war jedoch von kurzer Dauer, und nicht lange danach wurde Bicêtre zu einem verrufenen Ort, in dessen Mauern angeblich Räuber und Gespenster hausten. Im 17. Jahrhundert wurden die lehensherrlichen Ruinen zunächst in ein Hospiz, dann aber in eines der schauerlichsten Gefängnisse umgewandelt, das man sich vorstellen kann. Unterschiedslos wurden hier Geisteskranke, Gauner, Syphilitiker, Mörder, Landstreicher und Übeltäter aller Art eingesperrt, um für ihre Sünden auf die erniedrigendste und menschenunwürdigste Weise zu büßen: das Auspeitschen gehörte zu den alltäglichen Züchtigungen. Als die »Septembermörder« 1792 über das Gefängnis herfielen und seine Insassen niedermetzelten, war es vorwiegend mit gemeinrechtlichen Gefangenen und Sträflingen besetzt, die auf ihren Abtransport in die Strafkolonien warteten.[51]

Im Jahr darauf beherbergte Bicêtre vor allem Gefangene, die wegen Falschgeldhandels angeklagt oder verurteilt worden waren. Ein solches Delikt hätte sie normalerweise vor den Strafgerichtshof ihres Departements und nicht vor das Revolutionstribunal bringen müssen, doch machte eine zwielichtige Gesetzgebung absichtlich keinen Unterschied zwischen kleinen Fälschern, die eigentlich einem gemeinrechtlichen Strafverfahren unterlagen, und den Gegenrevolutionären, die darauf aus waren, der staatlichen Währung zu schaden. So kam es, daß in Bicêtre viele gemeinrechtlich strafbare Falschmünzer saßen, bei denen unklar blieb, ob ihre Absichten tatsächlich politischer Natur waren. Aus dieser Situation scheint die Idee der Gefängnisverschwörungen hervorgegangen zu sein; ihre Realisierung aber ist der heimtückischen Beihilfe eines Gefangenen namens Valagnos zu verdanken.

Außer den gemeinrechtlichen Häftlingen, zu denen Ende 1793 ebenso viele Aristokraten wie wegen finanzieller Delikte angeklagte Händler und Kaufleute gehörten, gab es auch einige vom Revolutionstribunal zur Deportation verurteilte »politische Häftlinge«, und zu diesen zählte Valagnos. Die Mitglieder des Sicherheitsausschusses und Fouquier-Tinville waren auf die Idee gekommen, ihn als »Strohmann« zu verwenden, um eine zur Flucht der Gefangenen angezettelte Verschwörung vorzutäuschen.

In der Hoffnung auf einen Straferlaß denunzierte Valagnos ein gar nicht existierendes Komplott der Häftlinge in Bicêtre. Der zum Polizeiverwalter gewordene ehemalige Juwelier Dupaumier veranlaßte ihn, Listen aufzustellen, die Namen von Zeugen anzugeben und vor Fouquier-Tinville falsche Aussagen zu machen. In der Zwischenzeit hatte Voulland[52], ein Mitglied des Sicherheitsausschusses, den Nationalkonvent am 8. Floreal von der Existenz einer Verschwörung unterrichtet. Um die Untersuchung nicht zu behindern, hatten die Abgeordneten daraufhin beschlossen, mit der Deportation von Valagnos zunächst noch zu warten. Dies ermutigte ihn, seine Aussagen zu bestätigen, was am 28. Prairial siebenunddreißig Gefangene aus Bicêtre den Kopf kostete. Am 8. Messidor kamen weitere achtunddreißig Angeklagte vor Gericht – nur zwei wurden freigesprochen, alle anderen guillotiniert. Über einige dieser Unglücklichen hatte der Strafgerichtshof bereits ein Urteil gefällt, die anderen aber warteten noch auf den Richterspruch, und als man sie unter der Anklage der Verschwörung vor das Revolutionstribunal brachte, waren durch das Gesetz vom 22. Prairial die Untersuchung sowie alle Möglichkeiten zur Verteidigung bereits abgeschafft.[53]

So war die teuflische Idee der Gefängnisverschwörungen entstanden, von der noch mehrere andere Gefängnisse heimgesucht werden sollten. In seiner »Geschichte der Revolution« schreibt Louis Blanc darüber: »...die Gefängnisse zu säubern, wurde von der Partei, die Barère zum Sprecher hatte, als eine Notwendigkeit betrachtet, und Barère gab sich so wenig Mühe, sein Vorhaben zu verbergen, daß er vor dem versammelten Konvent ausrief, der Sicherheitsausschuß habe entsprechende Maßnahmen ergriffen, um innerhalb von zwei Monaten die Gefängnisse zu leeren.«[54]

Und so geschah es. Ab Juni 1794 wurden mehrere Gefängnisse mit Hilfe der vorgetäuschten Verschwörungen »geleert«, als erstes das Luxembourg-Gefängnis, das am meisten Gefangene beherbergte.

Das Luxembourg-Gefängnis

Im Vergleich zu anderen Gefängnissen lebten die hier eingesperrten Königstreuen unter verhältnismäßig guten Bedingungen. Liebenswürdig empfing der Hausmeister die täglich eingelieferten Verdächtigen. Ein anonymer Gefangener, der sich offenkundig unter den ersten Häftlingen befand, hat uns folgendes anschauliche Zeugnis über den Ort und seine Insassen hinterlassen:

> Es ist ein amüsantes Schauspiel, wenn in einer elenden Pferdedroschke zwei Marquis, eine Herzogin, eine Marquise, ein Graf, ein Abt und zwei Gräfinnen eintreffen, die beim Aussteigen in Ohnmacht fallen und beim Einsteigen Migräne haben. Vor ein paar Tagen habe ich die Frau von Philippe, dem Guillotinierten, ankommen sehen. Sie wurde gleich neben Basire und Chabot untergebracht, die sich immer noch in Einzelhaft befinden und vor Wut vergehen, wenn sie die schrille Stimme des Zeitungsausträgers vernehmen, der »den Grimm des Père Duchesne* auf den Pfaffen Chabot« verkündet.
> Auf einem Flur wohnen Monsieur de la Borde de Méréville, Herr Präsident Nicolaï und Mélin, der unter Feldmarschall Ségur gedient hat; auf dem anderen links Monsieur de la Ferté, der Herzog de Lévi, der Marquis de Fleury und der Graf Mirepoix. Jeden Morgen beim Aufstehen versichern sie sich mit dem Fernglas, ob ihre Hotels in der Rue de l'Université noch immer

---

* Volkstümliche Gestalt der Revolution und gleichnamige Zeitung: »Le Père Duchesne« (Anm. d. Übers.)

am gleichen Platz stehen. Am Ende des Flurs in der Bibliothek befindet sich eine ganze Clique von Generälen, die jeder mit seinen Siegen prahlen.
In einem rechts gelegenen Zimmer leben in friedlicher ehelicher Eintracht Herr und Frau Marschall de Mouchy. Wenn man sie fragt, muß es den Ausschüssen der Revolution an gesundem Menschenverstand gefehlt haben, Leute ihrer Qualität einsperren zu lassen, wo sie doch ihre Pferde der Republik geopfert und fünfhundert Livres für die Witwen der Sektion gespendet haben. Der Marschall in seinem braunen weitgeschnittenen Rock, seiner Jacke, die ihm bis ans Knie reicht, und dem weißen Haar sieht ganz wie ein protestantischer Pastor aus. Die Marschallin kleidet sich nach dem Beispiel unserer weiblichen Sansculotten, mit Ausnahme der Schoßbluse von 1777, deren Zipfel über ihren Hüften auf und ab wippen. Nicht selten erblickt man sie im allzukurzen Morgenrock, in der linken Hand den Leuchter, in der rechten ihren Stock, wie sie in aller Eile die Treppe hinaufstürzt, so flink wie die Schäferin von Suresnes, die auf den Mont Valérien steigt.
In jedem Zimmer befinden sich 10 bis 12 Gefangene; ein jeder trifft seine Vorkehrungen wie Robinson, als er die Hoffnung aufgegeben hatte, ein Schiff vom Kontinent in seine Bucht einlaufen zu sehen; jeder hat ein Gurtbett mit einer schmalen Matratze. Die einen bereiten ihr Mahl vor und hängen die Hammelkeule ans Fenster, damit sie zarter werde, die anderen bedienen sich beim Speisewirt Coste, dessen Kochtopf immer brodelt. Die Reichen nehmen sich der Armen an, was freundlich und ohne besondere Aufforderung geschieht. Alle leben in brüderlicher Eintracht miteinander...[55]

Ein anderer Gefangener scheint jedoch nicht den gleichen Klassenökumenismus beobachtet zu haben:

> Im allgemeinen sonderten sich die Aristokraten ab und wollten wenig mit den Bürgern aus den Pariser Bezirken zu tun haben. Einstige Bewohner von Straßen wie der Rue de l'Université, der Rue de Grenelle und der Rue Saint-Dominique, die im

Luxembourg reichlich vertreten waren, hielten auf strenge Etikette. Man begrüßte sich mit Monsieur le Prince, Monsieur le Comte, Monsieur le Marquis, empfing einander äußerst würdevoll und zeigte sich beflissen, dem anderen mit seiner Einladung zuvorzukommen.

All diese »Besuche« dienten den Spitzeln als Vorwand, über »verdächtige Versammlungen« von Aristokraten zu berichten, die sie bald darauf als Verschwörungen hinstellten, was den Gefangenen zum Verhängnis werden sollte.
Im Luxembourg-Gefängnis war es den Männern und Frauen erlaubt, einander tagsüber zu treffen. »Bekanntschaften wurden geschlossen, und schon bildeten sich kleinere Gruppen, die im engeren Kreise miteinander verkehrten«, berichtet ein Häftling. Die Tage waren ausgefüllt mit Versen, Liedern, Spiel und Musik und nicht zuletzt auch Klatsch und üble Nachrede. Die Liebe nahm einen besonderen Platz ein. Einige Damen verschrieben sich offenkundig dem Liebesspiel. Neu Angekommene brauchten nicht lange, um sich dieser galanten Libertinage anzupassen. Im übrigen war allen bekannt, daß man den zum Tode verurteilten schwangeren Frauen eine Gnadenfrist erteilte. Manchmal war die Liebe mehr als nur ein Zeitvertreib. Einige entschädigten sich mit Leidenschaft für so manche Jahre erzwungener Abstinenz; anderen gelang es, dank der Käuflichkeit der Kerkermeister, in den Armen ihres Liebhabers eine kurze Nacht zu verbringen, auf die alsdann die ewige Nacht folgte.
Die liebeshungrige Madame d'Ormesson wurde zugleich Urheberin und Opfer eines Skandals, der ihren Schicksalsgefährten Unterhaltungsstoff bescherte. Hinter einem Wandschirm verborgen, war sie in der Gesellschaft eines jungen Mannes entdeckt worden, der zum Gefängnispersonal gehörte und weit davon entfernt schien, ihr nur mit philosophischen Reden aufzuwarten. In dieser peinlichen Lage fiel der Dame nichts besseres ein, als schrill schreiend vorzutäuschen, man wolle sie vergewaltigen, und – als letztes Überzeugungsmittel – in Ohnmacht zu fallen. Der junge Mann hatte gerade noch Zeit, ebenso unauffällig zu verschwinden, wie er aufgetaucht war.

Dieser Vorfall hatte zur Folge, daß der Polizeikommissar Marino alle Damen – auch die Witwen mit Lorgnons – versammeln ließ und ihnen folgende Rede hielt: »Wissen Sie, was in der Öffentlichkeit gemunkelt wird? ... Das Luxembourg-Gefängnis sei das größte Bordell von Paris. Sie alle hier seien nichts Besseres als Dirnen, und wir seien ihre Zuhälter!«

Das Unvermeidliche geschah: Männer und Frauen wurden endgültig voneinander getrennt. Obwohl diese Maßnahme von allen beklagt wurde, ließ die Verwaltung nicht mit sich reden.[56]

Inzwischen riß der Zustrom neuer Gefängnisinsassen nicht ab. Die Pariser Haftanstalten waren überfüllt mit Gefangenen, die von überall herkamen und von einem Gefängnis ins andere verlegt wurden.

Es gab nicht genügend Gerichte, um über so viele Angeklagte zu urteilen. Dazu kam, daß die Akten dieser Angeklagten in den meisten Fällen nicht vorhanden oder verlorengegangen waren und daß sie nicht selten in den Haftregistern unter falschem Namen aufschienen. Um dieses Andrangs Herr zu werden, wurde durch einen Erlaß vom 23. Ventose des Jahres II die Einrichtung von Volksausschüssen verfügt, deren Aufgabe es sein sollte, die Motive für die Verhaftung der Verdächtigen zu untersuchen und dem Wohlfahrts- sowie dem Sicherheitsausschuß ihren Beschluß zu unterbreiten: Freiheit für die einen, Gefängnisstrafe oder Verbannung für die anderen beziehungsweise Berufung vor das Revolutionstribunal für diejenigen, die sich unverzeihlicher politischer Vergehen schuldig gemacht hatten. Aber die Anwendung dieses Verfahrens wurde von den Feinden Robespierres so lange hinausgezögert, daß das Revolutionstribunal weiterhin ungehindert seine Funktion ausübte und die Angeklagten mit Hilfe des neuen Gesetzes vom 22. Prairial ohne Untersuchung, ohne Verteidiger und ohne Zeugen aburteilte.

Diese Volksausschüsse, eine Idee Robespierres, hätten die Ausschreitungen der politischen Gewalt eindämmen können. Indem die Feinde des Unbestechlichen ihre Einführung jedoch in die Länge zogen, versuchten sie, die »tugendhafte Revolution« in Verruf zu bringen und sich seiner zu entledigen. Viele Gefangene, denen eine solche Kommission sicher den Kopf gerettet hätte, verloren ihn so –

als Opfer vorbedachter »Justizirrtümer – in dem verworrenen und undurchsichtigen Netz der Pseudoverschwörungen.

Den Auftakt zu diesem abgekarteten Spiel gab ein Bericht vom 3. Messidor, unterzeichnet von Herman,[57] dem Robespierre erst zu mißtrauen begann, als es zu spät war. In diesem Bericht war von Unruhen in den – bereits überfüllten – Gefängnissen die Rede, welche auf das Vorhandensein von Verschwörern und Aufrührern schließen ließen, die es auszumerzen gelte:

> Es ist eine erwiesene und allgemein bekannte Tatsache, die keiner weiteren Ausführung bedarf, daß alle jene Faktionen, die wir der Reihe nach beseitigt haben, über Beziehungen, Gewährsmänner und Agenten innerhalb der Pariser Gefängnisse verfügten, wie auch über Agitatoren außerhalb, mit deren Hilfe sie in Paris ein Blutbad anrichten und der Freiheit den Garaus machen wollten.
> Der Ausschuß, dem die Aufsicht über die Haftanstalten obliegt, muß leider feststellen, daß jene Schurken, die uns der Freiheit berauben wollten, sich immer noch in den Gefängnissen befinden, wo sie sich zu Cliquen zusammenschließen, Unruhe stiften und die Aufsicht dadurch erschweren, daß ständig mit ihrer Flucht gerechnet werden muß; diese Individuen versammeln sich täglich und verbringen ihre Zeit damit, die Freiheit und ihre Verteidiger zu verwünschen.
> Es wäre möglich, in jedem Gefängnis herauszufinden, wer an den verschiedenen Klüngeln und Verschwörungen beteiligt ist, denn nichts fällt ihnen schwerer, als ihre Wut zu beherrschen und den Mund zu halten. Vielleicht müßte man mit einem Schlag die Gefängnisse säubern, um den Boden der Freiheit von diesem Unrat, von diesem Abschaum der Menschheit reinzufegen. Das würde der Gerechtigkeit dienen und die Aufgabe erleichtern, Ordnung in den Gefängnissen zu schaffen.
> Der Ausschuß bittet um Genehmigung, die entsprechenden Untersuchungen durchzuführen und deren Ergebnis dem Wohlfahrtsausschuß mitzuteilen. Zu diesem Zweck schlägt er vor, eine Verfügung folgenden Wortlauts zu erlassen:

»Der Wohlfahrtsausschuß beauftragt den Ausschuß für die zivile Polizei- und Gerichtsverwaltung, in den Pariser Gefängnissen insbesondere nach denen zu fahnden, die an den Verschwörungen und Faktionen mitbeteiligt waren, welche vom Nationalkonvent durch Festnahme ihrer Anführer zerschlagen wurden; nach denen, die in den Gefängnissen als Gewährsmänner und Agenten dieser Cliquen und Verschwörungen dienten und an jenen Projekten mitwirkten, die wiederholt darauf abzielten, die Patrioten zu vernichten und der Freiheit ein Ende zu machen. Über das Resultat dieser Untersuchungen wird dem Wohlfahrtsausschuß unverzüglich Bericht erstattet werden.

Zudem sollen, nach Verfügung der Polizei in Übereinstimmung mit der Polizeiverwaltung, alle notwendigen Maßnahmen zur Herstellung der Ordnung in den Gefängnissen ergriffen werden.«

Unterzeichnet Herman.

Aus Furcht, die Unruhe in den Gefängnissen könnte das Volk dazu führen, alle Häftlinge niederzumetzeln, faßte der Wohlfahrtsausschuß am 17. Messidor einen entsprechenden Beschluß, der eine tägliche Berichterstattung über das Verhalten der Gefangenen in den Pariser Gefängnissen vorsah: wer »zum Aufruhr aufwiegelte« oder zur »Revolte«, sollte vom Revolutionstribunal innerhalb von vierundzwanzig Stunden abgeurteilt werden. Herman verlor keine Zeit und stellte aufgrund eines Berichtes über eine angebliche Verschwörung im Luxembourg noch in derselben Nacht hundertsiebenundfünfzig Personen vor Gericht.

Um diese »Verschwörung« glaubwürdig erscheinen zu lassen, behaupteten einige Mitglieder des Gefängnispersonals sowie die Gefängnisspitzel, sie stehe im Zusammenhang mit einem kurz zuvor denunzierten (ebenfalls aus der Luft gegriffenen) Komplott, das bereits mehrere Gefangene, darunter den General Dillon und den Abgeordneten Simon den Kopf gekostet hatte (sie waren beschuldigt worden, einen Fluchtversuch in der Absicht unternommen zu haben, sich des Konvents zu bemächtigen und Danton und Camille Desmoulins zu befreien, deren Prozeß gerade stattfand!). Auch die erneute Anklage gegen die Teilnehmer an der »großen« Luxembourg-Verschwörung war eine abgekartete Sache und unter anderen den falschen Aussagen des Gefängnisschließers zu verdanken, denen gleich mehrere Dutzend angeblicher »Komplizen der Verschwörung von Dillon und Simon...« zum Opfer fielen. Das bisher unveröffentlichte Billett eines anderen, besonders hartnäckigen Denunzianten zeigt eindeutig, daß das bevorstehende Blutbad von Herman vorbedacht war:

> Bürger, ich würde den Volksausschuß gern über die Gesinnung einer Anzahl von Individuen unterrichten, die sich für gute Bürger ausgeben, aber nur Heuchler sind.
> Ich bitte Dich um eine Unterredung, und Du wirst meine Meinung hören und erfahren, daß ich dem Tribunal Auskünfte erteilt habe.
>
> Leutnant Boyaval,
17. Messidor, Jahr III.

Mit der Beihilfe von Individuen vom Schlag eines Boyaval wurden die langen Listen von Gefangenen aufgestellt, die man anklagte, an dem angeblichen Komplott teilgenommen oder es nicht denunziert zu haben.

Am 19., 21. und 22. Messidor rollten die Köpfe von hundertsechsundvierzig Gefangenen aus dem Luxembourg-Gefängnis über das Blutgerüst. Unter ihnen ein ehemaliger Feldmarschall namens Tardieu de Maleyssie, seine Frau und seine beiden Töchter; die jüngste soll selbst darum gebeten haben, zusammen mit ihrer Familie hingerichtet zu werden. Kaum zwei Wochen später lautete das Urteil eines der Volksausschüsse, deren Einsatz von Robespierre befürwortet, von seinen Feinden jedoch hinausgezögert worden war, auf Deportation der Familie Tardieu de Maleyssie.[58]

Inzwischen waren zur gleichen Zeit Untersuchungen in den Gefängnissen von Plessis, Saint-Lazare und Carmes eingeleitet worden. Auch sie blieben von der Denunziation angeblicher Verschwörungen nicht verschont.

Plessis

Der Name des Collège »le Plessis« ging auf seinen Gründer, Geoffroy du Plessis, einen Schützling Philipps IV. des Schönen, zurück. 1646 war diese Lehrinstitution an die Sorbonne angegliedert worden, was ihr zu einem guten Ruf verhalf, und bis zur Abschaffung der Sorbonne, am 5. April 1792, hatte die Revolution keine wesentlichen Veränderungen an der Organisation des Collège für nötig gehalten. Seinen Fortbestand verdankte es mehreren Erlässen aus dem Jahr 1793, denen zufolge der Unterricht vorläufig fortgesetzt werden konnte.

Von Oktober 1793 bis 1796 wurde der Teil des Plessis, der auf die Rue Fromontel hinausging, unter dem Namen »Egalité« zum Gefängnis für gegenrevolutionäre Häftlinge. Im vorderen Teil, mit dem Blick auf die Rue Saint-Jacques, studierten Schüler und Professoren weiterhin gemäß der traditionellen Klassenteilung.

1794 nahm die Zahl der Sträflinge plötzlich sprunghaft zu. Dabei waren die Verhaftungsgründe praktisch immer dieselben: Verschwörung gegen die Republik, Reden und Äußerungen zugunsten der Wiederherstellung der Monarchie, finanzielle Unterstützung der ins Ausland geflüchteten Feinde der Republik, Beherbergung von Verdächtigen usw.

Die Männer waren von den Frauen getrennt. Die Strafgefangenen waren aufgrund einer »allgemeinen Sicherheitsmaßnahme« mit den Untersuchungshäftlingen vermischt, worüber sich die letzteren beklagten. Unter ihnen befand sich die sehr aristokratische Herzogin von Duras (Tochter des Marschalls de Mouchy), die am 5. April 1794 von Chantilly nach Plessis überstellt worden war. Von diesem Aufenthalt blieb ihr unter anderem ihre dürftig ausgestattete Zelle mit Blick auf Notre-Dame, Saint Sulpice und das Val-de-Grâce in Erinnerung: »Unsere Matratzen lagen direkt auf dem Boden, und die Wand diente uns als Kopfkissen. Gott sei Dank war sie frisch gestrichen und sauber.«

Schon nach kurzer Zeit wußten die Gefangenen Bescheid, was sich in der Conciergerie abspielte: von den Damen de Bussy und de

Grimaldi, die die Conciergerie bereits kannten und denen nach ihrer Rückkehr dorthin die Guillotine bevorstand, erfuhren sie, daß die Conciergerie für die meisten die letzte Haltestelle vor dem Tribunal darstellte und mit welcher Regelmäßigkeit die Todeskarren hier täglich gefüllt wurden.

Da erfaßte auch die Insassen von Plessis die Angst:

> Immer häufiger wurden die Opfer abgeholt, meistens wenn wir im Hof spazierengingen. Ich sehe noch den armen Herrn Titon, Parlamentsrat in Paris, unter den Fenstern seiner Frau und seiner Tochter vorbeigehen, denen man nicht gewährt hatte, Abschied von ihm zu nehmen. Das geschah um fünf Uhr abends, und am nächsten Tag, als die Mittagsstunde schlug, lebte er nicht mehr.
> Der Wagen von Fouquier-Tinville und die Karren, in denen man die Angeklagten zusammenpferchte, fuhren zu den verschiedensten Tageszeiten vor. Der Kutscher von Fouquier-Tinville war seines Herrn durchaus würdig; während die Todgeweihten in die Karren stiegen, vollführte er Luftsprünge, und sein Kostüm glich dem eines Gauklers. Der Schrecken, der uns jedesmal beim Öffnen des großen Portals erfaßte – und das passierte mehrmals am Tage – war nahezu unbeschreiblich. Noch jetzt höre ich das Knarren der Türflügel in meinen Ohren.
> Die Gerichtsdiener vom Revolutionstribunal gingen, die Anklageschriften in den Händen, den Wagen voran. Augenblicklich trat eine schauerliche Stille ein – Todesstille. Jeder glaubte, der unheilvolle Erlaß sei für ihn bestimmt. Bestürzung zeichnete die Gesichter, Geist und Herz erstarrten vor Schreck. Auf den Korridoren riefen die Gerichtsboten die Namen derer aus, die abfahren mußten, und ließen ihnen nur eine Viertelstunde Zeit, um ihre Sachen zu packen. Wir nahmen auf ewig voneinander Abschied, blieben wie benommen zurück und waren unseres Lebens erst ab zehn Uhr morgens sicher. Es war nur ein leichter Schlaf, in den wir, von ständiger Unruhe gepeinigt, versanken, und noch oftmals wurde er von der Ankunft der Karren unterbrochen.

Am Abend vor dem Fest des Höchsten Wesens mußten sich alle Gefangenen im Hof versammeln, der voll mit Laub und Zweigen war. Man befahl uns, Girlanden daraus zu flechten, um den Eingang zu schmücken. Ich tat einige Augenblicke so, als beteiligte ich mich an dieser Arbeit, zog mich aber dann auf mein Zimmer zurück. Mehrere meiner Schicksalsgefährtinnen machten sich mit besonderem Eifer an die Aufgabe und wollten sogar einen Freiheitsbaum in die Mitte des Hofes pflanzen. Das aber wurde ihnen vom Hausmeister, der mehr Vernunft zu haben schien als sie, mit der Begründung untersagt, daß eine derartige Dekoration für ein Gefängnis unpassend sei. Sie führten im Hof einen Tanz auf, und auch die Aufseher kamen zu diesem seltsamen Fest – es war am Pfingstsonntag –, bei dem Robespierre erlaubt hatte, einen Gott zu verehren, unter der Bedingung, daß man ihn nicht so nannte [sic]. Einer von ihnen, der kein so schlechter Mensch war, machte mir große Komplimente und sagte mir, daß er glaube, ich würde auf dem Weg zur Guillotine Haltung bewahren [...].

Alle Augenblicke kamen neue Gefangenentransporte aus allen Départements. Einmal kamen vierundachtzig Bäuerinnen aus dem Vivarais, in seltsamen Trachten. Wir fragten sie nach dem Grund für ihre Verhaftung; in ihrem Dialekt erklärten sie uns, daß man sie verhaftet hatte, weil sie zur Messe gegangen waren. Dieses Verbrechen wurde als so ungeheuerlich betrachtet, daß man sie in das Tribunalgebäude brachte, dem unsere Spaßvögel den Namen »Boutique à Fouquier« gegeben haben.

In unser Gebäude kamen Frauen aus der Normandie, denen man ihre Herkunft ansah; ihre Volkstracht hatten sie nicht mitgebracht, aber sie schrieben von morgens bis abends Briefe und Petitionen; eine unter der Schreckensherrschaft sehr gefährliche Gewohnheit, die das Todesurteil beschleunigte.[59]

Mehrere dieser Mitgefangenen der Herzogin von Duras wurden als Verschwörerinnen denunziert. Dazu muß man sagen, daß einige unter ihnen besonders bedroht waren: die Kreolin Montréal, die Mätresse des englischen Bankiers Walter Boyd; die Frau des

Schweizers Romey; die Frau von Devaux, dem Sekretär des Barons de Batz; die Gräfin von Linières, eine Freundin des Schweizer Bankiers Perrégaux, bei der man Beweise »der abscheulichsten Libertinage« entdeckt hatte; Mme Arabella William, geborene Mallet, eine Verwandte der Bankiersfamilie Mallet; Mme de Turpin, die Gattin des ehemaligen Schatzmeisters, die über den Diebstahl der Kronjuwelen sehr genau unterrichtet war. Eine lange Liste, die noch ergänzt wurde um Mme Blondel, die Schwägerin des Obersten Beschließers Douet, dem Malesherbes am Vorabend seiner Verhaftung das Geheimarchiv Ludwigs XVI. anvertraut hatte: Dokumente, die nach Aussage seines Neffen d'Antraigues »Haarsträubendes enthüllten, wenn sie bekannt würden«. Alle diese Frauen waren von einer Gefangenen namens Jeanne Ferniot, verwitwete Hugues, denunziert worden, der unseres Wissens einzigen Gefängnisinsassin, die sich dazu hergab, die Rolle des »mouton« zu spielen.[60]

In der Männerabteilung des Gefängnisses wurde diese Rolle vom Sohn eines Ex-Parlamentsrats aus Besançon, Courlet de Boulot, gespielt, der sich zwar unrechtmäßig als Graf von Vernantois ausgab, jedoch tatsächlich aristokratischer Herkunft war. Er stellte keine Ausnahme dar. Eine ganze Anzahl von adligen oder entfernt mit dem Adel verwandten Gefangenen galten zu Recht oder zu Unrecht als Spitzel: die Grafen von Ferrières-Sauvebeuf und Baraguey-d'Hilliers, der Prinz Karl von Hessen, der Marquis de Saint-Hurugue, um nur die Wichtigsten zu nennen.

Courlet hatte seine Rolle als »mouton« bereits im Gefängnis der Anglaises mit Bravour ausgeübt und war dann am 28. Prairial mit den »Komplizen« von de Batz vor dem Revolutionstribunal erschienen. Er hatte gegen die Angeklagten gezeugt und war selbstverständlich verschont worden. Darauf wurde er nach Plessis überwiesen und beauftragt, eine »Verschwörung« zu organisieren, wobei er es jedoch an Geschick fehlen ließ: die von ihm eingefädelte Intrige mißfiel dem Hausmeister des Gefängnisses, Haly, ebenso wie einem anderen Spitzel namens d'Aubigny.

Alles war bereit und die Verleumdung so gut arrangiert, daß es ihren Opfern in kürzester Zeit an den Kragen gegangen wäre.

Aber kurz bevor das Urteil über sie gefällt werden sollte, bekam ein gewisser d'Aubigny doch noch Gewissensbisse und fragte einen sogenannten Toustin um Rat; dieser aber führte ihm die Ungeheuerlichkeit des Verfahrens vor Augen...

> Einem Bericht vom 18. Messidor zufolge hätte ein »dickes mit Knoten versehenes Seil« vom Dach des Gefängnisses bis zur ersten Etage herabgehangen. Dieses Seil, heißt es in dem Bericht weiter, sei von den Arbeitern dort vergessen worden, als sie das Dach ausbesserten, und vom Hausmeister Haly beseitigt worden. Folglich konnte das Seil nicht von den Gefangenen in der Absicht eines Fluchtversuches angebracht worden sein. Dieser Bericht war von dem Aufseher Drouet, der in der Nähe von Plessis Wache hielt, an den Bürger Sanson, Polizeikommissar am Tribunal, gerichtet worden.

Da sich die Anklage nun auf keine materiellen Spuren berufen konnte, verfehlte sie vor dem Gericht ihre Wirkung, so daß neun von den achtzehn Angeklagten am 28. Messidor freigesprochen wurden.

> Das Verfahren wurde wegen Mangels an Beweisen unterbrochen [sic!], berichtet ein Zeuge, aber nach dem Verhör warf man Haly, dem Hausmeister, vor, es wäre seine Schuld, wenn das Tribunal »einen Schlag ins Wasser« getan hätte. Dazu wäre es nicht gekommen, wenn er als Belastungszeuge aufgetreten wäre...

Was Courlet de Boulot betrifft, so mußte er, nachdem die mysteriösen Organisatoren der »Verschwörung« ihn für ihre Zwecke benutzt hatten, sein Ungeschick mit dem Leben büßen. Er wurde am 9. Thermidor – vierundzwanzig Stunden vor Robespierre – hingerichtet.

Aus einem anderen Dokument geht hervor, daß Fouquier-Tinville bei dieser Angelegenheit seine Hand im Spiel hatte. Zudem zeugt es von der Überstürzung, mit der man sich Courlets, der zuviel wußte, entledigen wollte. Am Morgen des 9. Thermidor forderte man in aller Eile einen Gefangenen namens Jacquemin auf, Courlet zu denunzieren:

Da ich nicht damit gerechnet habe, daß Courlet schon heute vor Gericht erscheinen soll, habe ich den Bericht über ihn auf heute morgen verschoben: Gestern hat er mir gesagt, kein einziges Gefängnis würde von den Verschwörungen verschont bleiben, nur würde man es nicht wagen, das schon zweimal fehlgeschlagene Unternehmen von Plessis ein drittes Mal zu wiederholen. Bei der ersten Verschwörung wäre er als Angeklagter, bei der zweiten als Zeuge erschienen, und er hat hinzugefügt, das Revolutionstribunal funktioniere – in einer anderen Form – nicht anders als das vom 2. September [1792]... Aus seiner drohenden Haltung hätte man schließen können, er wolle eine eventuelle Verschwörung gar nicht aufdecken, sondern eher verhindern, daß sie aufgedeckt werde...

Bei dem Prozeß gegen Fouquier-Tinville bestätigte der Schriftsteller Langeac, »man habe sich mit der Hinrichtung Courlets nur deshalb so beeilt, um ihn daran zu hindern, die geheimen Umtriebe und Manöver zu verraten, deren man sich hier bediente«.[61] Das heißt, daß Fouquier-Tinville sowie diejenigen, die die Intrige der Gefängnisverschwörungen ersonnen hatten, Männer wie Courlet einsetzten, deren gegenrevolutionäre Vergehen für ihre Ergebenheit bürgten und die sie nach Belieben beseitigen konnten, sobald sie ihre Aufgabe nicht mehr einwandfrei erfüllten und in Ungnade fielen.

Saint-Lazare

Das Gefängnis von Plessis mochte noch glimpflich davongekommen sein; dafür mußten um so mehr Häftlinge im Gefängnis von Saint-Lazare, das uns aus den Bildern und Zeichnungen des Malers Hubert Robert bekannt ist, ihren Kopf hinhalten.

Die »Maison Lazare«, wie man es 1793 nannte, befand sich im Norden von Paris, am Rande des Vorortes Saint-Denis, fast auf freiem Feld, und zählte im Zeitraum vom 29. Nivôse des Jahres II –

an dem es zum Gefängnis wurde – bis zum 12. Pluviôse etwa 625 Gefangene. Sie kamen von der Force, den Madelonettes, von Plessis, Sainte-Pélagie oder Bicêtre.

In einem Register wurden die Gründe der jeweiligen Verhaftung wie folgt angegeben: verdächtig, äußerst verdächtig, Verwandter von Emigranten, allgemeine Sicherheitsmaßnahmen, bisher nicht bekannter Grund.

Aus den Erinnerungen eines Gefangenen geht hervor, daß die Polizeiverwaltung der Pariser Gemeinde bei der Eröffnung des Gefängnisses viele jener beim Volk verhaßten gemeinrechtlichen Gefangenen von Bicêtre nach Saint-Lazare überweisen ließ und sie mit denen vermischte, die aufgrund eines bloßen Verdachtes festgenommen worden waren. Die Hébertisten, die der Gemeinde politisch nahestanden und sich bedroht fühlten, hofften auf diese Weise einen Gefangenenaufstand heraufzubeschwören. Eine solche Revolte hätte ihnen zunächst als Vorwand zu einem Blutbad gedient und schließlich dazu, in der Folge dieser Ereignisse die Macht zu ergreifen. Trotz reiflicher Überlegung sollte dieser infame Plan jedoch mißlingen:

> Während sich seine unglückseligen Opfer [die Gefangenen] noch nicht von dem Schock über die falschen Meldungen, die er in allen Zeitungen drucken ließ, erholt hatten, fuhr Henriot[62] unermüdlich fort, die öffentliche Meinung gegen die Haftanstalten aufzuhetzen. Aber da Ronsin und seine Clique zu dieser Zeit festgenommen worden waren, wurde das Blutbad aufgeschoben. Die Diebe aus Bicêtre wurden nach Bicêtre zurückgeschickt, und die armen »Lazaristen« konnten ein wenig aufatmen...[63]

Zu dieser Zeit starker politischer Spannung, kurz vor dem Prozeß gegen die Hébertisten, standen die Gefangenen unter strengster Bewachung:

> Unseren Wachposten waren erschreckende Anweisungen gegeben worden; es war ihnen unter Todesstrafe verboten, mit uns zu sprechen, uns zu antworten oder uns auch nur das geringste

Zeichen zu geben. Die meisten Wachposten waren von diesen Befehlen so eingeschüchtert, daß sie schon erblaßten, wenn sie uns nur am Fenster erblickten – aus lauter Furcht, man könnte glauben, daß sie sich mit uns unterhielten. Einige, denen die Guillotine den Kopf verdrehte, legten plötzlich auf uns an, um uns zum Rückzug zu zwingen; drei- oder viermal drückten sie ab, doch die Schüsse gingen Gott sei Dank daneben. Diese Vorfälle versetzten uns in größte Unruhe, und wir waren außer uns vor Entrüstung, so schändlich behandelt zu werden. Doch im Grunde war die Panik der Wachen zu verstehen: Einen Gendarmen hatte es den Kopf gekostet, daß er einen Brief weiterleitete, den eine Frau an ihren Mann in Sainte-Pélagie geschrieben hatte...[64]

Das Gefängnis bestand aus drei Stockwerken, jedes mit einem endlosen Korridor, auf dem zu beiden Seiten die Zimmer lagen. In der 1. Etage, dem »Prairial-Korridor«, waren die Frauen untergebracht. Im 2. und 3. Stock, Vendémiaire und Germinal genannt, wohnten die Männer.

Allen Gefangenen war es erlaubt, ihre Nahrung von draußen kommen zu lassen, und manche durften sich sogar von Personen, die außerhalb des Gefängnisses wohnten, bedienen lassen. Sie konnten sich nach Belieben einrichten, und Bücher und Zeitungen waren ihnen anfangs nicht untersagt.

Aus der Korrespondenz der Verhafteten mit ihren Familien sind uns unzählige Briefe erhalten geblieben, denn die gesamte Korrespondenz, ob sie nun von den Gefangenen oder ihren Angehörigen kam, wurde vom Hausmeister abgefangen und Fouquier-Tinville ausgehändigt.[65] Die Lektüre dieser Briefe ist – nach der von zwei Anklageschriften – erquickend und rührend zugleich.

An die Bürgerin Boilleau, Rue Révolutionnaire,
früher Rue Saint-Louis, Paris, 4. Floréal.

Meine liebe Freundin,
Ich bitte Dich, Dein Möglichstes zu tun, um mir scharf gewürzten Salat zu verschaffen oder vielmehr alles, was dazu gehört,

denn Schüsseln stehen uns hier zur Verfügung; aber achte darauf, daß er frisch und unverdorben ist. Wenn Du kein Geld hast, versuche es Dir zu borgen. Da ich Dir über die »kleine Post« schreibe, will ich kein Geld beilegen. Aber ich würde es Dir sofort aushändigen lassen. Vergiß das Öl und den Essig nicht. Wenn Du Dir kein Geld ausleihen kannst, mach Dir die Mühe, hierherzukommen, um es Dir von mir zu holen. Ich werde Dir sofort die nötige Summe für den Einkauf geben. Wir haben Salz, aber bring etwas Pfeffer mit. Versuche, uns diesen Gefallen noch heute zu tun, ich wäre Dir sehr dankbar dafür, und bringe soviel Öl wie möglich mit, auch dafür würde ich Dir danken, ich umarme Dich von ganzem Herzen.

Dein Mann, Boilleau.

Die Angehörigen der Gefangenen gaben sich viel Mühe, um ihren Lieben ein paar Pakete mit Leckerbissen zukommen zu lassen. Die Bürgerin Fournier, die ungeduldig auf die Rückkehr ihres Mannes wartet, schreibt:

> Ich schicke Dir eine Taube, Johannisbeeren, Aprikosen und eine Flasche Wein. Wäsche habe ich nicht hinzugefügt, da Du nicht darum gebeten hast. Ich küsse Dich von ganzem Herzen, aber es wäre mir lieber, Dir das nicht bloß zu schreiben, sondern Dich wirklich zu küssen. Ich weiß nicht, wann ich dieses Glück haben werde, auf das ich so ungeduldig warte. Ich bin Deine Freundin und Frau, Fournier.

In einem anderen rührenden Billett, das vor dem Tor zum Gefängnis eilig hingekritzelt und dem Pförtner mit einem Korb voll Eßwaren übergeben wurde, heißt es:

> An den Bürger Maisonneuve,
>
> Hier sind eine Taube, eine Artischocke, eine Flasche Wein und ein Taschentuch. Sobald Catherine Feigen findet, bringt sie sie Ihnen. Meine Cousine ist Ihretwegen unterwegs. Sie küßt Sie herzlich und ich auch.
>
> Ihre kleine Cousine, wenn Sie nichts dagegen haben.

Ein Gefangener, der nicht ahnt, daß die Briefe abgefangen werden, ist um seine Frau bekümmert und schreibt ihr von neuem:

> An die Bürgerin Bourget,
> das Haus des Schankwirts, Rue des Poulies, Nr. 179,
> Sektion der französischen Garde in Paris.
>
> 15. Messidor, Jahr II der französischen Republik,
>
> Ich habe Dir vorgestern geschrieben und gestern und heute vergeblich auf eine Antwort gewartet. Bist Du etwa niedergekommen und mußt das Bett hüten? Wenn das der Fall ist, laß es mich wissen und sag mir auch das Geschlecht des Kindes. Ich hatte Dich um einen Korb Kirschen gebeten, meine Kameraden werden ihn mir bezahlen, und ich werde Dir das Geld aushändigen lassen. Ich brauche ein Taschentuch und ein Paar Strümpfe sowie Nadel und Faden, um meine Hose zu flicken. Auch ist mir der Tabak ausgegangen.
>
> Dein Mann, Bourget.

Seit Februar in Saint-Lazare gefangen, hatte der Dichter Roucher es erreicht, daß sein fünfjähriger Sohn zu ihm gelassen wurde. Für jeden war das Kind ein wahrer Sonnenstrahl, vor allem für die Frauen; die Damen von Talleyrand-Périgord, von Saint-Aignan und von Maillé rissen sich geradezu um ihn. Dann kam der Tag, an dem auch die Gefangenen von Saint-Lazare die Gerüchte über die »Gefängnisverschwörungen« vernahmen:

> Obwohl es uns verboten war, Zeitungen zu lesen [erinnert sich einer von ihnen], kamen uns doch einige Nachrichten zu Ohren. Wir fragten die Neuangekommenen über das Revolutionstribunal und die Zahl der Hingerichteten aus. Ein kalter Schauer lief uns über den Rücken, als wir erfuhren, wieviele Köpfe täglich über das Blutgerüst rollen. Wir hörten von der Verschwörung im Luxembourg und in den anderen Gefängnissen und konnten nicht begreifen, wie es einer Handvoll Gefangenen ohne Beziehungen, ohne Mittel und ohne Waffen gelingen konnte, ein solches Komplott anzuzetteln. Wir meinten, in den anderen Haftanstalten herrsche die gleiche Ordnung und Disziplin wie bei

uns, wo ein jeder – mehr noch als die verriegelten Türen – das Gesetz respektierte. Wir waren froh, daß es unter uns keine Männer gab, die die Kühnheit besaßen, Fluchtpläne zu schmieden und sich ohne Skrupel und ungeachtet der Kerkermauern gegen die Volksvertretung zu verschwören. Dabei wußten wir nicht, daß der Donner bereits über unseren Köpfen grollte und daß man im Begriff war, einen Verschwörungsplan auszuhecken, der auf uns angewandt werden sollte; wir ahnten nicht, daß jene Ungeheuer, denen es oblag, mehrere unter uns eines Verbrechens zu beschuldigen, das allein in der teuflischen Vorstellung der perfiden Verräter existierte, mit uns zusammen am Tisch saßen.

Ein Italiener namens Manini war der Erfinder dieser Fabel: er war seit Beginn der Revolution als Spitzel und Denunziant bekannt und hatte in den verschiedenen von ihm heimgesuchten Gefängnissen nie eine andere Funktion ausgeübt. Sein Helfershelfer war der Schlosser Coquery, dieser Tölpel, den er entweder durch Versprechungen oder Drohungen für seine Sache gewonnen hatte. Eines schönen Tages denunzierte Manini mehrere Gefangene in Saint-Lazare und behauptete, sie hätten den Schlosser mit sechzehntausend Livres zu bestechen versucht, damit er eine Querstange des einzigen Gitterfensters im ersten Stock durchsäge. Durch dieses Fenster hätten sie fliehen wollen, um alsdann den Mitgliedern des Wohlfahrts- und Sicherheitsausschusses den Garaus zu machen, allen voran Robespierre, dem, so erzählte er, ein junger Mann namens Alain, Sohn einer Obsthändlerin – ein Einzelgänger, der fast mit niemandem sprach – das Herz herausreißen wollte, um es zu verschlingen. Dieses Fenster ging auf die Gartenterrasse des benachbarten Gehöftes, von der es jedoch fünfundzwanzig Fuß entfernt lag. Unmittelbar unter dem Fenster aber befand sich das Häuschen des Wachpostens. Nach Entfernung des Gitters hätten die angeblichen Verschwörer – Maninis Aussagen zufolge – mit Hilfe eines Bretts eine Brücke zur Terrasse geschlagen, um über diesen schmalen und zerbrechlichen Steg zu fliehen. Zweifellos wäre es ihnen wohl auch geglückt, den Wachposten unter dem Fenster sowie alle anderen Wachen in der Nähe einzuschläfern. Ohne diese Vorsichtsmaßnahme hätten diese nämlich alles gehört und gesehen, und es ist kaum anzunehmen, daß sie die Deserteure unbehelligt gelassen hätten. Das also war das Fantasiegebilde, das der Einbildung des Italieners, dem Coquery als Komplize diente, entsprungen war.[66]

In Saint-Lazare gab es mehrere Spitzel, aber keiner war so berühmt wie Pépin-Desgrouttes. 1791 war dieser einbeinige Krüppel und produktive Schreiberling dem Jakobinerklub beigetreten und zu einem aktiven Mitglied geworden. Er war ein einflußreicher Mann und hatte die heftigsten Anträge gegen den König verfaßt; gleichzeitig aber stand er auch unter dem Verdacht, mit England eine Korrespondenz zu führen, die »die öffentliche Sache gefährdete«, und zudem war er in die Polemik verwickelt, zu der die Liquidation der Pariser »Compagnie des Eaux« Anlaß gegeben hatte. Da er nach dem 10. August seinen Patriotismus hinreichend zur Schau gestellt hatte, wurde er Mitglied des Tribunals vom 17. August 1792 und setzte als solches alle Hebel in Bewegung, um diejenigen zu entlarven, die die Kronjuwelen entwendet hatten. 1793 machte er sich zum »offiziösen Verteidiger« und versprach den Angeklagten für viel Geld, Entlastungszeugen sowie die nötigen Beweisstücke aus der Provinz kommen zu lassen. Dieses Versprechen hielt er so gut, daß die Hälfte seiner nahezu vierzig »Klienten« unter die Guillotine geriet.[67] Dann wurde auch er angeklagt und kam am 2. Floréal nach Saint-Lazare. Allerdings sah seine Verhaftung ganz nach einer Erpressung aus, denn um seinen Kopf zu retten, mußte er Gefängnisspitzel werden – eine Tätigkeit, die ihm sicherlich nicht ganz fremd war. Bei seinem Prozeß machte ein Zeuge folgende Aussage: »Aus den von ihm aufgestellten Listen strich er für beträchtliche Geldsummen die Namen derer, die ihn dafür bezahlten. Und mit Manini und den anderen hat er sich darüber gestritten, wer auf der Liste stehen sollte; schließlich haben sie sich darauf geeinigt, die Priester, die Adligen und die Gelehrten [sic] obenan zu setzen.«[68]

Am 6. Thermidor traten die Spitzel von Saint-Lazare vor dem Revolutionstribunal als Zeugen gegen vierundsiebzig Personen auf;

alle wurden ausnahmslos verurteilt und innerhalb von drei Tagen hingerichtet. Unter ihnen befand sich der sechzehnjährige Maillé. Er war angeklagt, dem Gefängniswärter einen Hering »voller Würmer« an den Kopf geworfen zu haben. Seine Mutter, die über ein beträchtliches Vermögen auf den Antillen verfügte, wurde auch gleich vor Gericht geladen. Am Tribunal stellte man fest, daß statt der Gräfin von Maillé die Bürgerin Mayet erschienen war: nichtsdestoweniger wurde die arme Frau verurteilt. Madame de Maillé folgte der Vorladung am 9. Thermidor. Als sie aber an der gleichen Stelle stand, an der man tags zuvor das Urteil über ihren Sohn gefällt hatte, erlitt sie einen Nervenzusammenbruch, und ihre Verurteilung wurde auf den folgenden Tag verschoben. Der 10. Thermidor rettete ihr das Leben.

Auf der gleichen Liste stand auch der Freiherr von der Trenck. Seine Abenteuer und wiederholten Fluchtversuche aus den preußischen Gefängnissen gaben sogar Stoff zu einem Theaterstück. Der »Agent von Coburg«, das heißt des Herzogs von Sachsen-Coburg-Gotha, hatte sich immer für einen leidenschaftlichen Patrioten ausgegeben. Dabei unterhielt er enge Beziehungen zu den Mitgliedern der »Auslandspartei«, insbesondere zu den österreichischen Bankiers Frey.[69] Er liebte und protegierte eine junge Frau, Louise Desmarets. Auch sie war festgenommen worden und befand sich in Plessis. Ihr Verhältnis mit Trenck brachte sie in so große Gefahr, daß sie unter einem falschen Namen leben mußte und sich für eine Prostituierte ausgab, um ihren Kopf zu retten. Für eine solche wurde sie denn auch von der Gräfin Bohm, einer Mitgefangenen, gehalten. Ihre Memoiren zeugen davon: »Sie schämte sich nicht, eine Straßendirne zu sein. Ihr schöner Körper umhüllte eine kühne, leidenschaftliche Seele von hartem Guß...«

Louise Desmarets entging dem Schafott, nicht aber der Freiherr von der Trenck, der nach seiner Verurteilung einen letzten Brief an seine Frau richtete. Vielleicht hat er auch an Louise Desmarets geschrieben, doch ist dieser Brief nicht erhalten.

Meine ehrenwerte, liebe Gemahlin, ich gehe dem Tod entgegen und habe nur ein Bedauern: Sie verlassen zu müssen. Coburg ist

daran schuld, daß ich nach Frankreich fliehen mußte. Ich sterbe unschuldig. Rächen Sie meinen Tod an den Schurken, die mich hinrichten. Mögen Sie, meine liebste Frau, das Unglück vergessen, das ich während meines beklagenswerten Lebens über Sie und unsere Kinder gebracht habe. Ich empfehle sie Ihrer zärtlichen Liebe.
Adieu, meine ehrenwerte Gemahlin, adieu, meine Frau, adieu, meine lieben Kinder; Gott nehme sich Eurer an Eures Vaters statt an! Ich gebe Euch meinen Segen. Ehrt meine Asche in der Person des gütigen Greises, der Euch diesen Brief überbringen wird; er war mein Gefährte im französischen Gefängnis und die Stütze meines traurigen Alters. Auf ewig adieu, meine geliebte und ehrenwerte Frau! Adieu! Adieu!
Friedrich, Freiherr von der Trenck.[70]

Das Karmelitergefängnis

Auch das ehemalige Kloster in der Rue Vaugirard, das im Dezember 1793 zur Aufnahme zahlreicher Verdächtiger in ein Gefängnis verwandelt wurde, blieb von den angeblichen Verschwörungen nicht verschont. Wie finster und unangenehm dieses Gebäude gewesen sein muß, zeigt die Beschreibung eines Gefangenen, der wohl einige Zeit hier verbracht hat:

Hier sind die Korridore völlig dunkel, und man kann nicht immer in den Garten. Lange konnten wir die Frauen, von denen zwanzig hier in Haft sind, nur an ihren Fenstern erblicken. Sie nehmen ihre Mahlzeiten im Refektorium nach den Männern ein. Die gebohnerten Korridore sind zwar breit, aber ungelüftet und von dem Gestank der Latrinen verpestet. Die Fenster sind zu drei Vierteln zugemauert, so daß das Licht nur von oben eindringen kann; noch dazu ist ihre schmale Öffnung mit dicken Querstäben vergittert. Es ist ein Kerker, wie man ihn sich schrecklicher nicht vorstellen kann. Die Gefangenen vernach-

lässigen sich im Gegensatz zu denen in La Bourbe. Die meisten tragen weder Kragen noch Krawatte, sie gehen in Hemd und Hose einher, ein Taschentuch um den Kopf gebunden, manchmal mit nackten Beinen, die sind ungewaschen, ungekämmt und lassen sich den Bart wachsen.
Die Frauen, unsere unglückseligen Schicksalsgefährtinnen, die schwermütig ihren Gedanken nachhängen, tragen ein Kleid oder ein Mieder in wechselnden Farben. Ansonsten ist das Essen nicht allzu schlecht. Außer einer Mahlzeit im Refektorium bekommen wir soviel Brot, wie wir wollen, dazu gibt es eine halbe Flasche Wein für jeden. Aber unser Hausmeister ist ein barscher, unfreundlicher Mann...[71]

Dieses düstere Bild wird von den Erinnerungen Madame de Nicolaï aufgehellt, der es als Kind manchmal gelang, sich in das Gefängnis einzuschleichen, um ihre Mutter, Madame de Lameth, zu besuchen:

Einer der Wärter hieß Roblâtre, er war nichts weniger als ein grimmiger Mensch und liebte den Rebensaft. Diesem Umstand ist es zu verdanken, daß er mich manchmal zu meiner Mutter ließ, bei der ich dann einen Teil des Tages verbrachte. Es war immer eine große Freude, wenn wir einander wiedersahen. Jedesmal steckte man mir eine Menge Briefe und Zeitungen ins Mieder, die die armen Gefangenen sonst nie erhalten hätten. Wenn man mich am Eingang fragte, ob ich auch nichts Verbotenes mitbrächte, verneinte ich dies natürlich immer [...].
Auf diese Weise gelangte ich mehrmals ins Innere des Gefängnisses. Meine Mutter und Madame d'Aiguillon teilten ein Zimmer ohne Vorhänge und mit zwei Gurtbetten. Ich erinnere mich an mehrere ihrer Mitgefangenen, unter anderen an Madame de Custine [deren mutiges Verhalten allgemein bekannt ist: als ihr Schwiegervater und ihr Gemahl vom Revolutionstribunal vernommen wurden, harrte sie zu ihren Füßen aus, bis das Urteil gesprochen wurde] und an Monsieur de Beauharnais; ich glaube, seine Frau war auch eine Zeitlang dort, wurde aber gleich wieder entlassen; er jedoch verließ das Gefängnis nur, um aufs

Schafott zu steigen. Er unterhielt mit allen Gefangenen sehr gute Beziehungen und war der intime Freund dieser Damen. Am Tag seiner Hinrichtung erlaubte man sich den üblen Spaß, einen Blumenstrauß an ihr Fenster zu hängen...[72]

Die meisten dieser Frauen machten sich keine Illusionen über das Schicksal, das ihnen bevorstand:

> Es war bemerkenswert [fährt Madame de Nicolaï fort], mit welcher Gelassenheit und Geduld meine Mutter und Madame d'Aiguillon, beide noch so jung und an gepflegte Lebensformen gewöhnt, diese Gefangenschaft ertrugen. Ihre Resignation war verblüffend. Zu den wenigen Kleidungsstücken, die mitzubringen ihnen erlaubt worden war, gehörte ein besonders eleganter ›caraco‹ [eine Schoßbluse, die die Frauen zu jener Zeit trugen], den sie aber für den Tag ihrer Hinrichtung aufbewahrten, denn sie waren jeden Augenblick darauf gefaßt, auf das Blutgerüst zu steigen...[73]

Am 4. Thermidor wurden plötzlich fünfundvierzig Gefangene aus dem Karmelitergefängnis abgeführt, dabei war der Karren während der letzten zwei Drittel des Messidor kein einziges Mal vorgefahren. Der Aufruf verlief so ähnlich, wie ihn der Maler Muller auf seinem Bild verewigt hat. Oben, auf einer Steintreppe, erschien der Gesandte des Tribunals, die Liste der Todgeweihten in der Hand, und der Appell begann. Die unglückseligen Aufgerufenen hatten gerade noch Zeit, sich zu verabschieden: eine Umarmung, ein Blick, eine letzte Empfehlung, und schon waren sie verschwunden...

Die Verschwörung im Karmelitergefängnis war von mehreren Spitzeln inszeniert worden. Zu ihnen gehörte ein gewisser Virolle, ein ehemaliger Adliger, von dem man kurz nach der Aufstellung der Namenslisten behauptet hatte, er habe sich das Leben genommen, und den man am Tag des Prozesses als Anführer einer angeblichen Verschwörung hinstellte...

Auf der Liste der Verschwörer stand auch Alexandre de Beauharnais,[74] der – seines Todes sicher – in aller Eile diesen letzten Abschiedsbrief an seine ebenfalls in Gefangenschaft befindliche Frau, die spätere Kaiserin Josephine, verfaßte:

> 4. Thermidor, Jahr II der einen und unteilbaren Republik.
> Nach dem Verhör zu urteilen, dem heute eine ganze Reihe von Verhafteten unterzogen wurden, bin ich das Opfer heimtückischer Verleumdungen einer Gruppe von Aristokraten, die sich unter uns befinden und sich für Patrioten ausgeben. Da ich ahne, daß diese teuflische Kabale mich bis zum Revolutionstribunal verfolgen wird, habe ich nicht die geringste Hoffnung, Dich, meine Freundin, wiederzusehen, noch meine lieben Kinder in die Arme zu schließen.
> Ich brauche Dir nicht zu sagen, wie sehr ich dies beklage. Meine zärtliche Liebe zu ihnen und die freundschaftliche Zuneigung, die mich mit Dir verbindet, werden Dir kaum Zweifel über die Gefühle lassen, mit denen ich aus dem Leben scheide. Ich beklage auch, mich von meinem Vaterland, das ich liebe und für das ich tausendmal mein Leben hingegeben hätte, trennen zu müssen. Ich bedaure, ihm nun nicht mehr dienen zu können, und noch mehr tut es mir leid, den Eindruck eines schlechten Bürgers zu hinterlassen. Dieser herzzerreißende Gedanke veranlaßt mich zu der Bitte, Du mögest mein Andenken rehabilitieren und zu beweisen trachten, daß ich mein ganzes Leben in den Dienst der Freiheit und Gleichheit gestellt habe; das sollte mich in den Augen des Volkes vor jenen infamen Verleumdern schützen, von denen die meisten verdächtige Subjekte sind. Aber warte noch damit, denn wenn bei einem revolutionären Umsturz ein großes Volk darum kämpft, sich seiner Ketten zu entledigen, muß es sich mit Mißtrauen wappnen und mehr befürchten, einen Schuldigen zu vergessen als einen Unschuldigen zu treffen.
> Ich werde mit jener Gelassenheit in den Tod gehen, die es dennoch möglich macht, sich zärtlichen Gefühlen hinzugeben, aber auch mit dem Mut eines freien Mannes, der ein reines Gewissen und eine rechtschaffene Seele hat und dessen größter Wunsch das Wohlergehen der Republik ist.

Adieu, meine Freundin, suche Kraft in meinen Kindern und tröste sie, kläre sie auf und lehre sie, durch Tugend und Bürgersinn die Erinnerung an meine Hinrichtung auszulöschen und die Dankbarkeit der Nation für die Dienste, die ich ihr geleistet, und die Ämter, die ich bekleidet habe, zu wecken. Adieu, Du kennst alle, die ich liebe, tröste sie und sorge dafür, daß ich in ihren Herzen weiterlebe.

Adieu, zum letztenmal in meinem Leben drücke ich Dich und meine lieben Kinder an mein Herz.

Alexandre Beauharnais.[75]

Mit ihm zusammen mußten viele frühere Adlige ihr Leben lassen, darunter Gouy d'Arsy[76], der Prinz von Salm[77] und der Ritter von Champcenetz,[78] der gemeinsam mit Rivarol die royalistische Zeitung »Les Actes des Apôtres« herausgegeben hatte. Noch ein anderer zum Tod Verurteilter stieg an diesem Tage aufs Schafott, Ange de Beauvoir, der in die jüngste Gefangene des Karmelitergefängnisses verliebt war und sie in gesegneten Umständen zurückließ. Bevor er abgeführt wurde, fand er gerade noch Zeit, die folgenden Verse in die Gefängnismauern zu ritzen:

> Liebe, erhöre mein letztes Gebet,
> schenk Désirée ein glückliches Leben;
> vor allem aber verlängere ihre Tage
> um jene, die ein grausames Schicksal mir raubte.
>
> Wenn aus dem Unglück, das uns erdrückt,
> bisweilen hervorgeht unser Glück,
> wird über meinem Leben bald liegen
> das glückliche Wunder, das folgt dem Vergnügen.
>
> Mein flammendes Herz, es liebt Désirée,
> und wenn mir Atropos den Lebensfaden zerreißt,
> wird der letzte Seufzer meinem Liebesweh gelten
> und ihr sagen, wie sehr ich sie liebte.[79]

Vor der letzten Etappe des Leidensweges, dem Auftritt vor dem Revolutionstribunal, stand vielen Gefangenen noch ein Aufenthalt in der Conciergerie bevor.

3. Kapitel

Von der Conciergerie zum Schafott

Das Wort »Conciergerie« klang wie Totengeläute in den Ohren der Verhafteten des Jahres II: es bedeutete das Revolutionstribunal und die Guillotine. In die Conciergerie wurden zahlreiche Gefangene aus anderen Pariser Gefängnissen, ja selbst aus Gefängnissen in der Provinz eingeliefert; für alle war sie die letzte Etappe vor dem Revolutionstribunal.

Die vier Türme der Conciergerie, drei davon mit spitzem Dach, die die Fassade des Justizpalastes am Quai de l'Horloge bilden, sind allgemein bekannt. Das Innere des Gebäudes ist ein wahres Labyrinth von finstern Räumen, trübseligen, feuchten Innenhöfen, gotischen Sälen, engen Treppen und dunklen Fluren, in die niemals ein Sonnenstrahl fällt.

In Erwartung des Urteils

Bei ihrer Ankunft in der Conciergerie wurden die Gefangenen in die Gerichtskanzlei geführt. Das war ein ziemlich kleiner, durch eine Glaswand unterteilter Raum, wo der Gerichtsschreiber ihre Namen in die Register eintrug. Der Graf Beugnot erinnert sich an seinen ersten Eindruck, beim Blick durch die Glasscheibe: Zwei Männer lagen unbeweglich wie Tote auf einer alten Matratze. Ihr starrer Blick schien nichts von der Umgebung wahrzunehmen. Um sie herum lagen Flaschen, Teller, Überreste von Brot und Fleisch auf dem Boden verstreut. Es waren zwei zum Tode Verurteilte, die auf den letzten Karren warteten.[80] Der Abgeordnete Bailleul, der ebenfalls in die Conciergerie eingeliefert wurden, hat uns folgendes lebhaftes Bild von der Gerichtskanzlei hinterlassen:

> Auf den Bänken entlang den Wänden sitzen Frauen neben ihren Ehemännern, Mätressen neben ihren Geliebten. Die einen liebkosen sich so heiter und unbeschwert wie in einer Rosenlaube; die anderen sind niedergeschlagen und in Tränen aufgelöst. Durch ein Fenster sieht man eine Frau auf einem Lager ausgestreckt, neben ihr ein Wächter. Blaß und abgespannt wartet sie auf ihre Hinrichtung.
> An den Eingängen drängen sich die Wächter. Die einen geleiten die ankommenden Gefangenen, denen die Handfesseln gelöst werden, bevor man sie in den Kerker wirft. Die anderen rufen Gefangene heraus, um sie zu fesseln und anderswohin abzuführen, während der Gerichtsdiener mit finsterem Blick und frecher Stimme Befehle erteilt, in Wut gerät und sich vorkommt wie ein Held, wenn er ungestraft Unglückliche beschimpft, die nicht in der Lage sind, mit Stockhieben darauf zu antworten...[81]

Das von der Gefängnisverwaltung rekrutierte Personal zeichnete sich in der Regel wahrlich nicht durch besonderes Zartgefühl aus. Wüste Beschimpfungen waren an der Tagesordnung, und der Alkohol machte die Sache nicht besser. In den Gefängnissen Richard und Bault bemühte man sich, die Aufenthaltsbedingungen etwas menschlicher zu gestalten, vor allem für jene Häftlinge, die das Geld hatten, dafür zu bezahlen. Aber in den ersten Tagen wurden alle Gefangenen, ob arm oder reich, gewöhnlich in die finstersten und schmutzigsten Kerkerlöcher geworfen. Der Girondist Riouffle berichtet, wie er nach einer mehrtägigen Fahrt von Bordeaux nach Paris mit einem solchen Kerker Bekanntschaft machte. Im Schein einer Laterne nahm er mehrere auf Strohlagern liegende Gestalten wahr. Zwei oder drei wenig vertrauenerweckende Gesichter wandten sich ihm zu.

Erschöpft schlief er ein. Morgens, noch im Halbschlaf, aus dem zu erwachen er keinerlei Lust verspürte, ertappte er sich bei der Vorstellung »... feinster Kaufläden, in denen Parfums und die erlesensten, elegantesten Modeerzeugnisse von reizenden Verkäuferinnen feilgeboten werden, die mit verwirrenden Blicken und süßem Lächeln die Aufmerksamkeit der neugierigen Passanten auf sich zu ziehen suchen ...«. Diese Vorstellung stürzte ihn in noch tiefere Verzweiflung.

Tags darauf verlegte ihn der Gefangenenwärter in eine Zelle, wo ihm ein Gurtbett zugewiesen wurde, auf dem eine Wolldecke lag. In dem großen, ziemlich sauberen Raum waren siebzehn Personen untergebracht.[82] Die Betten waren durch hölzerne Stellwände voneinander getrennt. Einer seiner Gefährten erinnert sich an das »bewegende Bild«, das diese zusammengewürfelte Gesellschaft bot:

> Unter den Aristokraten traf ich die meisten Gegenrevolutionäre und Königstreuen; sie beweinten den Tod »Ludwig Capets« und gebärdeten sich, als wollten sie das Ancien Régime wiederherstellen. Ich stieß auf fanatische und ungebildete Pfaffen; das ist ein schreckliches Gesindel. Ich begegnete auch ehrbaren Priestern, die abends ihr Brevier lasen und die sich in ihrem Dorf in Tugend und Wohltätigkeit geübt hatten. Aber wenn sie von den Wundertaten Christi sprachen, mußte ich lächeln.
> Ich sah Händler und Bankiers, die ihr Anklageschreiben erhalten hatten und vor dem Zubettgehen ihr Kapital berechneten, in Tabellen nachschlugen und Satzungen für Handelsgesellschaften ausarbeiteten.
> Ich habe Sansculotten gesehen, ausgezeichnete Patrioten, begeisterte Revolutionäre, die dunklen Machenschaften zum Opfer fielen; ihren Tod beweinte ich mit blutigen Tränen.
> Ich habe Bauern gesehen, die morgens und abends ihre Gebete hersagten, die Jungfrau Maria anriefen, sich bekreuzigten, wenn der Donner grollte, die Übeltaten ihres emigrierten Gutsherrn verabscheuten und die Revolution begrüßten, aber von dem aufdringlichen [vereidigten*] Priester wollten sie nichts wissen, sie vermißten die Messen und Predigten der kirchentreuen Geistlichen...
> Ich habe recht leichtfertige und unbesonnene junge Leute beob-

---

* Anmerkung des Verfassers

achtet, die von einem Eingang zum anderen tanzten und vergnügt ein Liedchen sangen oder ein Spottgedicht auf die jetzige Regierung zum besten gaben...[83]

Unter den Gefangenen, die sich den geringsten Illusionen über ihr Schicksal hingaben, bestanden einige darauf, daß man sie porträtiere, und den Leuten, die das Talent dazu besaßen, fehlte es nicht an Aufträgen:

> Es kam ein Moment, in dem jeder von uns seinen Tod für gewiß hielt. In dieser traurigen Überzeugung war es uns noch ein Trost, eine Strähne unseres Haares abzuschneiden, um sie um ein Medaillon oder Konterfei zu wickeln und sie an unsere Frauen, unsere Mütter, unsere Kinder oder alle jene geliebten Personen zu schicken, die wir nicht wiedersehen sollten.[84]

Unter den vielen Frauen, die gemalt zu werden wünschten, wollte sich die junge Catherine Laviolette, die Hand auf einen Totenkopf gestützt, darstellen lassen. Dieses reizende Bild war für ihren Gatten bestimmt, den sie für ihren Tod verantwortlich machte. Doch war sie es, die ihn verlassen hatte, um ihrem Geliebten zu folgen. Von diesem, einem gewissen Mandrillon, war sie in eine Spionageaffäre verwickelt worden. Bei ihrem Aufenthalt in der Conciergerie beeindruckte sie ihre Mitgefangenen, von denen einer über ihre letzten Augenblicke berichtet:

> Meine Tränen sind versiegt [sagte sie ihm], seit gestern abend habe ich keine einzige vergossen. Der feinfühligsten aller Frauen sind die Gefühle abhanden gekommen. Die Liebesbande, die mich einst glücklich machten, haben ihre Kraft verloren. Ich bedaure nichts und sehe meinem Tod mit Gleichgültigkeit entgegen.[85]

Am 8. Januar 1794 bestieg sie zusammen mit Mandrillon und einem anderen Paar den Todeskarren. Ein Beobachter von der Polizei, der sie vorbeifahren sah, schrieb in seinem Bericht:

> Von einem Café in der Rue Saint Honoré aus konnte ich die vier Personen, unter ihnen zwei Frauen, in dem Karren beobachten.

Sie lachten alle vier und musterten mit frechem Blick den Kutscher sowie das Publikum am Straßenrand. Die Zuschauer sagten sich: Die sehen ganz nach Verrätern und einstmaligen Adligen aus. Wenn wir sie gewähren ließen, würden sie sich über uns lustig machen.
Sehen Sie nur, sagte ein Bürger, wie sie unsere Justiz zum Narren halten; sie gehen lachend zur Hinrichtung – und das kann ich bezeugen.[86]

Manchmal, wenn viel Wein und Likör geflossen war, herrschte in der Conciergerie eine »recht heitere Stimmung«: »Die Köpfe erhitzten sich, und ein jeder versuchte, des anderen Narrheiten und Possen noch zu übertreffen.«

Eine Quälerei war der tägliche Gefangenenappell im Hof der Conciergerie. Man stelle sich drei oder vier Aufseher vor – nicht selten in betrunkenem Zustand –, einen großen Hund an der Leine und eine Liste falsch geschriebener Namen in der Hand, die sie zu entziffern versuchen. Ein Name wird aufgerufen, niemand versteht ihn:

> Sie fluchen, wüten, drohen; sie rufen noch einmal auf: die Gefangenen springen erklärend ein, versuchen zu helfen, bis sie endlich verstehen, wer gemeint ist.
> Man läßt sie abtreten, zählt ab und verzählt sich. Mit steigender Wut befehlen die Aufseher dem ganzen Trupp, noch einmal anzutreten: raus, rein, wieder verzählen sie sich, und so geht es drei oder viermal, bis ihr getrübter Blick endlich feststellt, daß alle da sind.[87]

Einige der Gefangenen, die von dem schrecklichen Gedanken an ihre Hinrichtung nicht loskamen, waren auf die Idee verfallen, ihren eigenen Tod zu inszenieren. In ihren Zimmern spielten sie das Revolutionstribunal. Die Rollen wurden je nach Neigung und Begabung verteilt. Die einen stellten die Richter und Ankläger dar, die anderen Angeklagte und Zeugen, die dritten den Scharfrichter und seine Gehilfen. Der Prozeß endete ausnahmslos mit der Hinrichtung der Verurteilten: sie wurden gefesselt auf ein Bett gelegt, den Kopf unter einem Brett. In Bettücher gehüllt, verwandelten sich die Behendesten der Laientruppe in Gespenster. Ein junger Rechtsanwalt aus Bordeaux namens Ducorneau spielte den Teufel und zog den »Guillotinierten« an den Füßen, ohne sich dabei das Lachen verbeißen zu können. Wenige Tage darauf erhielt eben dieser Ducorneau seine Anklageschrift.

Am Vorabend seines Erscheinens vor dem Revolutionstribunal gaben seine Kameraden ihm zu Ehren ein Festessen. Dabei kritzelte Ducorneau folgenden Vers auf eine Tischkante:

> Wenn in den schwarzen Fluten wir versinken,
> Freunde, gedenket noch manches Mal
> zweier wahrer Freunde des Gesetzes.
> Und in solchen zauberhaften Augenblicken
> hebt den Krug auf uns nur an,
> und statt Tränen zu vergießen,
> lasset den Bordeauxwein fließen.

Auch der Oberfeldwebel Boisguyon gab am letzten Tag seinen Humor nicht auf. Er gehörte ebenfalls zu denen, die »mit der Guillotine ihren Spaß getrieben« hatten. Als er auf den Karren stieg, sagte er zum Scharfrichter Sanson: »Heute wird Ernst gemacht mit dem Spiel; Sie werden sich wundern, wie gut ich meine Rolle kann.«

Was für ein sensibler und einfühlender Mensch er in Wirklichkeit war, geht aus seinem letzten Brief hervor, den er an den Apotheker von Châteaudun richtete:

> Bürger,
> Gestern um vier Uhr nachmittags bin ich zum Tode verurteilt worden, und in zwei Stunden werde ich nicht mehr am Leben sein. Ich möchte Sie bitten, meine Mutter hiervon mit der notwendigen Vorsicht zu unterrichten. Schicken Sie jemanden zu ihr, der es ihr ganz sachte mitteilt, damit sie es nicht durch einen Brief erfährt und auf Worte stößt, die ihr meine letzten Augenblicke vor Augen führen. Versichern Sie sie meiner zärtlichen Liebe und meines Wunsches, sie möge in der Tugend den Trost finden, den sie benötigen wird.

Vom Ertrag meines Pachthofs von la Haloyère bleiben mir nur noch tausend Livres übrig. Ich habe sie meinem Cousin Hardancourt geliehen, der mir darauf fünfhundert Livres Zinsen für das Jahr 1794 und ebensoviel für das Jahr 1793 schuldet; davon muß ich ihm vierhundertdreißig Livres für eine militärische Ausrüstung zurückzahlen, die er mir in die Armee geschickt hat. Das Wenige, das von meinem Vermögen übrigbleibt, ist beschlagnahmt. Teilt es meiner Mutter mit, damit sie sich nicht beunruhigt. Adieu, Bruder, sei brüderlich gegrüßt.

Boisguyon.[88]

Diejenigen, die bereits vor dem Tribunal erschienen, aber mit Gefängnisstrafen davongekommen waren, versuchten ihren Leidensgefährten dadurch die Zeit zu vertreiben, daß sie das schwülstige Gehabe und die Stimme von Fouquier-Tinville oder seinen Vertretern Liendon und de Naulin nachahmten. Man machte sich einen Spaß daraus, die Selbstgefälligkeit von Dumas und Subleyras nachzuäffen und parodierte die offiziösen Verteidiger in ihrem Bemühen, sich nicht zu kompromittieren...

Die Zahl der in der Conciergerie untergebrachten Häftlinge nahm ständig zu. Innerhalb von vier Monaten, vom 8. August bis zum 18. Dezember 1793, hatte sie sich fast verdoppelt und überstieg fünfhundert Personen. Diese Situation beunruhigte Herman, den Vorsitzenden des Tribunals, und er schrieb an Fouquier-Tinville:

> Die Conciergerie, für vierhundert Gefangene vorgesehen, ist bereits mit sechshundert Personen überfüllt. Viele sind krank. Die Luft ist derart verpestet, daß einem der Leuchter ausgeht, sobald man einen der Räume betritt. Es ist unbedingt erforderlich, Bürger, einen großen, angenehmeren und sicheren Platz mit frischer Luft zur Verfügung zu stellen, in den zweihundertfünfzig zur Zeit in der Conciergerie befindliche Häftlinge, darunter die transportfähigen Kranken, überstellt werden können. Falls die Conciergerie noch länger in dem jetzigen Zustand bleiben sollte, ist mit dem Ausbruch der Pest zu rechnen...[89]

Statt der Pest lief man Gefahr, sich die schwarze Galle oder das Faulfieber zu holen. Die Ansteckungsgefahr war um so größer, je öfter die Gefangenen ihren Aufenthaltsort wechselten.

Der Graf Beugnot berichtet von den Bemühungen der Gefangenen, den eben geschilderten Verhältnissen zum Trotz ein würdiges Aussehen zu bewahren:

> Inmitten dieser traurigen Umgebung, der sie tagein tagaus ausgesetzt waren, verloren die französischen Frauen nichts von ihrer Koketterie, für die sie entsprechende Opfer brachten. Wir wohnten in einem Flügel des Gefängnisses, der den Blick auf den Hof der Frauen freigab. Der einzige Ort, an dem wir etwas freier atmeten, war ein zehn Fuß langer und sieben Fuß breiter, von zwei Gewölbebögen geformter Raum, der die Treppe abstützte und vom Hof der Frauen zum Eingang führte. Diese Art Korridor war zum Hof hin mit einem Eisengitter versehen, dessen Stäbe jedoch nicht engstehend genug waren, um einen unternehmungslustigen Franzosen zu entmutigen.
> In diesem Korridor gingen wir am liebsten spazieren. Sobald die Türen unserer Zellen geöffnet wurden, begaben wir uns in diesen Gang. Obwohl den Frauen zu gleicher Zeit geöffnet wurde, widmeten sie sich zuerst ihrer Toilette und ließen auf sich warten. Morgens erschienen sie in einem reizvollen Négligé, so anmutig und frisch, daß man nicht glauben konnte, sie hätten die Nacht auf einem elenden Lager – nicht selten einem übelriechenden Strohsack – verbracht. Fast immer bewahrten die Damen von Welt, die in die Conciergerie kamen, bis zuletzt ihre feine Lebensart und ihren guten Geschmack. Nach ihrem morgendlichen Erscheinen im Négligé gingen sie auf ihre Zimmer zurück, aus denen sie gegen Mittag fein gekleidet und frisiert wieder zum Vorschein kamen. Im Unterschied zum Vormittag war ihr ganzes Auftreten jetzt ernster und würdevoller. Gegen Abend erschienen sie im Déshabillé. Ich stellte fest, daß fast alle Frauen, die es sich leisten konnten, sich täglich diesem dreimaligen Kleiderwechsel unterzogen. Die anderen ersetzten die Eleganz durch Sauberkeit, soweit die Umgebung es erlaubte. Diese

Aufgabe wurde ihnen durch einen Springbrunnen erleichtert, der sich im Hof der Frauen befand und sie reichlich mit Wasser versorgte. Jeden Morgen betrachtete ich die Armen, die nur ein Gewand mitgebracht hatten oder vielleicht nur eines besaßen, wie sie um den Brunnen herum im Waschen, Bleichen und Trocknen miteinander wetteiferten. Gleich am frühen Morgen begannen sie mit dieser Beschäftigung, in der sie sich durch nichts stören ließen, vielleicht nicht einmal durch den Erhalt einer Anklageschrift. Schon Richardson hat festgestellt, daß nichts, auch nicht die höchsten Interessen, den Frauen so sehr am Herzen liegt wie ihre Kleider und deren Instandhaltung.
Ich bin sicher, daß damals auf keiner Pariser Promenade elegantere Damen anzutreffen waren als zur Mittagszeit im Hof der Conciergerie, der einem mit Blumen geschmückten, doch mit Eisen vergitterten Schauplatz des gesellschaftlichen Lebens glich. Frankreich ist wahrscheinlich das einzige Land und die Französinnen sind wohl die einzigen Frauen der Welt, die imstande sind, solche Gegensätze zu vereinigen und den widerlichsten und abstoßendsten Ort mit Anmut und Charme zu erhellen. Ich liebte es, die Frauen mittags zu betrachten, am Morgen mit ihnen zu sprechen und am Abend intimer zu werden, wobei ich achtgab, niemanden zu stören. Denn am Abend, wenn die Schatten länger und die Pförtner müde wurden, wenn die meisten Gefangenen sich zurückzogen und die anderen diskret verstummten, kam der Augenblick, in dem so mancher die Unvorsichtigkeit des Künstlers segnete, der das Gitter entworfen hatte. Dabei hatten diese einer so unbegreiflichen Hingabe fähigen Menschen schon ihr Todesurteil in der Tasche...
Ich wurde zum Zeugen einer solchen Episode. Eine Frau von vierzig, aber noch frisch, mit schönen Zügen und von eleganter Gestalt, wurde in den ersten zehn Tagen des Frimaire zum Tode verurteilt. Ihrem Geliebten, einem geistreichen und gutaussehenden jungen Offizier aus dem Norden, war das gleiche Los beschieden. Sie kamen gegen sechs Uhr abends vom Tribunal und wurden für die Nacht voneinander getrennt.
Doch wußte die Dame ihre Verführungskünste so erfolgreich

einzusetzen, daß sie dennoch zu ihrem Geliebten gelangte. Die ganze Nacht gaben sie sich ihrer Liebe hin und leerten den Becher der Wollust bis zur Neige. Erst um auf den Todeskarren zu steigen, rissen sie sich voneinander los.

Ich konnte nur staunen über diese Art Heldentum, für die ich selbst mich nicht im geringsten geeignet fühlte. Bisher habe ich noch nicht darüber entschieden, ob ein solches Verhalten meine Achtung vor dem Volk, das die Beispiele dafür liefert, steigert oder vermindert. Zumindest aber verleiht es ihm einen ganz besonderen, keinem anderen Volk eignenden Charakter. Die unmittelbare Nähe der Frauen verschaffte uns auch Ablenkungen, die mich weniger nachdenklich, aber dafür eifersüchtig stimmten. Es kam oft vor, daß wir mit ihnen zusammen zu Mittag aßen. Dazu wurden zu beiden Seiten des Gitters Stände in Brusthöhe aufgestellt, auf denen wir in buntem Durcheinander und ohne besondere Verschönerungen, die der Ort und der Moment nicht erlaubten, das Geschirr anordneten. Wenn ein Plätzchen in der Nähe der Frauen frei wurde, ließen wir es nicht an Anstand fehlen, ihn auszufüllen. In Wirklichkeit hatten diese Damen nichts mit denen gemein, die sich müde auf ein Sofa fallen lassen oder sich in eleganter Gesellschaft zum Tee versammeln; sie waren weit weniger gekünstelt und sehr viel geistreicher. Während wir uns die Gerichte, ungeachtet ihrer Herkunft, schmecken ließen, kam es zu beiden Seiten des Gitters zum Austausch feinsinniger Äußerungen, kluger Anspielungen und schlagfertiger Antworten. In angenehmer Unterhaltung schnitten wir die verschiedensten Themen an, ohne jedoch länger bei einem zu verweilen. Das Unglück wurde wie ein ungezogenes Kind behandelt, über das man eher lachen sollte. Und tatsächlich wurde ganz rückhaltlos gelacht: über die Gottähnlichkeit Marats, die priesterliche Würde Robespierres, das Richteramt Fouquiers – so als wollte man diesem ganzen blutrünstigen Lakaienpack sagen: Ihr könnt uns das Leben nehmen, wann immer es euch gefällt, aber ihr werdet uns nicht daran hindern, liebenswürdig zu sein.[90]

Ein Gitter trennte das Quartier der Männer von dem der Frauen, aber wie Beugnot berichtet, waren die Gitter nicht eng genug, um den Kontakt von Händen und Lippen zu verhindern. Nachts hatte Ravage, der Hund des Gefängnisschließers, die nicht ganz leichte Aufgabe, das Gitter zu bewachen. Es kam manchmal vor, daß er Gefangene in den Hof und schließlich in den Flur der Frauen vordringen ließ. Eines Morgens entdeckte man ihn, ein Assignat sowie einen Zettel folgenden Wortlauts an den stolz erhobenen Schwanz gebunden: »Ravage läßt sich mit einem Assignat von hundert Sous und einer Portion Hammelfleisch bestechen.« Unter dem allgemeinen Gelächter der Umstehenden gab Ravage seine würdevolle Haltung auf und wurde zur Strafe eingesperrt.

Unter den Damen befanden sich auch einige Prostituierte. Die Geschichte einer von ihnen, Catherine Halbourgs, genannt Eglé, rührt uns besonders der Ungerechtigkeit wegen, der sie zum Opfer fiel. Zusammen mit einer ihrer Freundinnen war sie in der Rue Fromenteau festgenommen worden. Chaumette, ein einflußreiches Mitglied des Gemeinderats von Paris, wollte die beiden mit der Affäre um die Königin in Zusammenhang bringen und die drei Frauen zur gleichen Zeit hinrichten lassen. Aber die Ausschüsse sprachen sich dagegen aus. Also wurden sie wegen gegenrevolutionärer Äußerungen zum Tod verurteilt. Am Vorabend ihres Erscheinens vor dem Tribunal begegnete Eglé dem Duc de Châtelet, der noch am selben Tag hingerichtet werden sollte, und rief dem in seiner Todesangst jämmerlich schluchzenden und halb betrunkenen Herzog zu: »Denken Sie daran, Herr Herzog: Die Namenlosen machen sich an diesem Ort einen Namen; wer aber schon einen hat, muß ihn zu tragen wissen.« Der Polizeibeamte Prévost sah Eglé zwei Tage später sterben. Im Gegensatz zu ihrer Freundin Claire Sévin hatte sie es abgelehnt, sich für schwanger auszugeben. Auf dem Todeskarren, in Begleitung von drei Adligen, schien ihr allein der Sinn für Humor und schlagfertige Antworten nicht abhanden gekommen zu sein. Noch auf dem Schafott rief sie mutig: »Adieu, Freunde, es lebe Ludwig XVII.!« Die Zuschauer sollen sich über »dieses Verhalten entrüstet gezeigt« haben.[91]

Die Berühmteste der Gefangenen, Marie-Antoinette, traf in der Nacht des 2. August in der Conciergerie ein. Ihr Kerker, der doppelt so groß war wie der Raum, den man heute besichtigen kann, hatte nackte Wände, einen Steinfußboden und zwei Fenster, aus denen sie auf den Hof der Frauen blicken konnte. Das Mobiliar bestand aus einem Gurtbett (mit zwei Matratzen, einem Kopfpolster und einer Decke), einem gewöhnlichen Tisch, zwei Gefängnisstühlen, einer Schüssel und einem Wandschirm. Die Hausmeisterin Richard und das Dienstmädchen Rosalie Lamorlière hatten die Kälte, die dieser Raum ausstrahlte, dadurch zu mildern versucht, daß sie das Bett der Königin mit feinen Bettüchern und einem Kopfkissen ausgestattet und ein paar Blumen auf den Tisch gestellt hatten. In den Zeitungen jener Jahre konnte man über die täglichen Gewohnheiten Marie-Antoinettes in der Conciergerie folgendes lesen:

> Antoinette steht jeden Morgen um sieben Uhr auf und geht um zehn Uhr zu Bett. Sie spricht ihre beiden Polizeiwächter mit »Messieurs« an und ihre Haushälterin mit »Madame Harel«. Die Polizeibeamten und alle, die offiziell mit ihr zu tun haben, wenden sich mit »Madame« an sie. Sie ißt mit gutem Appetit, zum Frühstück ein Brötchen und Kakao, zum Abendbrot Suppe und viel Fleisch: Hühnchen, Hammelrippen oder Kalbskoteletten. Sie trinkt nur Wasser wie ihre Mutter, die, wie sie sagt, niemals Wein gekostet hat. Nach einem Werk über die Revolution in England liest sie jetzt »Die Reise des jungen Anarcharchis«. Ihre Toilette besorgt sie selbst, und dies mit einer Koketterie, von der eine Frau auch kurz vor ihrem Tode nicht abläßt. Ihr Zimmer geht auf das Frauengefängnis, doch scheint es die Gefangenen wenig zu kümmern, daß sie gleich neben ihrer einstigen Königin wohnen.[92]

Im September 1793, nach dem mißglückten – als »Nelkenaffäre« bekannten – Fluchtversuch der Königin, wurde Marie-Antoinette in die Apotheke der Conciergerie verlegt. Hier waren entsprechende Vorkehrungen getroffen worden, die jede Verbindung mit der Außenwelt unmöglich machten. Aber entgegen den Gerüchten wurde sie auch hier bis zuletzt gut behandelt. Als sie vor dem Tribunal erschien, trug sie, nach Aussage eines Zeugen, ein elegantes, »sehr sauberes« weißes Kleid (siehe ihren Abschiedsbrief S. 193).

Vor dem Revolutionstribunal

Nach einer unterschiedlich langen Wartezeit in der Conciergerie – manchmal war es nur eine Nacht – kam der Augenblick, vor dem Revolutionstribunal zu erscheinen.

Am 10. März 1793 hatte der Konvent die Einrichtung dieses Tribunals beschlossen. Hier sollten all jene abgeurteilt werden, die die innere oder äußere Sicherheit des Staates gefährdeten oder für die Wiederherstellung einer anderen als die der einen und unteilbaren republikanischen Regierung eintraten. Seit dem 5. April 1793 war der Öffentliche Ankläger des Tribunals ermächtigt, einen Angeklagten aufgrund der bloßen Denunziation durch die republikanischen Institutionen oder auch nur eines einzelnen Bürgers festzunehmen und zu verurteilen. Gegen das Urteil konnte weder Berufung noch Nichtigkeitsbeschwerde erhoben werden und es mußte innerhalb von vierundzwanzig Stunden vollstreckt werden.

Mit besonderem Eifer wurden die zurückgekehrten Emigranten verfolgt. Die Gesetzgebung von 1792 bezüglich der Emigration war mit einem Federstrich abgeschafft und am 28. März durch ein einziges Dekret von besonderer Strenge ersetzt worden. Der unerwartete Erlaß dieser Verordnung hatte die bereits prekäre Situation vieler Emigranten, die sich verzweifelt um gefälschte Aufenthaltsbescheinigungen bemühten, noch erschwert. Viele wurden gefaßt, als sie mit Hilfe bestechlicher Beamter ihre Sache »in Ordnung« bringen wollten.

In der ersten Periode seines Bestehens waren die Beschlüsse des Tribunals verhältnismäßig milde: Es wurden mehr Verfahren eingestellt, mehr Angeklagte freigesprochen oder zu Gefängnisstrafen verurteilt als Todesurteile verhängt. Aber nachdem das für die Angeklagten weitaus strengere Gesetz vom 22. Prairial verabschiedet worden war, machte das Revolutionstribunal kurzen Prozeß und berief sich bei seinen Urteilen nur allzu oft auf die falschen Aussagen der Gefängnisspitzel.

Die Gerichtsverhandlungen wurden in den neben der Conciergerie gelegenen Sälen abgehalten, häufig in dem Saal der »Liberté« oder dem der »Égalité«. Meistens fanden sie früh morgens statt, zogen aber dem folgenden Polizeibericht zufolge viele Schaulustige an:

> In der großen Vorhalle des Gerichtssaals bietet sich dem Zuschauer ein widerwärtiges und schockierendes Schauspiel. Diese Halle gleicht einer Gasse, in der alles mögliche feilgeboten wird, wo man uriniert und sich auch sonst völlig ungeniert benimmt. Müßiggänger, Straßendirnen und manchmal sogar Obdachlose verbringen hier den größten Teil des Tages oder auch der Nacht.

Der Verfasser dieses Berichtes empfiehlt dem Publikum, »keine Kinder mitzunehmen, denen es noch an Reife und Verständnis fehle«.

Der Prozeß verlief folgendermaßen: Zunächst verlas der Ankläger den tags zuvor vorbereiteten Strafantrag, dann faßte der Präsident die Hauptpunkte des vorliegenden Falles zusammen, worauf die Zeugen einvernommen wurden. Danach zogen sich die Geschworenen zur Beratung zurück, während der Angeklagte in einen anliegenden Raum geführt wurde. Das Tribunal setzte inzwischen die Sitzung fort. Auf den Zuschauertribünen versuchte man, das bevorstehende Urteil vorauszusagen, und schon kündigte die Glocke die Rückkehr der Geschworenen an. Sobald sie Platz genommen hatten, wurden sie der Reihe nach vom Präsidenten aufgerufen, um die üblichen Fragen nach der Schuld des Angeklagten zu beantworten. Dann wurde dieser in den Saal zurückgeholt und vernahm aus dem Munde des Präsidenten den Beschluß der Geschworenen. Darauf forderte der Staatsanwalt in einer kurzen Ansprache die Anwendung des Gesetzes, und nachdem der Präsident den Angeklagten gefragt hatte, ob er etwas zu seiner Verteidigung hinzufügen habe, wurde das Urteil ausgesprochen.

Bemerkenswert ist, daß das Pariser Revolutionstribunal während der ersten zwei Jahre seines Bestehens sehr viel weniger Todesstrafen verhängte, als man sich das im allgemeinen vorstellt.[93] So wurden zwischen März 1793 – dem Gründungsdatum – und Januar 1794 von den 1046 vorgeladenen Personen 381 zum Tod verurteilt, 34 wurden des Landes verwiesen, 15 zu Deportation und Zwangsarbeit, 6 zu langjährigen Gefängnisstrafen und 66 zu Gefängnisstrafen »bis zum Eintritt des Friedens« verurteilt. Die Verfahren gegen 209 Angeklagte wurden eingestellt, 336 wurden freigesprochen. Dagegen wurden in der kurzen Zeit vom 8. Juni bis zum 30. Juli 1794, in der die Schreckensherrschaft rückhaltlos zuschlug, 1370 Todesurteile gefällt.[94]

Die letzten Augenblicke und der Weg zum Schafott

Nachdem sie das Todesurteil vernommen hatten, wurden die Verurteilten in eine eigens für sie vorgesehene Zelle geführt. Meistens fand die Hinrichtung erst am nächsten Tag statt, so daß sie hier die Nacht verbrachten. Wer es sich leisten konnte, der bestellte sich ein gutes, reichlich mit Wein begossenes Henkersmahl. Doch kam dieser Brauch nur den Reichsten zugute, wie etwa dem Herzog von Orléans oder dem Herzog von Biron, denen Austern mit Weißwein serviert wurden. Den Unbegüterten dagegen war in den letzten Augenblicken ihres Lebens miserables Los beschieden, wie dieser Brief eines Verurteilten zeigt:

> 12. Nivôse, zweites und letztes Jahr der Republik
> für den Unterzeichnenden.
>
> Öffentlicher Ankläger,
> Hiermit möchte ich Dich über die mißlichen Zustände in der Conciergerie unterrichten und diejenigen denunzieren, die ihre Befugnisse überschreiten. Der Bürger und die Bürgerin Richard lassen es zu, daß die Gefängniswärter die zum Tode Verurteilten rücksichtslos ausplündern. Nicht genug, daß man sie

der Habseligkeiten beraubt, die sie bei sich tragen, es werden ihnen auch unabkömmliche Kleidungsstücke, wie Rock, Wams oder ähnliches, entrissen. Was mich betrifft, so haben sie mir sogar den Verband weggenommen, der um meine Wunde, die ich mir bei der Belagerung von Namur zugezogen habe, gebunden war. Vergeblich habe ich ihnen zu verstehen gegeben, wie schmerzlich mir dieser Verlust sei. Man gab mir nur zur Antwort, es geschehe im Namen des Gesetzes. Die Brutalität ging so weit, daß man mir selbst eine Decke verweigerte. Im Namen der Menschlichkeit bitte ich Dich, diesen Mißständen ein Ende zu setzen. Auch möchte ich Dich bitten, entsprechende Maßnahmen zu ergreifen, um zu verhindern, daß den künftigen Verurteilten ihre Brieftaschen entwendet werden. Alle diese Tatsachen können durch die Gendarmen bezeugt werden, die mich bewachten und die, wie ich zugeben muß, rechtschaffene und zuvorkommende Menschen sind.
Bevor ich diesen Brief beende, möchte ich Dich darauf hinweisen, daß das Gesetz, nach dem ich verurteilt wurde, nicht auf mich zutrifft; auf meinen Fall hätte das Gesetz vom 19. August angewandt werden müssen. Es heißt: »Die Todesstrafe steht auf die geheime Absprache zwischen einem Beamten der Republik und einem Unternehmer.« Davon kann in meiner Angelegenheit keine Rede sein, denn Leute, die sich gar nicht kennen, können sich auch nicht absprechen; infolgedessen hätte mir die Todesstrafe erspart bleiben müssen. Aber es handelt sich wohl um ein Versehen, und ich will Dir und Deinen Kollegen meinen Tod nicht nachtragen. Ich vergebe Dir und sage Dir brüderlich adieu.

Bonnefoy.[95]

Auch ein anderer Gefangener, der am selben Tag guillotiniert wurde, beklagt sich über die Haftbedingungen in einem angeblich an seine »Schwester« – in Wirklichkeit aber an seine Geliebte – gerichteten Brief:

Paris, 3. Nivôse des Jahres II der Republik.

Ich hatte gehofft, meine liebe Schwester, jeden Tag von Ihnen zu hören. Sie wissen, wieviel mir Ihre Briefe bedeuten, und in der unglücklichen Lage, in der ich mich befinde, sind Sie mir noch unentbehrlicher. Gestern habe ich den Kommissar gesehen, der mit meinem Fall beauftragt ist. Er glaubt, der Ausschuß wird sich heute endlich meiner Sache annehmen. Bitte, schicken Sie mir frische Wäsche. Ich fühle mich schmutzig von dem Dreck und der Feuchtigkeit, die mich umgeben; dazu kommt, daß ich mich nie ausziehe und die ganze Zeit auf dem Feldbett liege. Bitte, schicken Sie heute vormittag – so früh wie möglich – die kleine l'Harmonnier zu mir; ich muß sie sprechen, auch soll sie etwas für mich erledigen. Adieu, meine liebe Schwester, wie auch immer das Urteil ausfallen möge, das mich erwartet, ich bin Ihr unverbrüchlicher Freund und unglücklicher Bruder.

Faverolles.[96]

Die Frau, die er liebte – Agathe Jolivet – wurde tags darauf mit ihm gemeinsam vor das Revolutionstribunal geladen. Beide waren angeklagt, die konterrevolutionären Umtriebe des »infamen Dumouriez sowie die inneren und äußeren Feinde der Freiheit unterstützt« zu haben. Insbesondere Faverolles wurde beschuldigt, ein »Agent der Föderalisten in Südfrankreich« zu sein und zur »Rebellion im einstigen Lyon beigetragen« zu haben. Ein Koffer, der seine Korrespondenz enthielt und der bei Agathe Jolivet entdeckt worden war, lieferte den unwiderlegbaren Beweis dafür. Das Gericht sprach ein doppeltes Todesurteil aus, das bereits am nächsten Tag vollstreckt werden sollte.

Unverzüglich schrieb Agathe Jolivet in der Zelle der zum Tod verurteilten Frauen ihren letzten Brief an Fouquier-Tinville:

> Bürger, nach der Urteilsverkündung wandte sich ein Mitglied des Revolutionstribunals an mich, um gewisse Tatsachen zu erfahren, die für die unglücklichen Bewohner des französischen Territoriums von Interesse sein könnten.

> Ich bin bereit, alle Auskünfte zu geben, allerdings unter der Bedingung, alle Augenblicke, die mir zu leben übrigbleiben, zusammen mit Faverolles verbringen zu können.[97]

Hat Fouquier-Tinville ihr diesen letzten Wunsch erfüllt? Wir wissen es nicht. Jedenfalls wurden die Liebenden am nächsten Tag auf dem Weg zum Richtplatz vereint, und über das Glück, beisammen zu sein, schienen sie, wie ein Beobachter der Polizei berichtet, ihr schreckliches Los zu vergessen:

> Agathe Jolivet ergriff die Hand, die ihr der Gehilfe des Henkers bot, um ihr beim Einsteigen zu helfen, und kletterte behende in den Karren, wo sie den Gehilfen Sansons, der darauf keineswegs gefaßt war, lachend umarmte. Faverolles, Bonnefoy und noch ein anderer Verurteilter namens Dutremblay brachen ebenfalls in Gelächter aus, worüber sich die Zuschauer empörten:
> – Aufs Schafott! Aufs Schafott! schrien sie,
> woraufhin sich Faverolles an den Nächststehenden wandte und ihm erwiderte:
> – Wart nur, bald bist auch du an der Reihe!
> Und Bonnefoy fügte hinzu:
> – Vielleicht schon morgen.[98]

Ein anderer, der dem Karren folgte, wunderte sich über die Standhaftigkeit und Arroganz der zum Tode Verurteilten:

> Eine so durchtriebene und scheinheilige Person wie diese Jolivet gibt es kein zweites Mal. Während sie auf dem Karren dem Schafott entgegenrollten, plauderte sie so gelassen mit Faverolles – dem das Lachen nicht so recht gelingen wollte –, als gelte es, mit ihm zum Abendessen nach Saint-Cloud zu fahren. Oft zog sie auch Bonnefoy und Dutremblay ins Gespräch, und sie schienen mit Interesse daran teilzunehmen. Als sie aus dem Karren stiegen, umarmten sie einander alle vier und nahmen mit ganz unbeschwerten und zärtlichen Gesten voneinander Abschied.[99]

Diese Episode ist jedoch kein Einzelfall. Das Verhalten des ehemaligen Bürgermeisters von Montpellier, Jean-Jacques Durand, ist ebenso ergreifend. Als er die Stufen zum Blutgerüst hinaufstieg, »um für seine Übeltaten zu büßen«, wie ein Polizeibericht vermerkt, »fing er plötzlich an zu lachen und rief mehrmals aus: ›Adieu, meine Brüder!‹. Die Zuschauer riefen zurück: ›Unter die Guillotine.‹ Er aber lachte weiter.«

Unmittelbar vorher hatte er folgenden Abschiedsbrief an seine Frau geschrieben:

An die Bürgerin Durand, Hôtel de l'Union, Rue Saint-Thomas du Louvre, Nr. 26, Paris.

Meine innigst Geliebte,

Sei nicht allzu betrübt. Glaub mir, ich gehe beruhigt in den Tod; die Härte der Menschen sichert mir die Barmherzigkeit Gottes; sie läßt mich für die Fehler, die ich begangen habe, büßen und bewahrt mich davor, neue zu begehen. Du kennst meine Schwäche: meine Überempfindlichkeit. Vielleicht hätte sie mich auf falsche Wege gebracht. Dem hat Gott in seiner Güte vorgebeugt. Aber laß uns nicht voneinander scheiden! Ich werde Dir und den Kindern immer nah sein und über Euch wachen. Wenn Du an mich denkst, sei ganz sicher, daß ich bei Dir bin und Dich weiterhin liebe.

Ich vergebe meinen Feinden, vergib auch Du ihnen. Sie glaubten, richtig zu handeln, und letzten Endes ist ja alles meine Schuld. Tragen wir ihnen nichts weiter nach. Welcher Schuld kann man die Menschen schon bezichtigen, wenn doch alles von Gott gelenkt wird? Er ist es, der uns eine Weile voneinander scheidet, um uns dann um so sicherer und für immer zusammenzuführen. Da siehst Du ja, daß es nötig war! Der Gedanke an die Ewigkeit möge Dich über das Leben hinwegtrösten. Schließlich geht es doch darum, auf ewig miteinander vereint zu sein. Mir aber wäre das ewige Leben vielleicht nicht beschieden gewesen; nun aber zweifle ich Gott sei Dank nicht mehr daran. Adieu, mein Liebling, aber ich sage Dir ja gar nicht adieu, sondern nur gute Nacht, denn ich werde mich ein Weilchen zur Ru-

he begeben, nur ein kleines Weilchen! Wenn ich aufwache, werde ich meine geliebte Frau wiedersehen, und dann kann uns nichts mehr scheiden. Ich küsse unsere Kinder, unsere Eltern und Freunde. Ihr werdet sie über meinen Tod hinwegtrösten. Ich lasse ihnen mein Leben als Beispiel, auf daß sie aus meinen Fehlern lernen, ihre Triebe und Leidenschaften zu zügeln und nicht immer nur ihrem Herzen nachzugeben, was ihnen zum Verhängnis werden könnte. Mögen Sie ihr Vaterland so sehr lieben, wie ich es liebte, ihm aber besser dienen.
Meine Kinder, liebt Eure Mutter und gehorcht ihr, wie Ihr beiden Eltern gehorcht hättet. Ich übergebe ihr meine Vollmacht über Euch, so daß sie nicht nur über die ihrige, sondern auch über die meinige verfügt. Meine lieben Eltern, ich bedaure es, Euch diesen Kummer bereiten zu müssen. Euer Schmerz ist der einzige, den ich in diesem Augenblick empfinde. Adieu, ich gehe dorthin, wohin der Herr mich ruft. Mitten am Tag holt er mich von der Arbeit fort, so werde ich mich bis zum Abend ausruhen. Dann aber wird uns nichts mehr trennen. Adieu, meine Liebste, adieu.
Dein Mann, Dein Freund auf ewig.

Durand.[100]

Auch die Haltung eines gewissen Blanchet im Angesicht des Todes ist bemerkenswert. Seiner Frau schreibt er zum Abschied:

Adieu, meine Frau, meine Kinder, für immer und ewig. Ich bitte Dich, liebe unsere Kinder, sag ihnen oft, wer ich war, hab sie doppelt lieb. Adieu, meine Frau und meine Kinder, ich gehe fort, um den Vorhang des Lebens fallen zu sehen.
Ihr, alle meine Freunde, ich bitte Euch, tröstet meine Frau und meine Kinder. Adieu, Maître, mein Freund, adieu, Galeau und ihr alle, die ihr an meinem Unglück Anteil nehmt. Umarme meine Enkelkinder, ich scheide noch heute aus dem Leben.

Blanchet, am 23. Ventôse 1794 für schuldig befunden. Ich küsse meine Frau und meine Kinder.

Blanchet.

Auf den Umschlag schrieb er noch einmal: »Tripotin, mein Freund, adieu. Meine Frau, meine Kinder, adieu für immer.«[101]

Dann ging er mutig in den Tod, zusammen mit einem Architekten und einer Nonne:

> Er machte laufend Scherze bis zu dem Moment, als er sich mit der Bemerkung an die Zuschauer wandte, er wünsche ihnen mehr Glück, als ihm beschieden war, denn er sterbe für eine Lappalie, die nicht der Rede wert sei. Aber gleich darauf lachte er wieder und sagte allen Bürgern adieu.[102]

Doch nicht alle gingen so leichten Herzens in den Tod. Den meisten Hinrichtungen gingen Schluchzen, Tränen, manchmal sogar verzweifelte Schreie voraus. Nur ausnahmsweise fanden einige den Mut, sich miteinander zu unterhalten oder gar zu lachen und zu singen. Wenn der Henker nahte, erfaßte selbst die Tapfersten ein unwillkürlicher Schauer. Was war natürlicher, als daß sich das Leben gegen die Vernichtung aufbäumte?

Während die Gehilfen des Henkers die letzte Hand an die Verurteilten legten, um sie für die Guillotine bereit zu machen (der Hemdkragen wurde ausgeschnitten, der Nacken bloßgelegt), geschah es nicht selten, daß die einen plötzlich nach dem Kotkübel verlangten, die anderen um ein zusätzliches Gläschen Branntwein baten.

Am schlimmsten aber war die Fahrt von der Conciergerie zum Richtplatz. Es konnte eine Stunde dauern, bis die Karren am Revolutionsplatz ankamen. Später, als die Guillotine auf die Place du Trône-Renversé verlegt wurde (die jetzige Place de la Nation), dauerte es noch viel länger.

Das abwechslungsreiche Schauspiel zog Polizeiberichten zufolge zahlreiche Zuschauer an.

Hören wir die Bemerkungen einiger dieser Schaulustigen über die vorbeifahrenden Todeskarren:

> – Mein Gott, wann werden wir von dem Blutvergießen endlich genug haben?
> – Wenn es keine Schuldigen mehr gibt.

Ein anderer:

- Wie wenig ist ein Menschenleben wert.
- Wenn man auch fürs Denken unter die Guillotine käme, antwortete ein anderer, wie vielen ginge es dann an den Kragen!

Ein dritter schließlich:
- Reden wir nicht so laut, jemand könnte uns hören, und verpfeifen...

Tags darauf hört ein anderer Polizist, der am Nachmittag der Hinrichtung mehrerer Verurteilter beiwohnt, eine Frau neben sich ausrufen:

- Wie abscheulich!

Über diese Worte [schreibt er] entrüsteten sich mehrere Bürger:
- Was soll das heißen? Wollen Sie damit etwa sagen, Sie seien dagegen, daß man die Verschwörer bestraft?
- Nein, aber ich meinte, es ist doch erstaunlich, daß nach all den Hinrichtungen die anderen immer noch keine Lehre daraus gezogen haben.

Und der Bürger Pourvoyeur bemerkt:

Im Gerichtssaal und auf der Place de la Révolution drängen sich immer die Menschen. Aber das Volk ist von der anscheinenden Standhaftigkeit der Schuldigen wenig beeindruckt. Es sieht ruhig zu, bis der letzte hingerichtet ist, und beklagt sich sogar, daß es nicht schnell genug geht.

Es waren die gleichen Gaffer, denen der Bürger Tunduti de la Balmondière vom Karren herunter entgegenschleuderte: »Diese Feiglinge, diese Dummköpfe, sie wollen die Republik, dabei haben sie nichts zu essen! Aber ich sage euch: in weniger als sechs Wochen werdet ihr einen König haben, und genau das ist es, was wir brauchen!«

Tatsächlich kam es vor, daß beim Vorbeifahren der Karren in der Menge gemurmelt wurde: »Die haben es gut, die brauchen wenigstens nicht mehr beim Fleischer oder anderswo Schlange zu stehen, um nur die notwendigsten Lebensmittel zu ergattern.«[103]

Am 4. Thermidor des Jahres II fahren fünf Karren in Richtung des Vororts Saint-Antoine. Ein Priester versucht, ohne Aufsehen zu erregen, sich den Frauen in einem der Karren zu erkennen zu geben.

Ein Gewitter tobt, der Wind wird zum Sturm und zerzaust die Damen, die auf dem elenden Brett, die Hände auf dem Rücken zusammengebunden, hin und her schwanken. Der Marschallin von Noailles reißt er fast die Haube vom Kopf, unter der ein paar graue Haare zum Vorschein kommen. Sogleich wird sie von den Leuten, die trotz des Unwetters herbeigelaufen sind, erkannt. Allein auf sie haben sie es abgesehen, und ihre Beschimpfungen verschlimmern noch die Pein, die sie geduldig erträgt:
Da ist sie also, die Marschallin, rufen sie spöttisch, auf so großem Fuß hat sie gelebt, in einer so schönen Kutsche ist sie gefahren..., jetzt sitzt sie im Karren wie die anderen![104]

Es kommt zu Zwischenfällen. Einige Aufwiegler bewerfen die Verurteilten mit Schmutz, beschimpfen und verhöhnen sie, erst recht, wenn die Todgeweihten in dem »Sarg der Lebenden« oder der »Karosse mit 36 Wagenschlägen«, wie die Karren spöttisch genannt werden, eine stoische Haltung bewahren. Manchmal versetzen Ausrufe wie das »Rettet mich, meine Freunde, ich beschwöre euch!« der Madame du Barry die Menge auch in stumme Verwunderung.
Fast in allen Polizeiberichten wird die außerordentliche Tapferkeit der Verurteilten hervorgehoben. Am 2. Januar 1794 vermerkt Pourvoyeur:

[...] Mehrere Strafgefangene wurden guillotiniert [...]. Unter ihnen befand sich ein junges Mädchen, dessen heitere Miene, die sie bis zum letzten Augenblick bewahrte, das Volk in Erstaunen versetzte. Auf dem Weg zum Schafott rief sie ununterbrochen: »Es lebe das Kaiserreich! Es lebe der Kaiser!« Das Volk mußte zugeben, daß es soviel Mut, oder besser gesagt soviel Kühnheit noch nie gesehen hatte. Dieses Mädchen ist 22

Jahre alt. Nach der Urteilsverkündung hat sie den Richtern und dem Volk prophezeit, ihr Vater und ihr Bruder würden ihr Blut rächen.[105]

Nicht alle können das blutige Schauspiel ertragen; manche fallen in Ohnmacht:

> Man kann nicht mehr aus dem Haus gehen, ohne die Guillotine oder die, die sie besteigen müssen, zu sehen. Dieser Anblick wird die Kinder grausam machen, und bei den schwangeren Frauen sind Mißgeburten zu befürchten: Kreaturen, die am Hals gezeichnet oder starr wie Statuen auf die Welt kommen infolge der schrecklichen Eindrücke ihrer Mütter angesichts dieser schaurigen Szenen...[106]

Viele Pariser gehen den Todeskarren aus dem Weg. Selbst die damalige Presse äußert sich nur in gemäßigtem Ton zu diesem Thema. Dagegen enthalten die Polizeiberichte ausführliche Einzelheiten über die letzten Augenblicke der Verurteilten. Am 31. Oktober 1793 werden 21 Girondisten auf den Richtplatz geführt:

> Es entging den Zuschauern nicht, daß die Schurken im ersten Wagen sich anscheinend gut amüsierten, besonders Fonfrède, der in schallendes Gelächter ausbrach; die anderen unterhielten sich. In den nachfolgenden Wagen ging es nicht anders zu, so als wären sie sich ihres Schicksals nicht bewußt [...]. Sillery wurde als erster hingerichtet. Die, die ihm folgten, haben einen Mut gezeigt, wie er nur Bösewichten zu eigen ist. Das Volk empörte sich über sie. Sie wurden allesamt in 26 Minuten exekutiert und zwar mit solcher Heftigkeit, daß mehrere Köpfe vom Blutgerüst herunterrollten. Alle standen am Fuße des Schafotts, und Brissot war als Letzter an der Reihe. Nachdem der sechste hingerichtet worden war, bemerkte ich, daß viele Zuschauer sich mit allen Anzeichen des Entsetzens betreten zurückzogen.[107]

Diejenigen, die sich versammeln, um die Karren vorüberziehen zu sehen, treibt meist nur die Neugierde, bekannte Gesichter wiederzuerkennen. Im Verlauf einer einzigen Woche sehen sie Adam

Lux, den postumen Liebhaber Charlotte Cordays, der mit Enthusiasmus das Schafott besteigt; Olympe de Gouges, die vom Karren herab auf das Volk einredet; den Herzog von Orléans, gelassen und schweigsam; Madame Roland, einer Statue gleich; Bailly, den ersten Bürgermeister von Paris, für den die Guillotine eigens auf dem Marsfeld errichtet wurde, zum Andenken an jenes Gemetzel, für das man ihn verantwortlich machte. Daneben rollen die Köpfe ehemaliger Mitglieder der Nationalversammlung, hoher Offiziere und Minister – Persönlichkeiten, über die tausend Anekdoten, ob wahr oder falsch, erzählt werden.

Eine Episode:
Die Abfahrt aus dem Gefängnis »Les Oiseaux«

Nur wenige Tage vor dem Sturz Robespierres wurde die Aufmerksamkeit des Revolutionstribunals auf eine wenig bekannte Haftanstalt gelenkt, das Gefängnis »Les Oiseaux«, das in der Rue de Sèvres, nicht weit vom heutigen Boulevard des Invalides lag.[108] Ein Agent des Tribunals, ein gewisser Ducret, hatte in Issy das Schloß und den Park der Prinzessin von Chimay besichtigt und bei dieser Gelegenheit erfahren, daß sich die Prinzessin in dem »Haus der Verdächtigen« in der Rue de Sèvres befinde. Diese Nachricht kam Fouquier-Tinville durchaus gelegen: »In den Oiseaux? Dabei suche ich sie schon seit drei Monaten!« rief er aus.[109]

Sicher war es der Besuch des Bürgers Ducret, der das Interesse des Öffentlichen Anklägers auf diese Anstalt lenkte, deren Insassen sich günstigerer Haftbedingungen erfreuten als andere Gefangene. In der Mehrzahl handelte es sich um Reiche und Aristokraten, die einen hohen Pensionspreis bezahlten, wofür ihnen jedoch in manchen Fällen gestattet wurde, ihre Kinder und Hausangestellten zu sich zu nehmen und sich ihre Verköstigung außerhalb des Gefängnisses besorgen zu lassen. Auch um die Hygiene war es nicht schlecht bestellt, und die Gefangenen konnten sich in den verschiedenen Teilen des Hauses, zu dem auch ein Garten gehörte, frei bewegen. Die meisten waren weniger um ihr eigenes Los besorgt als um das ihrer Angehörigen, die im Karmeliterkloster oder in Saint-Lazare inhaftiert waren.

Tatsächlich waren aus dieser Haftanstalt, hinter deren Mauern die namhaftesten Aristokraten in privilegierten Verhältnissen lebten, nur drei Gefangene innerhalb von sechs Monaten in die Conciergerie gebracht und verurteilt worden – bis zu jenem Morgen des 7. Thermidor. Doch hören wir, wie einer der Gefangenen, der Präsident d'Hornoy, in bewegten Worten den Abzug aus den »Oiseaux« schildert:

Die Glocke schlägt. Das war ein Zeichen, daß etwas Neues, Unerwartetes geschehen sein mußte. Doch alles Neue machte uns Angst und gab uns ein schreckliches Vorgefühl. Ich eile zur Tür und sehe mich im Eingang einem Koloß mit grimmigem Gesicht gegenüber. Auf der Brust trägt er eine Medaille und in der Hand einen Stoß Papiere. Er ist in Begleitung mehrerer Gendarmen. Ich höre, er sei ein Gerichtsbote des Revolutionstribunals, draußen warte ein Gespann mit vier Pferden, und man sei gekommen, um zwanzig oder fünfundzwanzig Gefangene abzuführen. Zu diesem Zweck müßten sich alle im Hof versammeln. Ich gehe ins Haus zurück und stelle fest, daß Madame d'Ossun sowie Madame de Maillé nicht da sind; Madame de Cuvilly ist in einem Zustand höchster Erregung, halb stütze ich sie, halb ziehe ich sie hinter mir her in den Hof, wo ich sie Platz nehmen lasse. Ich suche mit Schrecken die, denen ich mich am meisten verbunden fühle, und mein Herz zieht sich um so krampfhafter zusammen, je näher ich ihnen stehe. Im allgemeinen sehe ich mutige Mienen: auf den Gesichtern spiegelt sich mehr Verwunderung als Furcht. Der Hausmeister hat mit dem allgemeinen Aufruf begonnen, aber der Gerichtsbote unterbricht ihn, geht in die Mitte der Runde und ruft selbst auf: »Grammont d'Orsan«. Der entstellte Name klingt in allen Herzen wider, meines aber zerreißt er. Er ruft ihn zum zweitenmal aus. »Hier ist niemand dieses Namens«, antwortet eine Stimme. Er ruft zum drittenmal.

Da erhebt sich die unglückselige Madame d'Ossun, die niemand von uns anzublicken wagte. »Das kann nur ich sein«, sagt sie und geht festen Schrittes nach vorn. Der Gerichtsbote führt sie unter den Gewölbebogen hindurch zu einer dort aufgestellten Bank. Der unheimliche Todesverkünder setzt den Appell fort: »Darmentières, Chimay, Narbonne-Pelet, Cécile Quévrin, Quérhoënt, Maulévrier, Raymond de Narbonne.« Alle folgen sie dem Aufruf festen Schrittes, ohne schwach zu werden. Bei jedem Namen ertönt, obwohl die unglücklichen Opfer dem Aufruf auf der Stelle Folge leisten, das schadenfrohe und höhnische »Vorwärts, marsch!« unserer unbarmherzigen Kerkermeister.

Dann werden drei Männer aufgerufen. Der Herzog von Clermont-Tonnerre, der Marquis de Crussol d'Amboise, Monsieur de Saint-Simon, der Bischof von Agde. Dieser hatte von seinem Fenster her geantwortet, er käme herunter. Doch Leclerc brüllt mit der Grausamkeit eines Tigers seinen Namen noch ein paarmal durch den Hof, ebenso seinen Titel, den er mit dem Schafott büßen muß. Dann endlich erklärt er, für heute sei er am Ende der Liste angelangt.

Das war der schmerzlichste Moment. Die Furcht um das eigene Leben und das Leben derer, die uns am teuersten waren, konzentrierte sich nun ganz auf die elf Märtyrer aus unseren Reihen, die auf der Bank Platz genommen hatten. Es wurde ihnen untersagt, sich weiter fortzubewegen als bis zum Ufer des Baches, der für unsere unglücklichen Gefährten zum Styx geworden war.

Der Marquis de Crussol, dessen einziges Vergehen wohl sein Name war sowie der Zufall, der ihn zum Mitglied der Konstituante gemacht hatte, ging mit verwunderter Miene an dieser Grenze auf und ab und übertrat sie um zwei Schritte. »Ich habe dir doch verboten, diesen Bach zu überschreiten!« schrie ihn der Gerichtsbote an, und der Marquis ging auf seinen Platz zurück.

Die arme altersschwache und kränkliche Madame de Quérhoënt, die sich und uns mit ihren unentwegten Befürchtungen gequält hatte – was wir ihr ebenso unentwegt vorgeworfen hat-

ten, ging so festen Schrittes voran wie ihre Leidensgefährtinnen. Als sie an mir vorbeikam und ich sie sagen hörte: »Nun denn, meine Herren, waren meine Befürchtungen also nur Hirngespinste?« bereute ich von ganzem Herzen die Vorwürfe, die ich ihr gemacht hatte. Die Aufgerufenen wurden der Reihe nach in Begleitung eines Gefängnisschließers auf ihr Zimmer geschickt, um die notwendigsten Sachen zusammenzupacken. Madame de Narbonne-Pelet, eine alte und kranke Frau, mußte sich auf ihre Zofe Cécile Quevrain stützen, der das gleiche Los wie ihr beschieden war. Als sie aus ihrem Zimmer zurückkam, bat sie um eine Tasche. »Die hast du nicht mehr nötig!« schrie Antoine, ihr Begleiter, sie an, »vorwärts, marsch!«
Als der Herzog von Clermont-Tonnerre, ein vierundsechzigjähriger Greis und angesehener Offizier, den Hof durchquert, fragt er nach Monsieur de la Ferté, seinem intimen Freund und Verwandten, mit dem er das Zimmer teilte. Einer von uns will ihm antworten. »Keiner darf mit ihm reden!« schreit Leclerc, »vorwärts!«, und so konnte der Arme nicht einmal seinen Freund, der beim Aufruf des Herzogs in Ohnmacht gefallen war, zum Abschied umarmen.
Am tapfersten und ergreifendsten war wohl die noch so junge und liebenswürdige Gräfin Raymond de Narbonne. Man entriß sie ihrer zehnjährigen Tochter, die mit ihr zusammen wohnte. Sie erhält die Erlaubnis, für einen Moment den unseligen Bach zu überschreiten und geht in würdevoller Haltung auf die Herzogin von Choiseul zu, umarmt sie und sagt: »Madame, ich vertraue Ihnen meine arme Tochter an. Bitte, nehmen Sie sich ihrer in den ersten schweren Augenblicken wie eine Mutter an.« Und ruhig kehrt sie an ihren verhängnisvollen Platz zurück.
Nachdem der unselige Scherge alle seine Opfer versammelt und mehrmals gezählt hatte, ließ er sie eines nach dem anderen abführen; für immer entschwanden sie unseren Blicken und die Tür, die hinter ihnen ins Schloß fiel, wurde für uns zum Deckel ihrer Gruft.[110]

Bevor der Zug der Henkerskarren den Weg zur Conciergerie einschlug, machte er in Sainte-Pélagie halt, wo die ehemalige Prinzessin von Monaco abgeholt wurde.

Tags darauf, am 8. Thermidor, kurz bevor sie vor dem Revolutionstribunal erschien, schrieb Madame de Quérhoënt, der man ihren Anklageakt ausgehändigt hatte, einen tränengetränkten Brief an Fouquier:

> Es war mir bisher unbekannt, Bürger, weswegen man mich anklagte. Nun aber stelle ich fest, daß man mich der Emigration beschuldigt, obwohl ich in meinem ganzen Leben nicht eine Minute Frankreich verlassen habe.
> Ich bitte Dich, Bürger, um die Erlaubnis, mir meine Aufenthaltsbescheinigung bei meinem Agenten, dem Bürger Du Motel, zu besorgen. Er wohnt Rue de l'Université bei einem Bäkker, ich glaube, Nummer 492, aber auf jeden Fall an der Ecke zur Rue de Bellechasse. Ich grüße Dich brüderlich.
>
> Donge-Quérhoënt.[111]
> 8. Thermidor.

Die arme Frau wurde wie die anderen zum Tod verurteilt.

Cécile Quévrin, das Zimmermädchen der Madame de Narbonne, erklärte, sie erwarte ein Kind von einem Händler namens Bouchot. Auch die Prinzessin von Monaco gab sich für schwanger aus. Beide wurden in das Hospiz des Revolutionstribunals überwiesen, während man ihre Schicksalsgefährtinnen zum Schafott führte.

Cécile Quévrin, »drittes Zimmermädchen der Madame de Narbonne«, war angeklagt, ihrer Herrin ins Ausland gefolgt zu sein und ihr bei ihrer Rückkehr geholfen zu haben, zahlreiche Emigranten bei sich aufzunehmen.

Im Hospiz des Tribunals richtete sie eine »Denkschrift« an den Konvent, in der sie ihre Unschuld beteuert:

> Bürger,
> Noch einmal bittet Euch die Bürgerin Cécile Quévrin um Gnade, und dies im Namen des Höheren Wesens, der Gerechtigkeit und Menschlichkeit sowie im Namen eines unglücklichen neun-

zigjährigen Vaters, dem ich die einzige Stütze bin, auch eines Bruders, der in der Schlacht von Jemmapes ein Bein verloren hat und für den ich fünf Monate lang, während er im Krankenhaus von Valencienne lag, mein Geld bis auf den letzten Pfennig ausgegeben habe.

Ihr habt gestern mein Todesurteil vernommen, doch wißt Ihr, daß ich unschuldig bin, und daß allein der unglückselige Titel einer Vertrauensperson, den ich in jeder Hinsicht verleugne, mich ins Verderben stürzt. Wie denn, man läßt eine Frau, die der Bürgerin Narbonne elf Jahre lang gedient und sich sicherlich mehr als ich ihr Wohlwollen zugezogen hat, ungeschoren? Mich aber, die ich mich aus Gutherzigkeit bei ihr verdingt habe, um ihr auf ihre alten Tage zu dienen, mich will man zugrunde richten! Glaubt mir, es ist nicht sosehr das Leben, das ich bedaure, es ist mein armer Vater.

Gestern, als man mich zum Tribunal berief, glaubte ich, gerettet zu sein. Ich gebe zu, daß ich mit der Ruhe und Gelassenheit der Unschuld vor dem Gericht erschien; ich war überzeugt, daß man mich freisprechen würde, als ich die Bürger D'Aine [sic] und Poincelot erblickte. Ich glaubte, sie wären meine Schutzengel. Ganz sicher haben sie mich zu sehen verlangt, doch hat man – ich weiß nicht warum – ihrer Bitte nicht stattgegeben. Solltet Ihr es nicht wagen, Bürger, ein wahres Wort einzulegen, um ein unglückliches Opfer zu retten? Nein, ich gebe die Hoffnung nicht auf, daß es noch immer Gerechtigkeit und Menschlichkeit auf dieser Welt gibt.

Darum, Bürger – wer Du auch seist, der Du dieses Schreiben erhältst – flehe ich Dich an, eile sogleich zum Konvent und verteidige dieses kurze Memoire, auf daß alle guten Republikaner mir die Gerechtigkeit widerfahren lassen, die mir gebührt. Es ist undenkbar, daß sie anders handeln. Ich bitte Dich nur, ein einziges wahres Wort für mich einzulegen und zu sagen, daß ich niemals die Vertrauensfrau der Bürgerin Narbonne war, nein, niemals. Ich habe mich nicht gefürchtet, sechs Monate nach den anderen, die man in Ruhe läßt, in den Dienst der Bürgerin Narbonne zu treten...

Ich bitte Euch, Bürger [unleserliches Wort], wie dankbar wäre ich Euch, wenn Ihr mir das Leben retten würdet!
Mit brüderlichem Gruß.
Aus Angst vor dem Tode habe ich mich für schwanger ausgegeben. Man hat mich ins Hospiz überwiesen. Die Zeit drängt. Ich beschwöre Euch, überlaßt mich nicht meinem Schicksal.[112]

Während Cécile Quévrin in Todesangst diesen Brief verfaßte, richtete die Prinzessin von Monaco folgendes Billett an Fouquier-Tinville:

Bürger,
Hiermit teile ich Ihnen mit, daß ich nicht schwanger bin. Ich wollte es Ihnen persönlich sagen, aber da ich kaum darauf hoffen kann, Sie zu sehen, teile ich es Ihnen schriftlich mit. Ich habe meinen Mund mit dieser Lüge nicht aus Furcht vor dem Tode beschmutzt, auch nicht, um ihm zu entgehen, sondern allein um einen Tag zu gewinnen, damit ich mir selbst die Haare abschneiden kann, auf daß sie nicht in die Hände des Henkers geraten. Da es das einzige Vermächtnis ist, das ich meinen Kindern hinterlassen kann, soll es wenigstens unbefleckt sein.
Choiseul-Stainville-Joseph-Grimaldi-Monaco, eine ausländische Fürstin, die infolge der Ungerechtigkeit der französischen Richter stirbt.

Die Prinzessin hatte wirklich besonderes Pech gehabt: Am 21. September 1791 hatte das Fürstentum Monaco ein Bündnis mit Frankreich geschlossen. Doch aufgrund eines Rapports des Generals Carnot hatte der Konvent am 14. Februar 1793 den Anschluß Monacos an Frankreich erklärt.

Vor diesem Datum galt die Prinzessin als Ausländerin und war von den Emigrationsgesetzen nicht betroffen. Unbesorgt um ihr beträchtliches Vermögen unternahm sie eine Reise nach Rom, wo ihr Verkehr mit zahlreichen Gegnern der Revolution nicht unbemerkt blieb. Man sah sie in Gesellschaft von Lord und Lady Hamilton, der Herzogin von Fleury und von Madame Vigée-Lebrun, die ihre »charmante Gestalt« bewunderte.

Als sie im Frühjahr 1793 unerwartet zur französischen Bürgerin wurde, kehrte sie eiligst nach Monaco zurück, um nicht auf die Liste der Emigranten gesetzt zu werden und die Beschlagnahmung ihrer Güter zu verhindern. Aber in Paris, wo sie ihre Papiere in Ordnung bringen wollte, wurde sie verhaftet. Gegen Vorweis von Aufenthaltsbescheinigungen, die man ihr aus Gefälligkeit ausgestellt hatte, und gegen Bezahlung einer Bürgschaft wurde sie zunächst wieder auf freien Fuß gesetzt. Leider aber hatte sich ihr Gemahl in der Zwischenzeit zu den Aufständischen in der Vendée geschlagen, und da sich das Ehepaar vorher unvorsichtigerweise nicht hatte scheiden lassen, war es um die Sicherheit der Prinzessin geschehen. Von neuem wurde ein Haftbefehl gegen sie ausgestellt.

In ihrer bedrohten Lage suchte sie zunächst bei ihrer Freundin Rollet d'Avaux Zuflucht. Um diese jedoch nicht auch in Gefahr zu bringen, soll sie sich dann in der ehemaligen Benediktinerabtei von Panthémont in der Rue de Grenelle versteckt gehalten haben.

Im Winter 1793/94 wurde sie endgültig festgenommen und in der Petite-Force inhaftiert, wo die Gefangenen besonders harten Bedingungen ausgesetzt waren. Sicherlich hat sie einiges unternommen, um in ein anderes Gefängnis überstellt zu werden. Jedenfalls läßt ein bisher unveröffentlichtes Billett, von einem gewissen Ferré unterzeichnet und an die Prinzessin gerichtet, darauf schließen:

> Haben Sie den Unbekannten über Ihre Überstellung informiert? Er muß es unbedingt wissen. Lassen Sie mir sagen, wie es Ihnen geht. Meine Gefühle sind mit Ihnen, wohin Sie auch gehen. Seien Sie meiner ergebenen Anteilnahme versichert.

Um wen es sich bei diesem »Unbekannten« handelt, ist rätselhaft. Jedenfalls wurde die Prinzessin kurz darauf in das Gefängnis »Les Anglaises« und am 27. Germinal, zusammen mit elf anderen Frauen, nach Sainte-Pélagie überstellt. In den ersten Tagen des Thermidors wurde sie von Ferrières-Sauvebeuf, einem der Spitzel in der Force, denunziert und zusammen mit ihrem Sachwalter, dem Bürger Viotte, und den Gefangenen aus den »Oiseaux« zum Tod verurteilt.

Nachdem sie ihr Haar zu einem Zopf geflochten und mit einer

Glasscherbe abgeschnitten hatte, schrieb sie folgenden Brief an ihre Kinder:

> Meine Kinder, hier habt Ihr mein Haar. Ich habe meinen Tod um einen Tag hinausgezögert, nicht etwa aus Furcht vor dem Tode, sondern weil ich Euch dieses traurige Andenken vermachen wollte. Ich wollte es nicht dem Henker überlassen und hatte kein anderes Mittel als dieses. So habe ich einen Tag länger in der schrecklichen Erwartung des Todes verbracht, doch [gestrichene Worte, Anm. d. Verf.] bereue ich es nicht.
> Ich wünsche, daß Ihr mein Haar in einem gläsernen Gefäß aufbewahrt und es mit schwarzem Kreppflor bedeckt, diesen aber nur drei oder viermal im Jahr in Eurem Zimmer abnehmt, um die Überreste Eurer unglücklichen Mutter vor Augen zu haben, die ihre Liebe für Euch mit ins Jenseits nimmt, und die nur deshalb mit Bedauern aus dem Leben scheidet, weil sie Euch nicht mehr nützlich sein kann.
> Ich empfehle Euch Eurem Großvater. Wenn Ihr ihn seht, sagt ihm, wie oft ich an ihn gedacht habe und wie sehr ich hoffe, daß er Euch Vater und Mutter ersetzen kann. Ihr aber, meine Kinder, pflegt ihn auf seine alten Tage und tröstet ihn in seinem Unglück.

An die Gouvernante ihrer Kinder, die Bürgerin Chevenoy, aber schrieb sie:

> Ich habe Ihnen bereits geschrieben, aber nun möchte ich Ihnen nochmal meine Kinder empfehlen. Wenn Sie dieses Billett erhalten, werde ich nicht mehr am Leben sein, doch hoffe ich, daß Sie sich meiner armen Kinder annehmen werden, für die man nur noch Mitleid haben kann. Zum Andenken an mich habe ich Ihnen den Ring mit dem Namen meiner Kinder geschickt, Sie werden ihn sicherlich erhalten haben.
> Es ist das einzige, was ich noch besitze. Sorgen Sie dafür, daß Louise erfährt, aus welchem Grund ich meinen Tod aufgeschoben habe, damit sie nicht glaubt, ich sei schwach geworden.[113]

Paris de l'Épinard, der sich im Hospiz des Revolutionstribunals befand, erblickte die Prinzessin am Morgen des 9. Thermidor »in einer Reihe von Frauen, die aus der Frauenabteilung abgeführt wurden. Ihr war keine andere Gefühlsregung anzusehen als die berechtigte Empörung gegen ihre Mörder«. Sich den Gefangenen zuwendend, sagte sie: »Bürger, ich gehe mit dem Gleichmut einer Unschuldigen in den Tod. Möge euch ein besseres Los beschieden sein als mir...« Dann übergab sie ihr Haar und ihre Briefe dem Pförtner, der sie zum Henkerskarren führte, mit den Worten:

> Schwöre mir vor diesen ehrbaren Leuten, die das gleiche Schicksal erwartet, daß du mir diesen letzten Dienst erweisen wirst, den ich von den Menschen noch erhoffe.

Danach wandte sie sich an eine Frau (wahrscheinlich Cécile Quévrin), deren »Niedergeschlagenheit« Mitleid erregte, und sagte zu ihr: »Nur Mut, meine liebe Freundin, seien Sie tapfer! Nur wer ein Verbrechen begangen hat, darf Schwäche zeigen.«

Zwei »Verschwörerinnen« aus Saint-Lazare, Madame de Butler und die Gräfin de Périgord, die ebenfalls vorgegeben hatten, schwanger zu sein, begleiteten sie. Dann erreichten die vier Frauen, von denen die Älteste nicht mehr als 32 Jahre alt war, die Gruppe derer, die das Revolutionstribunal an diesem Tage zum Tod verurteilt hatte. Es war der 9. Thermidor, und während sich der Zug der Henkerskarren langsam auf die Rue du Faubourg-Saint-Antoine zu bewegte, vernahm man in der Ferne Sturmgeläute. Das Gerücht vom Sturz Robespierres und seiner Anhänger lief bereits durch die Straßen von Paris...

Es heißt, der Zug wäre vom Volk angehalten worden. Schon sprach man davon, die Exekution aufzuschieben. Da kam im gestreckten Galopp Hanriot, der General der Pariser Nationalgarde, angesprengt und befahl, den Weg freizugeben und das Tempo zu beschleunigen...

Zwanzig Minuten später kamen sie vor dem Schafott an. Die Karren, von Gendarmen umringt, machten halt, und die Verurteilten wurden in zwei Reihen aufgestellt, mit Blick auf den Vorort von Saint-Antoine. Blaß, gespannt, trotz der glühenden Hitze fröstelnd senkten manche den Kopf oder schlossen die Augen.

Der erste wird aufgerufen. In den nächsten dreißig Sekunden folgen drei dumpfe Töne aufeinander: das Brett kippt um, klappt über dem Nacken des Opfer zusammen, und schon saust das Messer herab... Der nächste steht bereit. Man ruft den dritten auf.

Es war die Prinzessin von Monaco. Auch sie stieg die Stufen empor. Auf der Plattform erstrahlte ihre Jugend im blendenden Licht der Julisonne.

ANHANG DES 1. TEILS

Das Geld in den Gefängnissen des Terrors

Wer sich eingehend mit den Gefängnissen der Schreckensherrschaft befaßt, erkennt bald, welch bedeutende Rolle die finanziellen Aspekte in diesem Zusammenhang spielten. Es kommt zu einem regelrechten Wettrennen zwischen den Besitzern großer Vermögen, denen es darum geht, ihre Güter zu retten, und der Republik, die das Geld für ihre Staatskasse dringend braucht. Nicht zu vergessen sind die politischen Absichten der konterrevolutionären Bewegung, die den Untergang der Republik dadurch herbeiführen will, daß sie den finanziellen und wirtschaftlichen Schwierigkeiten, mit denen diese zu kämpfen hat, noch erhöht.

Den Konterrevolutionären geht es darum, der Revolution und dem Mann, der zu ihrem Symbol geworden ist – Robespierre – Einhalt zu gebieten. Welches bessere Mittel böte sich dafür, als insgeheim auf jede nur mögliche Weise den Terror zu verstärken? Das kann den Sturz Robespierres nur beschleunigen. Und am 10. Thermidor des Jahres II ist er es denn auch, auf den sich der Haß der Massen konzentriert. Tausende von Schriften machen ihn zum Gegenstand des allgemeinen Abscheus, der für lange Zeit im kollektiven Gedächtnis haften bleibt. Davon zeugen unter anderen diese hundert Jahre später geschriebenen Zeilen:

> Diese Ansicht hat sich seit langem verfestigt, und falls sie bedauerlich wäre, was ich nicht annehme, wäre niemand imstande, sie zu ändern oder abzuschwächen. Der Haß auf Robespierre ist im Volksdenken ebenso fest verankert wie der Ruhm Napoleons.

Von ehemaligen Terroristen, Geschäftsleuten und Royalisten wurde gleichzeitig eine ganz außergewöhnliche Kampagne zur Desinformation und Entstellung der Tatsachen inszeniert. Es waren eben jene, gegen die Robespierre noch einige Wochen vor seinem Tode gewettert hatte, jene, »für die die Revolution ein Geschäft, das Volk ein Instrument, das Vaterland eine Beute war«, sowie die, »welche in ihrer Gier nach Gold und Macht ungeniert die Gleichheit predigten, sich über die Spekulationsgeschäfte empörten und mit den Spekulanten das Staatsgut unter sich aufteilten...«.[114]

Nur wenige seiner Zeitgenossen waren aufrichtig in bezug auf Robespierre. Geben wir jedoch der sehr royalistischen Aimée de Coigny, Herzogin von Fleury und aktiven Agentin des englischen Geheimdienstes, das Wort:

> Unter seiner Herrschaft wurde ich ins Gefängnis geworfen, hätte beinahe meinen Kopf verloren und mußte mitansehen, wie viele meiner Freunde und Angehörigen, Männer wie Frauen, zum Schafott geführt wurden. Wenn der Gedanke an ihn mich so wenig rachsüchtig stimmt, so deshalb, weil ich glaube, man hat seinen Namen mit all den Greueltaten derer belastet, die ihm vorangingen, ihn umgaben, verrieten und vernichteten [...]. Die beflissensten Schmeichler waren die erbarmungslosen Mörder und haben sein Andenken mit dem Blut des Terrors befleckt, dem er, hätte er ihre Köpfe preisgegeben, ein Ende hätte setzen können.
>
> Indem sie Robespierre um seinen Kopf brachten, haben diese Elenden gleichzeitig ihre jakobinische Revolution enthauptet sowie das System, auf das sie bauten, um seine Nachfolge anzutreten. Sie hatten gerade noch Zeit, mit der Legende, die sie verbreiteten, schlecht und recht Schritt zu halten. Im Gedächtnis der Menschen kommen die Besiegten immer schlecht weg. Doch bin ich gern bereit, Herrn von Robespierre zumindest den schönen Namen des Unbestechlichen zu lassen...[115]

Zu jenen, welche die Schreckensherrschaft heraufbeschworen, die Repression absichtlich angeheizt und zweifelhaften Geldgeschäften Vorschub geleistet hatten, gehörten auch einige Mitglieder des Sicherheitsausschusses. Allen Denunzianten zum Trotz hatte keiner von ihnen das Blutgerüst besteigen müssen, und manche wurden sogar zur Zeit des Direktoriums und des Kaiserreichs mit Ruhm und Ehren überhäuft. Lecointre, ein Abgeordneter aus Versailles, hatte sie beim Konvent angezeigt, aber das Verfahren gegen sie war aufgrund von Rivalitäten mit Tallien und anderen Thermidorianern eingestellt worden.[116]

Dabei waren sie für die Festnahme Hunderter Personen verantwortlich, die ohne Berücksichtigung des Artikels 9 des Gesetzes vom 17. September 1793 erfolgte. Aufgrund dieses Artikels hätten sie dem Ausschuß die Identität und den Grund für die Verhaftung der festgenommenen Personen mitteilen müssen. Dazu der Kommentar von Foignet, der im Gefängnis der »Anglaises« inhaftiert gewesen war:

> Nein, niemals wird man vergessen, daß er [der Ausschuß] Tausende von Haftbefehlen unterschrieben und ausgehändigt hat, ohne Untersuchung und ohne sich an die Gesetze zu halten, die den Häftlingen zustatten gekommen wären, nie wird er über seine Verantwortung für den Mord unzähliger Opfer hinwegtäuschen können. Solche Schandtaten machen diejenigen, die sie begangen haben, zu Kriminellen in den Augen der Nation. Je mehr Mut es erfordert, die mit einer großen Revolution unvermeidlich verbundenen Übel zu ertragen, desto strenger sollte man mit jenen verfahren, die sich die vorübergehende Verwirrung zunutze machen und ihre Macht zur Unterdrückung eines Teils jener Bürger ausnutzen, von denen sie bevollmächtigt wurden, sich für ihr Wohlergehen einzusetzen. Werden sie etwa vorgeben, sie hätten nur Feinde des Staates hinter Schloß und Riegel gebracht? Es wäre leicht, sie Lügen zu strafen anhand all jener Beweisstücke, die sich in ihrem Besitz befanden und die zu den Freilassungen nach dem 10. Thermidor geführt haben...[117]

Gewiß ist, daß die Verhaftung von Adligen und reichen Bürgern nicht so sehr aufgrund ihrer Titel und ihres Standes erfolgte als vielmehr zu dem Zweck, ihre Güter nicht der Gegenrevolution zunutze kommen zu lassen.

Allerdings sah der Sicherheitsausschuß in seinem Eifer die Verdächtigen überall außer in seinen eigenen Amtszimmern. So weiß man heute, daß viele der im Sold des Auslands oder der emigrierten Fürsten stehenden Spione und Agenten in den Revolutionsausschüssen tätig waren und diese zu übertriebener politischer Gewaltanwendung anstachelten. Ihr Ziel war nicht nur, die Revolution in einem Blutbad ertrinken zu lassen, sondern auch, die Volksvertretung durch Korruption in Verruf zu bringen.

Es ist heute eine allgemein anerkannte Tatsache, daß Gefolgsmänner Dantons, wie Chabot, Basire, Alquier, Rovère und Guffroy, von dieser Korruption nicht unbefleckt blieben. Ihre Sympathien für die Konterrevolutionäre dagegen sind weit weniger bekannt, weil deren Spuren sorgfältig gelöscht wurden.[118] Nur Julien de Toulouse wurde später angeklagt, über die Gräfin von Beaufort in enger Beziehung zu einem der führenden Emigranten, dem Grafen von Lachâtre, gestanden zu haben, und er konnte sich nur mit größter Mühe von dieser Schuld reinwaschen.

Zwei Fälle scheinen das Bestehen der Korruption sowie der erwähnten Sympathie für die Gegenrevolutionäre zu bestätigen. Ein unveröffentlicher Brief, der im Gefängnis der »Anglaises« geschrieben wurde, deutet darauf hin, daß die Anhänger Dantons nicht selten den Emigranten dazu verhalfen, »das Vaterland an ihren Schuhsohlen mitzunehmen«. Dieser Brief stammt von Madame de Laubespin, die seit September 1793 zusammen mit ihrem Schwiegervater, der guillotiniert werden sollte, gefangengehalten wurde. Diese Elisabeth-Charlotte de Scorailles, Marquise Mouchet de Laubespin, war nicht nur aktiv an den gegenrevolutionären Komplotten beteiligt, sie hatte auch alle Hebel in Bewegung gesetzt, um das unerhörte Vermögen ihres Verwandten, des Herzogs von Châtelet, zu retten.

Als sie festgenommen wird und jeden Augenblick befürchten muß, vor das Revolutionstribunal geladen zu werden, beruft sie sich in einem Brief auf ihre Freundschaft mit den Abgeordneten Rovère und Guffroy und fleht um ihre Freilassung. Irrtümlich aber gelangte dieses Schreiben in die Hände des Pariser Überwachungsausschusses.[119]

Der zweite, recht verworrene Fall ist deshalb interessant, weil eines der namhaftesten Mitglieder des Sicherheitsausschusses, Amar, mitbetroffen ist. Ein Emigrant namens d'Aligre, ehemaliger Parlamentspräsident und einer der wohlhabendsten Männer seiner Zeit, hatte einen großen Anteil seines Besitzes einer gewissen Madame de Crussol anvertraut, die ebenfalls über ein ansehnliches Vermögen verfügte. Diese war im September 1793 der Konterrevolution verdächtigt und festgenommen worden. Und während jedermann sie im Gefängnis glaubte, lebte sie seit mehreren Monaten friedlich bei sich zu Hause. Als diese Unregelmäßigkeit entdeckt wurde, kostete sie die beiden mit ihrer Aufsicht beauftragten Bürger den Kopf.[120] Auch Madame de Crussol wurde unverzüglich in die Conciergerie eingeliefert und kurz darauf hingerichtet. Zuvor verhörte man sie jedoch über ihre Beziehungen zu Amar, dessen Name und Privatadresse in ihrem Notizbuch entdeckt worden waren. Höchstwahrscheinlich hatte sie es ihm zu verdanken, daß sie in ihrer Wohnung bleiben konnte – aber zu welchem Preis?

Auch einige Mitglieder des Revolutionstribunals schienen der Korruption erlegen zu sein. So nützte Coffinhal-Dubail, einer der Vizepräsidenten des Tribunals, seine einflußreiche Stellung dazu aus, seinen Landsmann Mesnil-Simon hinrichten zu lassen, mit dem er sich zwei Jahre zuvor auf einen wenig ruhmreichen Erbschaftsschwindel eingelassen hatte.[121] Und Dumas, ebenfalls Vizepräsident, veranlaßte die Festnahme der Bürgerin Pottier aus Lille, nachdem ihr Mann, ein namhafter Royalist, guillotiniert worden war. Sie hatte ihm seinen mangelnden Einsatz für die Rettung ihres Mannes vorgeworfen und mit der Enthüllung der Bestechungsgelder, die er bezogen hatte, gedroht. Der 9. Thermidor rettete ihr das Leben.[122]

Und wie steht es um Fouquier-Tinville? Von ihm wurde gesagt, er habe zwei Frauen aus Auteuil, den Damen de Boufflers, das Leben gerettet. Es ist möglich, daß der Erzieher der Boufflers-Kinder, der Fouquier nahestand, ihn dazu überredet hat.[123] Doch ist es keinem der zahlreichen Feinde des Öffentlichen Anklägers jemals gelungen, seine Bestechlichkeit zu beweisen. Dagegen weiß man, daß er das unredliche Verhalten der Mitglieder der Ausschüsse gedeckt hat. Auch ist er beschuldigt worden, Dokumente unterschlagen und gewisse Untersuchungsakten buchstäblich leer zurückgelassen zu haben.

In ihren Memoiren versichert Madame Roland, daß Dillon und Castellane, die der Komplizenschaft mit General Dumouriez angeklagt wurden, nur aufgrund der 30.000 Livres entlassen worden seien, mit denen sie den Abgeordneten Chabot bestochen hätten.[124] Aus einem unveröffentlichten Schriftstück, das in die Amtszeit Fouquier-Tinvilles fällt, geht hervor, daß auch er in diese mysteriöse Affäre verwickelt war.[125]

Allem Anschein nach ist die Freilassung der beiden Männer tatsächlich Chabot zu verdanken. Kurz darauf wurde Dillon wegen Teilnahme an einer Verschwörung von neuem festgenommen und konnte diesmal dem Fallbeil nicht entgehen.

Die redselige Madame Roland erwähnt noch einen anderen Fall von Bestechung, der auf den Sommer 1793 zurückgeht:

> Am 22. August sehe ich mich einem Fräulein Briant gegenüber, wohnhaft Cloître Saint-Benoît Nr. 207, die sich von ihrem Freund, einem Hersteller falscher Assignaten, aushalten läßt. Dieser ist zwar denunziert, seine Festnahme jedoch dank reichlicher Bezahlung der Beamten lediglich vorgetäuscht worden: Der mit seiner Verfolgung und Festnahme beauftragte Gendarm kennt sein Versteck; seine Mätresse wird der Form halber ebenfalls festgenommen, aber statt sie zu verhören, geben ihr die Kommissare in Wirklichkeit Auskunft über ihren Freund; und bald werden beide wieder auf freien Fuß gesetzt, weil es ihnen nicht an Geld mangelt, dafür zu bezahlen.[126]

Madame Roland zufolge gibt Fouquier-Tinville selbst das Beispiel für ein solches Verhalten:

> Fouquier-Tinville, der Öffentliche Ankläger des Revolutionstribunals, der bekannt ist für seine unmoralische Lebensführung und seine schamlose Methode, Anklageakte aus der Luft zu greifen, läßt sich von den Angeklagten bezahlen. Madame de Rochechouart hat ihm 80.000 Livres für den Emigranten Mony

zukommen lassen; Mony wurde hingerichtet und Madame de Rochechouart mit lebenslänglicher Gefängnishaft bedroht, falls sie die Sache laut werden ließe.[127]

Dieses Zeugnis ist zwar teilweise zutreffend, aber apokryph, denn zu der Zeit, als der Notar Mony aus Lyon unter dem Verdacht der Komplizenschaft mit Madame du Barry von der Polizei behelligt wurde, war Madame Roland schon seit drei Monaten tot. Doch stimmt es, daß die Gräfin von Rochechouart sich auf höchster Ebene für ihn einsetzte und ihn vor dem Blutgerüst rettete. Sie kannte mehrere Mitglieder der Bergpartei, schien insbesondere mit Hébert eng befreundet zu sein und gab beachtliche Summen für die Freilassung von Gefangenen aus.

In einem anderen Fall, dem der Marquise de Peysac, wird ein Geschworener des Revolutionstribunals namentlich der Korruption bezichtigt. Die reiche Witwe stand unter Anklage, Gelder nach Holland überwiesen zu haben – ein Vergehen, auf das der sichere Tod stand. Lord Massereene, einer ihrer Freunde, hatte, um sie zu retten, versucht, mehrere Geschworene zu kaufen. Einer von ihnen, Garnier-Launay, scheint auf den Handel eingegangen zu sein, wie der wenige Augenblicke vor der Besteigung des Schafotts verfaßte Beschwerdebrief der Marquise bezeugt:

> Ich habe keinen Grund, die für meine Verurteilung verantwortlichen Geschworenen zu beschuldigen – mit Ausnahme des Bürgers Garnier, falls dieser von Milord Massereene Geld bezogen hat. Sie haben mir vorgeworfen, ihre Bezahlung zu verhindern, dabei war ich allein in der Lage, ein Übereinkommen mit ihnen zu treffen, demzufolge ihnen 2000 Livres in bar und soundsoviel pro Jahr zu bezahlen war, doch haben die meisten Geschworenen diesen Vorschlag abgelehnt.
> Alles, was ich hier angebe, kann ich beweisen: Die Bank von Milord Massereene sollte die besagten Geldsummen ausstellen. Wenn der Bürger Garnier das Geld von dem Konto Massereenes nicht abgehoben hat, ziehe ich meine Anklage gegen ihn zurück.
> Mit brüderlichem Gruß.
> Den 18. Pluviôse. Chapt-Peysac.[128]

Offensichtlich hat die Korruption zu jener Zeit eine wichtige Rolle gespielt, und Vermögen und Besitz wurden in den Gefängnissen auf die verschiedenste Weise umgeleitet. Dies betraf natürlich nur die reichsten Gefangenen, deren Vermögen auf mysteriösen Wegen verschoben wurde. Die Akteure dieser Transaktionen waren, wenn auch in unterschiedlichen Rollen, immer die gleichen: die Mitglieder des Sicherheitsausschusses, ihre Agenten und Spitzel, Fouquier-Tinville, die Richter und Geschworenen des Revolutionstribunals, die Hébertisten in der Polizeiverwaltung und die Pariser Mittelsmänner der Emigranten und Bankiers.

Welche Ziele verfolgten diese Leute? Die einen hofften, ihren Kopf, aber auch ihre Güter retten zu können; die anderen, denen letztere zufielen, waren sich nicht einig über deren Verwendungszweck. Wieviele Wertpapiere gelangten nach hartnäckigen Verhandlungen letztlich doch nicht in die Staatskasse, sondern mittels diskreter Manöver in den Geldschrank einer Bank in Lüttich oder Lausanne! Man kann sich vorstellen, daß in diese Transaktionen in letzter Minute manchmal auch die höchsten Regierungsstellen verwickelt gewesen sein müssen. Bei der Verhaftung des früheren Finanzministers, Emmanuel Roettiers (siehe S. 228–231), wegen Unterschlagung von Staatsgeldern stellt sich heraus, daß er Treuhänder von Emigrantengütern ist, die ihm in Form von Schenkungen oder gefälschten Schuldscheinen anvertraut wurden. Eine Woche vor seinem vorhersehbaren Todesurteil stattete ihm sein Notar, Denis de Villières, einen Besuch in der Conciergerie ab.[129] So konnte Roettiers durch einen notariellen Akt vom 12. Ventôse seine Frau zur unumschränkten Verwaltung und Bewirtschaftung seines gesamten gegenwärtigen und künftigen Vermögens bevollmächtigen. Sie traf die nötigen Maßnahmen, so daß zwei Tage später kein Wechsel mehr auf den Namen ihres Mannes ausgeschrieben war. Man verdächtigt Cambon, den Vorsitzenden der Finanzkommission des Konvents[130], seinem Freund Roettiers, den er vor dem Fallbeil nicht mehr retten konnte, diesen nützlichen Ratschlag gegeben zu haben.

Auch in einer anderen Affäre, in der es ebenfalls um mehrere hunderttausend Livres ging, soll Cambon seine Hand im Spiel gehabt haben. Im Januar 1794 wird er mit der Überprüfung der Konten des Schweizer Bankiers Perrégaux beauftragt, dessen finanzielle Unterstützung der Emigranten ruchbar geworden ist. Lafitte zufolge, dem späteren Präsidenten der Banque de France und damaligen Angestellten Perrégaux', soll sich Cambon bei der Suche nach Beweisen für die Zusammenarbeit Perrégaux' mit Emigranten und Konterrevolutionären nicht besonders beflissen gezeigt haben.[131] Dabei hätte es an Indizien nicht gemangelt, denn der Schweizer, der offiziell die Aufgabe hatte, die kommerziellen Unternehmen der französischen Regierung im Ausland zu unterstützen, unterhielt die besten Beziehungen zu der englandfreundlichen Bankiersfamilie Necker. Der Frankfurter Bankier Gumpelsheimer war sein Teilhaber, und überdies stand er in Verbindung mit der englischen Regierung, die ihn beauftragt hatte, in Frankreich Unruhestifter auszuhalten, um die Regierung zu ultrarevolutionären Maßnahmen zu veranlassen und so ihren Untergang heraufzubeschwören. Übrigens wurde bei Danton ein Brief des Foreign Office an Perrégaux gefunden, der ausführliche Anweisungen diesbezüglich enthielt.[132] Er wurde im Dezember festgenommen und in der Force inhaftiert, wo er die Gelegenheit wahrnahm, den reichen Gefangenen nützliche Ratschläge zu geben, bis nach drei Wochen der Konvent seine Freilassung dekretierte.

Zu der Rolle, die die internationale Geschäftswelt in der Konterrevolution gespielt hat, schreibt die Herzogin von Fleury:

> Was für unbedeutende kleine Gauner sind doch die Barère, Hébert, Momoro, Merlin de Thionville und Vadier, verglichen mit jenen Freibeutern, die sich über Kriege und Grenzen hinwegsetzen. Zur Zeit des Generals Dumouriez fiel den belgischen Gebrüdern Simon der Rüstungsmarkt in die Hände. Ihnen folgten der Abbé d'Espagnac, ein wackerer Spitzbube, und Guzman, der mit Sicherheit Agent war – doch in wessen Diensten? Und jetzt die Bankiers, die es sich unter dem Terror wohlsein lassen – mit Ausnahme von Proly, dem österreichischen Agenten –, die Herren Boyd und Ker sowie ein Schweizer, also seriös, Herr Perrégaux...[133]

Die Männer der Revolutionsausschüsse zeigen großes Geschick, den Agenten der internationalen Finanzkreise auf die Spur zu kommen, sie zu verfolgen oder, im Gegenteil, mit ihnen zusammenzuarbeiten. Sie betrauen untergeordnete Agenten mit anrüchiger politischer oder krimineller Vergangenheit mit der Ausführung ihrer Pläne, Anweisungen und Missionen. Doch zu welchen Zwecken werden sie eingesetzt? Es muß daran erinnert werden, daß sich viele Adlige aktiv an der Politik der inneren Aushöhlung der Revolution beteiligt hatten, dieser Politik die von Mirabeau in den Tuilerien eingeleitet und nach seinem Tod von den geheimen Ratgebern Ludwigs XVI., insbesondere von Tallon, Sainte-Foix und Bertrand de Molleville, weitergeführt wurde. Es ging ihnen darum, die Revolution durch Bestechung der Pariser Polizei, der jakobinischen Abgeordneten, der Volksanführer und der Journalisten zu unterminieren. Der königliche Hof hatte ungeheure Summen in der Hoffnung ausgegeben, die Kreise der »Linken« sowie die Führer der Nationalgarde auf seine Seite zu bringen.

Nun waren viele von denen, die 1793/94 die Rolle von Geheimagenten, Spionen oder Spitzeln des Sicherheitsausschusses spielten, bereits von den Verwaltern der Zivilliste für Dienste belohnt worden, die sie noch gar nicht geleistet hatten. In der Furcht, ihrer Käuflichkeit wegen angeklagt zu werden, hatten sie nach dem 10. August in einem radikalen Stellungswechsel, das heißt in der Abwendung von ihren einstigen Gönnern, die nun zu lästigen Zeugen geworden waren, den einzigen Ausweg gesehen.

Einer der berühmtesten von diesen Überläufern war Jean-Baptiste Dossonville.[134] Er wird nach dem 10. August festgenommen und verurteilt, kommt jedoch kurz vor den Septembermassakern auf ungeklärte Weise wieder frei. Im Dienst des ersten Überwachungskomitees wird er als Spion in jenem trüben Bereich der Falschmünzer eingesetzt, der an der Grenze zwischen strafrechtlichem und politischem Verbrechen liegt.

Doch bald schon gerät er in Verdacht, mit den Konterrevolutionären, die zu verfolgen er beauftragt ist, gemeinsames Spiel zu machen. Infolge eines hinterlistigen Erpressungsversuches an seinem Helfershelfer, dem Grafen von Pigace, wird er schließlich festgenommen und drei Monate in Sainte-Pélagie inhaftiert. Danach taucht er plötzlich als Hauptagent des Sicherheitsausschusses wieder auf und wird mit den geheimsten, auf jeden Fall aber mit den heikelsten und intrigantesten Aufträgen betraut. So hat er zum Beispiel offiziell die Mission, sich dem berüchtigten royalistischen Verschwörer de Batz an die Fersen zu heften, während er gleichzeitig von anderer Seite inoffiziell beauftragt ist, den Baron ja niemals einzuholen. In noch viele andere höchst undurchsichtige Affären sowohl innerhalb als auch außerhalb der Gefängnisse war dieser Dossonville verwickelt. Dennoch schien sein Name auf keiner einzigen Liste des Ausschusses auf, was er übrigens während der Restauration in seinem an Ludwig XVIII. gerichteten Pensionsantrag selbst einbekannte:

> Mein Name steht auf keiner der Gehaltslisten, wohl aber in einem eigens für mich bestimmten Eintragebuch, dessen Seiten numeriert und von einem der Ausschußmitglieder [Amar] paraphiert wurden.[135]

Eine nicht weniger merkwürdige Persönlichkeit, die Dossonville im übrigen gut kannte, war der in der Force inhaftierte Abbé d'Espagnac. Dieser ehemalige Abt, der sich durch Bankbetrug und Spekulationsgeschäfte ungeheuer bereichert hatte, galt als eine der bedeutendsten Stützen der Konterrevolution in Paris. Aus einem geheimgehaltenen und bis heute unveröffentlicht gebliebenen Bericht des Jahres 1793 geht hervor, durch welche Machenschaften er als Direktor einer Gesellschaft für Militärtransport, die dem Kriegsministerium unterstellt war, den Staat betrog:

> Im Schatzamt hat man festgestellt, daß bei jeder an d'Espagnac ausgestellten Zahlungsanweisung die Währung um zwei oder drei Prozent aufgewertet wurde, weil es sich um Bargeschäfte oder Vergütungen in Bargeld handelte. Die enormen Verluste, die die Assignaten zu verschiedenen Zeitpunkten erlitten haben, sind hauptsächlich diesen wiederholten Kurserhöhungen zuzuschreiben. Seine Spekulationsgeschäfte haben die Nation über 170 Millionen gekostet, wovon mehr als 30 Millionen in seine eigene Tasche flossen.[136]

Verhaftet, wieder befreit und bei André Chéniers Freundin, der schönen Lucrèce d'Estat, von neuem festgenommen, verbringt er den Winter 1793/94 in der Force.[137] Hier soll Dossonville, der soeben seine neuen Funktionen im Sicherheitsausschuß übernommen hatte, ihn in seiner Zelle aufgesucht haben.

Für die Freilassung des Abtes soll dem Agenten die außerordentliche, von der Bank Perrégaux in Lausanne abzuhebende Summe von neun Millionen Livres geboten worden sein. Ob dieses Geschäft tatsächlich abgeschlossen wurde, ist unbekannt. Auf jeden Fall wurde der Abbé d'Espagnac kurz darauf in ein Krankenhaus in der Umgebung von Paris überwiesen (Rue Saint-Maur Nr. 22), aus dem die Flucht leichter möglich war. Dieses Gebäude, hinter dessen Mauern um meist kolossale Beträge verhandelt wurde, gehörte dem Schweizer Jean-Baptiste Romey, mit dem der Abbé d'Espagnac übrigens früher in geschäftlicher Verbindung gestanden hatte.[138]

Zwar gelang d'Espagnac die Flucht, doch wurde er unmittelbar darauf neuerlich verhaftet. Aus welchem Grund? Leider schildern Dossonville in seinen Memoiren und der Rechtsanwalt Lavaud, ehemaliger offiziöser Verteidiger, in seinen »Champagnes d'un avocat« diese Affäre in einer sehr abgeschwächten Version. Einer neueren Hypothese zufolge wäre der Fluchtversuch Teil einer politischen und finanziellen Strategie gewesen, die davon ausging, daß der Abbé dank seiner eingehenden Kenntnis der kapitalistischen Kreise innerhalb des Gefängnisses nützlicher war als außerhalb. Von dem Unterschlupf in der Rue Saint-Maur aus konnte er mit Hilfe von Mittelsmännern gegen Hébert intrigieren, der unter dem Verdacht stand, ein Agent des Barons de Batz, eines Geschäftsfeindes des Abbé, zu sein.

> Lange Zeit [schreibt A. de Lestapis] hat man den Kämpfen, die von 1789 bis zum 18. Brumaire zwischen Kapitalisten ausgefochten wurden, keine Aufmerksamkeit geschenkt. Dank kürzlich erschienener aufschlußreicher Studien zu diesem Thema ist das heute anders, doch vielleicht hat man immer noch nicht ganz begriffen, wie unerbittlich dieser Partisanenkrieg zwischen den Geldleuten geführt wurde. Schieber wie Batz und d'Espagnac

und andere bekämpften einander über ihre jeweilige Kundschaft bis aufs Messer. Ein Kampf, dem schließlich der Ex-Abbé zum Opfer fiel.[139]

Marie-Thérèse Vielle, die mit dem Abbé d'Espagnac zusammenlebte, tauchte kurz vor seiner Verhaftung unter. An sie ist sein letzter Brief gerichtet:

> Ich empfehle Ihnen das einzige Wesen, das den Mut hatte, mich seit meiner Verhaftung besuchen zu kommen und mir mein Los erträglicher zu machen. Ich hoffe, diese ebenso kluge wie schöne und herzensgute Person wird Ihnen persönlich diesen Brief überbringen, denn ich glaube nicht, daß sie an einem von meinem Blute befleckten Ort länger verweilen wird. Sie hat die Absicht, zu Ihnen zu kommen. Ich bitte Sie, sie und ihr Kind so zu empfangen, als wäre ich es selbst... In meiner sechsmonatigen Einsamkeit ersetzte sie mir die Familie. Ich hoffe, man wird mir eines Tages Recht widerfahren lassen. Ihnen sowie meiner Freundin stelle ich es anheim, mein Andenken zu rächen.[140]

Einen Monat nach der Hinrichtung des steinreichen Abbé wurde sein Cousin, François Louis Honoré Sahuguet, ebenfalls in der Force inhaftiert; er fiel unter den Erlaß des Sicherheitsausschusses, daß alle früheren Parlamentarier vor das Revolutionstribunal zu stellen seien. Durch ein »wahres Wunder der göttlichen Vorsehung«, wie er selbst es bezeichnete, entging er als einziger dem Fallbeil. Dabei verschwieg er freilich, auf welche Art und dank wessen Fürsprache dieser Vorsehung nachgeholfen worden war.[141]

Der Bürger Romey, der Inhaber des sonderbaren Krankenhauses in der Rue Saint-Maur, war eine Schlüsselfigur der Konterrevolution und eine höchst zwielichtige Persönlichkeit. Einerseits galt er als offiziöser Agent des Sicherheitskomitees: »Sobald er Wind davon bekommt, daß schurkische Verschwörer das Bargeld auf- und die Assignaten abzuwerten versuchen, informiert er den Bürger Amar, Mitglied des Sicherheitsausschusses.«[142] Andererseits aber hatte er den geheimen Auftrag, die Wertpapiere jener Verdächtigen zu konfiszieren, die wenig Aussicht hatten, der Guillotine zu entgehen, um sie zugunsten der Republik meistens in die Schweiz zu überweisen. Romey war von dem Bankier Perroteau in die Geheimnisse der Geschäftswelt eingeführt worden und unterhielt enge Beziehungen zu François-Elie Ducoster. Letzterer war 1794 Neckers Agent in Paris und einer der wichtigsten Geldgeber namhafter Konterrevolutionäre wie Boulogne, Caumont-La Force oder La Trémoille.[143]

Romey hatte Kontakt zu den führenden Kreisen der Konterrevolution in Paris, sei es innerhalb oder außerhalb der Gefängnisse. Zu ihnen gehörten der Bürger La Plaigne, Kreditgeber des Spielhauses von Madame Robineau de Beaunoir, Louis Comte, Agent des Schweizer Bankiers Emmanuel Haller, Bonnard, Agent des Herzogs von Zweibrücken, Madame de Billens, Ex-Gemahlin eines Schweizers und Mätresse des Bankiers Ker, des berüchtigten Agenten der englischen Regierung, usw. Es war, als hätten sich durch Romeys Vermittlung die europäischen Banken in den Gefängnissen des Terrors ein Stelldichein gegeben.[144] Seine Freundin, ebenfalls schweizerischer Herkunft, unterhielt im Palais-Royal ein Spielhaus, das von einem gewissen Cappot de Feuillide finanziert wurde. Es ist bekannt, daß die meisten Spielhäuser des Jahres II dazu bestimmt waren, gefälschte Assignaten abzusetzen und beachtliche Geldsummen ungewisser Herkunft weißzuwaschen. Genau das hatte Cappot de Feuillide mit den Fonds der steinreichen Marquise de Marbeuf getan, die dafür vor das Revolutionstribunal gestellt wurde.[145]

Cappot de Feuillide wurde jedoch bei dem Versuch ertappt, den Sekretär des Sicherheitsausschusses, Morel, zu bestechen, um ihn zu veranlassen, die bei der Marquise de Marbeuf beschlagnahmten Papiere zu vernichten. Er wurde verurteilt und wenige Tage nach der Marquise hingerichtet. Inzwischen war es Romey gelungen, die Depositen Cappot de Feuillides »zu erben«, wie Ferrières-Sauvebeuf es bezeichnete: »Er hatte den Beamten der Republik nicht ein einziges Konto deklariert [gibt Ferrières-Sauvebeuf an], aber da er Spielhäuser verwaltete...«[146]

Die Krankenhäuser des Terrors, in denen die wohlhabendsten Verdächtigen untergebracht waren, scheinen noch einem anderen Zweck gedient zu haben als dem, ihren Insassen die Schrecknisse der gewöhnlichen Gefängnisse zu ersparen. Es sieht vielmehr so aus, als sollten sie den Gefangenen die Möglichkeit geben, weiterhin ihren Geschäften nachzugehen. In den Strom der Besucher, die in diesen Häusern ein und aus gingen, mischten sich Notare, Agenten von Finanziers, Geldmakler, Versteigerer, aber manchmal auch ... Erpresser. So wurden zwei Finanziers aus Saint-Malo, Magon de la Balue und Magon de la Belinaye, Pässe für die Schweiz – seltsamerweise von Robespierre unterzeichnet – angeboten, für die sie 300.000 Livres bezahlen sollten, ein für diese Multimillionäre durchaus erschwinglicher Betrag. Wenn man dem Bericht Berryers, des Finanzbeamten der beiden Magon, Glauben schenken darf, hat die Ablehnung dieses Geschäftes sie den Kopf gekostet.[147] Da Berryer Robespierre haßte und das Fälschen von Unterschriften zur Zeit der Revolution an der Tagesordnung war, ist seine Verdächtigung des »Unbestechlichen« sicher unberechtigt, aber daß dieser Erpressungsversuch tatsächlich stattgefunden hat, ist sehr wahrscheinlich.

Der Bürger Belhomme, Inhaber einer dieser Krankenanstalten, rühmte sich, die reichsten Gefangenen zu beherbergen. Einer davon war Maximilien Radix de Sainte-Foix, der auf Anweisung Fouquier-Tinvilles am 7. Pluviôse des Jahres II aus der Conciergerie dorthin überwiesen wurde. De Sainte-Foix war ehemals Verwalter der Domänen des Grafen von Artois und der geheime Ratgeber Ludwigs XVI. in den Tuilerien gewesen. Als solcher hatte er auf die Staatsgüter spekuliert und in der Verschwörung des Generals Dumouriez als Geldgeber seine Hand im Spiel gehabt. Seltsamerweise entging er dem Schafott und verbrachte bei Belhomme bis zu seiner Freilassung friedliche Tage.[148]

Hinter den Mauern der Pariser Gefängnisse des Jahres II wurden wichtige Seiten der Geschichte des Terrors geschrieben. Sie waren die stummen Zeugen der letzten Augenblicke der Verurteilten, aber auch Zeugen von Transaktionen aller Art, bei denen ungeheure Summen im Spiel waren, besonders kurz vor den Ventôse-Dekreten, als die meisten Gefangenen ihre Güter vor der Beschlagnahmung retten wollten, indem sie sie auf dem Papier an »Freunde« vermachten.

Die Voraussetzung für den Erfolg dieser Operationen war ihre Geheimhaltung, so daß wir sie heute eher vermuten als beweisen können, denn Belege sind nur selten vorhanden; auch ist es schwierig, sie zusammenzustellen, und noch schwieriger, sie auszulegen. Doch stellten diese Operationen eindeutig einen höchst beachtlichen Gewinnausfall für die Republik dar. Außerdem stehen sie ohne Zweifel im Zusammenhang mit der Welle der politischen Gewalt, von der die Gefängnisse im Juni und Juli 1794 heimgesucht wurden.

2. TEIL

Die letzten Briefe

Allgemeine Bemerkungen anhand von Briefauszügen

Der größte Teil der hier zusammengestellten Briefe wurde vor dem 9. Thermidor des Jahres II verfaßt, also vor dem Sturz Robespierres und dem Ende des Terrors. Warum? Einmal, weil das Revolutionstribunal nach diesem Datum weniger Todesurteile verhängte, zum anderen, weil es danach seltener geschah, daß die Briefe und Abschiedsbilletts abgefangen wurden, so daß sie die Familienangehörigen ihrer Absender erreichten und heute in alle Winde zerstreut sind.

Jeder einzelne dieser Briefe ist erschütternd. Die einen wurden im Schein der Nachtlampe in einer Zelle der Conciergerie geschrieben, die anderen auf dem Knie oder auf einem Mauervorsprung, wenige Augenblicke bevor ihren Verfassern für immer die Hände gebunden wurden.

In diesen letzten Momenten sind die Reaktionen der Todgeweihten überraschend, auf jeden Fall höchst unterschiedlich. So schreibt ein gewisser Géant an seine Frau:

> Meine liebe Anne-Lise, die menschliche Natur ist nichts, der Mensch tritt nur einen Augenblick auf, bevor seine Seele zu ihrem Schöpfer zurückkehren muß. Die meinige wird Dir dort Deinen Platz vorbereiten. Lebe für unsere lieben Kinder. Ich aber mache mich auf den Weg zu meinen und Deinen Ahnen...[149]

Dagegen hinterläßt der am selben Tag verurteilte Graf Poutet seiner Frau pragmatischere Anweisungen:

> Befolgen Sie die Gesetze, wie auch ich es immer getan habe. Eine Frau hat es viel leichter als ein Mann, sich richtig zu verhal-

ten. Widmen Sie sich mehr als bisher dem Innenleben, wozu Sie ja schon immer neigten. Es ist wohl überflüssig, daß ich unsere Kinder der besten Mutter und der zärtlichsten aller Gattinnen empfehle...[150]

Der Bürger Collignon aus Metz, ein sehr frommer, ja bigotter Mann, empfiehlt seiner Frau, »so schnell wie möglich diese Welt des falschen Scheins zu verlassen«:

> Ich hoffe, daß mir dank meiner Entsagung die Märtyrerkrone zuteil wird, fügt er hinzu.[151]

Morisset empfiehlt seiner Frau, in die Provinz zu ziehen:

> Verlasse diesen verfluchten Ort, erhalte Dich für unsere Kinder, ich sterbe in dem festen Vertrauen, daß Du hältst, was Du mir so oft versprochen hast...[152]

Courtonnel, ein Gastwirt aus der Normandie, versichert seiner Frau seine Unschuld und spricht ihr Mut zu:

> Adieu, für immer adieu. Es schmerzt mich unsagbar, Dich verlassen zu müssen, aber ich werde mein Los bis zum letzten Moment mit Festigkeit ertragen. Umarme meine Kinder von mir und halte ihren Vater in liebender Erinnerung, ohne Dich allzusehr von seinem Tod niederdrücken zu lassen.[153]

Madame de Grassin empfiehlt ihre Mutter und ihre drei Kinder ihrer Schwägerin und schließt mit folgenden Worten:

> [...] Sei beruhigt, folge dem Beispiel meiner Standhaftigkeit, die Du Dir sicherlich vorstellen kannst.[154]

Die zittrige, fast unleserliche Schrift des Briefes verrät dabei die tiefe Ergriffenheit seiner Absenderin.

Im übrigen stehen Konstruktionsfehler, Wiederholungen und Tränenspuren im deutlichen Widerspruch zu den Versicherungen der Verurteilten, sie gingen gefaßt und resigniert dem Tod entgegen. Selbst in den Worten kommt ihre Angst zum Ausdruck: Collin hofft, als »freier Mensch« auf das Schafott steigen zu können und verspricht, »in nüchternem Zustand«, ohne einen Schluck Alkohol getrunken zu haben, in den Tod zu gehen.[155] Viele gestehen, daß ihnen beim Schreiben die Tränen kommen; andere, wie dieser Unbekannte, scheinen dem nahen Tod gleichgültig entgegenzusehen:

> An die Bürger de la Chapelle und de Bel-Air: Adieu, alle meine Freunde.
> Adieu, meine Freunde, ich freue mich schon auf das andere Leben und ziehe den Vorhang vor das diesseitige. Ich gehe nicht, ich fliege dem Jenseits entgegen. Morgen werdet Ihr meinen Namen angeschlagen sehen: Da wird man mich einen Verschwörer nennen. Adieu für immer, Euer Urteil über mich ist zutreffender.[156]

In all diesen Briefen geht es weniger um irgendwelche Jenseitsvorstellungen als um das, was man hinter sich läßt: Erinnerungen, »Vorbilder«, eine geliebte Familie, aber auch Schulden. Wie ein Leitmotiv taucht in allen erdenklichen Formen das schmerzliche »Vergeßt mich nicht« immer wieder auf. Den zum Tode Verurteilten ist der Gedanke ein Trost, das Andenken an sie werde sie überleben, darum muß es unbefleckt bleiben: alle beteuern ihre Unschuld und versichern, das Todesurteil, welches die Mörder über sie verhängten, nicht verdient zu haben.

Manchmal begnügt man sich, das »Beispiel eines Familienvaters« als Andenken zu hinterlassen; oft werden den letzten Briefen aber auch Gegenstände beigefügt (eine Spange vom Kragen, Schulterklappen, Taschentücher usw.). Nur Sourdille-Lavalette verschluckt seinen Ehering. Meistens legen die Gefangenen, insbesondere die Frauen, Wert darauf, ihr Haar selbst abzuschneiden, damit es dem Scharfrichter nicht in die Hände fällt. So zum Beispiel die Prinzessin von Monaco, die ihren Töchtern ans Herz legt, jedes Jahr den Kreppflor zu lüften, der den Glasbehälter mit ihrem Haar umhüllen soll. Auch werden zahlreiche Porträts von den Gefangenen oder Verurteilten gemalt, so von Victor de Broglie, Catherine Laviolette[157], von dem Bürger Harelle[158] und der Bürgerin Paisac, geborene Antoinette Albisson. Von ihr wurde höchstwahrscheinlich folgendes Abschiedsbillett an Fouquier-Tinville gerichtet:

An den Bürger Fouqier-Tinville,
Öffentlicher Ankläger des Revolutionstribunals.

Ich bitte Sie, Bürger Öffentlicher Ankläger, mein Porträt meinem zehnjährigen Sohn, der in der Rue de Berry in Pension ist, übergeben zu lassen. Sie werden es in einer Mappe meiner Schreibgarnitur aus rotem Saffianleder, die Ihnen mit Sicherheit ausgehändigt werden wird, vorfinden. Diesem Kind, dem Sie seine Mutter entreißen, soll wenigstens ein Bild von ihr bleiben.[159]

Auch Guean de Reverseaux empfiehlt seiner Familie, in der Hochhaltung seines Andenkens Trost zu suchen:

Die erste Zeit ist peinvoll und schmerzlich, dann aber stimmt das Andenken an jene, die uns lieb waren, die Seele so sanft, daß uns wohler wird. Ich wünsche meiner Frau und meinen Kindern, recht bald dieses Gefühl zu empfinden.

Derselbe Guean de Reverseaux will, daß seine Familie keine Rachegefühle hege. Er selbst verzeiht in aller Aufrichtigkeit jenem angesehenen Bürger aus Rouen, dem er seinen Tod verdankt:

Ich schreibe Dir, Bürger, in meiner Todesstunde, um Dir zu versichern, daß ich keinen Groll gegen Dich ins Grab mitnehme, auch gegen alle anderen nicht, die mich – ich glaube, ohne es zu wollen – in diese Situation gebracht haben... Von ganzem Herzen verzeihe ich denen, die vielleicht meine Feinde waren...[160]

Eine solche Reaktion ist nicht jedermanns Sache. So wünscht Dufresne (siehe S. 212), seinen Verräter möge das gleiche Schicksal ereilen wie ihn selbst. In zahlreichen Briefen ist von Schulden die Rede, die zu begleichen, seltener von solchen, die noch einzuziehen sind. Der Bürger Bottagne befindet sich in dieser Lage. Er schreibt:

Descharmes schuldet mir seit dem Johanni-Tag sechshundert Livres. Verlangen Sie das Geld von ihm, bevor er von meinem Tod erfährt.[161]

Auf zwei beidseitig eng beschriebenen Papierbogen schildert der Graf Paillot seinem Sohn den Stand seiner Geschäfte in allen Einzelheiten:[162] Schulden, Ausstände, Hinterlassenschaften, verschiedene Verträge usw. Selbst wenn es sich nur um ein paar Livres handelt, sind den Verurteilten ihre Schulden immer äußerst wichtig, und alle bestehen darauf, sie zu begleichen.

So manche, wie Beaulieu und die Marquise de Charras (siehe S. 151 und 228), nehmen einen Schuldbrief zum Anlaß, ein verstecktes Vermächtnis zu machen. Auf diese Weise versuchen sie, das Gesetz zu umgehen, demzufolge das Vermögen der Hingerichteten vom Staat beschlagnahmt wird.

Andere dagegen haben noch letzte Geheimnisse zu enthüllen. So richtet der Journalist Duplain, ein englischer Spion, folgendes Schreiben an Fouquier-Tinville:

> Ich schreibe Dir, Bürger, auf einem Fetzen Papier, weil mir nichts anderes zur Verfügung steht. Ich habe Dir etwas mitzuteilen, was für die Republik, das Tribunal und für Dich von höchster Bedeutung ist. Laß mich durch einen Gendarmen holen, und ich werde Dir mein Geheimnis anvertrauen. Mit brüderlichem Gruß.[163]

Josset de Saint-Laurent, ein Agent des Prinzen Condé, zieht es vor, sich in der gleichen Absicht an Robespierre zu wenden. Sein Brief wird von Fouquier-Tinville abgefangen, und er kommt unter die Guillotine, ohne gesprochen zu haben.[164]

Andere ersuchen den Konvent um Gnade. Zwei Frauen, Catherine Laviolette und Cécile Quévrin, wenden sich an den Präsidenten der Nationalversammlung. Catherine Laviolette bittet ihre Kinder, für sie Fürsprache einzulegen:

> Geht, geht zur Nationalversammlung. Geht zu Danton, geht und sagt ihm, wie unschuldig Eure Mutter ist!

Die Justiz nahm ihren Lauf.

Sind alle diese Briefe von ihren Absendern eigenhändig geschrieben worden? Das ist unwahrscheinlich, aber schwer nachzuweisen, wenn man die Handschrift des Betreffenden nicht kennt. In einigen Fällen wurden sie offensichtlich diktiert. Der Brief von Coquet dem Langbärtigen endet mit den Worten: »Ich kann nicht unterschreiben.«

Man stellt überrascht fest, daß viele, von denen man annimmt, sie hätten eine gewisse Bildung genossen (Adlige, wohlhabende Bürger), eine kaum lesbare Schrift haben. Die Gefühlsregungen, von denen sie beim Schreiben vielleicht überwältigt wurden, sind dafür keine ausreichende Erklärung. Es ist anzunehmen, daß viele nicht gewohnt waren, zu schreiben, da sie Sekretäre hatten, die ihnen diese Aufgabe abnahmen. Bei anderen, schon älteren, hatte vielleicht die Sehkraft nachgelassen. In Ermangelung eines Sekretärs wenden sich die Verurteilten an ihre Schicksalsgenossen oder an einen der vereidigten Priester, die ihnen in ihrer letzten Stunde beistehen sollen.

BEAULIEU DE SURVILLE[165], Louis-Alexandre (1757–1793)

Beaulieu gehörte zu den ersten Angeklagten, die vor dem Revolutionstribunal erschienen, und hatte sich eines zu Kriegszeiten besonders schweren Deliktes schuldig gemacht: des illegalen Transfers von Geldern ins feindliche Ausland.

Am 15. September 1792 war »der Export von Gold und Silber, geprägt oder ungeprägt, von Gold- und Silbergeschirr und von goldenen oder silbernen Kultgegenständen« gesetzlich verboten worden. Diese Maßnahme richtete sich gegen die Machenschaften der Aristokraten, die seit dem 10. August 1792 versuchten, den größten Teil ihrer kostbaren Wertsachen, wie Schmuck und Silbergeschirr, vor den Nachforschungen der revolutionären Beamten in Sicherheit zu bringen. Dazu dienten ihnen »Kaufleute« wie Beaulieu. Wie die meisten seiner Kollegen, die als Geldschmuggler tätig waren, hatte sich auch Beaulieu den Titel eines Händlers zugelegt, um frei ins Ausland reisen und unbehelligt nach Frankreich zurückkehren zu können. Denn in Artikel 6 des Gesetzes vom 8. April 1792 und Artikel 8 des Dekrets vom 28. März 1793 wurden von dem Ausreiseverbot ausgenommen »Kaufleute, sowie ihre Vertreter und Mitarbeiter, deren Handel und Gewerbe mit Auslandsreisen verbunden ist und die dafür die nötigen Belege erbringen können...«.

Bald hatten viele reiche Leute, heimlich zurückgekehrte Emigranten oder deren Unterhändler erkannt, welchen Nutzen sie aus diesen Bestimmungen ziehen konnten, so daß sich 1792 plötzlich eine erstaunliche Anzahl von Franzosen überall im Lande zum Bilder-, Spitzen- oder Getreidehandel berufen fühlten.

Beaulieu, der sich offiziell als Weinhändler ausgab, kaufte für republikanische Assignaten (die übrigens seit 1791 bereits die Hälfte ihres Wertes verloren hatten) Münzen und kostbare Gegenstände. Er unterhielt regelmäßige Beziehungen zu einem Ex-Dragonerhauptmann und Offizier der Schweizer Gardisten des Grafen von Artois, Herrn Riviers de Mauny, in dessen Auftrag er offiziell alten Rotwein, neuen Wein sowie Weißwein kaufte. Doch entnahm die Polizei ihrer Korrespondenz, daß es sich dabei in Wirklichkeit um alte Louisdor, neue Louis und Silberlouis handelte.

Mauny wurde am 4. März 1793 mit sechstausend Louisdor in der Tasche, deren Herkunft er nicht belegen konnte, festgenommen. Seine Papiere wurden konfisziert, und man beschuldigte ihn, mehrmals illegal ins Ausland gereist zu sein. Die Verhaftung Beaulieus ließ nicht auf sich warten. Er wurde verdächtigt, Maunys »Agent« zu sein, für ihn »Gelder angekauft und sie in seinem Auftrag Emigranten zugestellt zu haben«. Es gelang ihnen nicht, vor dem Revolutionstribunal die gegen sie erhobenen Anklagen zu widerlegen. Mauny wurde sogar beschuldigt, unter dem Deckmantel exotischer Pflanzen Waffen importiert zu haben.

Die Anklage Fouquier-Tinvilles lautete, »dem Feind durch schändliche Spekulationen Mittel in die Hände gespielt zu haben, um der Freiheit ein Ende zu machen und Despotismus und Sklaverei wiederherzustellen«. Beide wurden zum Tod verurteilt.

Einem Zeugen, der sie auf dem Weg zum Schafott beobachtete, fiel der »unerschrockene Charakter« Maunys auf. »Ohne ihn [schreibt er], hätte Beaulieu nicht die Kraft gehabt, bis zum Revolutionsplatz Haltung zu bewahren.«

Einige Stunden vor seinem Tod hatte der Unglückselige einen seiner Freunde, den Bürger Decagny, beauftragt, seinen Verteidigern zu danken:

> Mein lieber, guter Freund, indem ich Sie zum letztenmal umarme, möchte ich Ihnen gleichzeitig meinen Dank aussprechen und Sie um Vergebung für alle Sorgen und Mühen bitten, die ich Ihnen bereitet habe. Ich glaube nicht, daß sie wegen der zweitausend Livres, die ich kürzlich von Ihnen erhalten und für die ich Ihnen keine Unterschrift gegeben habe, in Schwierigkeiten kommen werden. Ich hoffe, dieses Schreiben kann Ihnen als Beweis dienen. Außerdem bestätige ich hiermit, Ihnen eine Summe von vierhundert oder fünfhundert Livres zu schulden, die von meinem Konto abzuheben sind.
>
> Würden Sie bitte so freundlich sein und sich in meinem Namen bei den Herren Collot, Julienne und Alexandre bedanken. Ich habe leider keine Zeit, Ihnen Näheres zu sagen, da ich erst um acht Uhr morgens dieses Schreiben beginnen konnte.

Ich umarme Sie tausend und abertausendmal und bin bis zum letzten Moment Ihr treuer Freund.

L.A. Beaulieu

Und an seine Frau schrieb er folgende Zeilen:

> Trösten Sie sich, meine gute Frau und liebe Freundin, ich bitte Sie, trösten Sie sich. Ich bin ganz ruhig, und meine unerschrokkene Seele hilft mir, diesen Augenblick zu überstehen. Meine größte Sorge ist, Ihnen Kummer zu bereiten. Deshalb bitte ich Sie um Gottes willen, sich zu trösten. Schonen Sie Ihre Gesundheit für unsere Kinder und ihre Erziehung. Sagen Sie auch der guten, lieben Adélaïde adieu. Schließlich hätte ich auch durch eine Krankheit oder einen Unfall dahingerafft werden können.
> Adieu, ich küsse Euch alle von ganzem Herzen. Ich glaubte, mehr Zeit zu haben, um Euch zu schreiben.
> Nochmals adieu, Euer Freund,
>
> L.A. Beaulieu.
>
> Wie lieb ich Euch doch habe in alle Ewigkeit und von ganzem Herzen.

DAS KOMPLOTT »LA ROUËRIE«[166]

Das nach dem Gardeoffizier La Rouërie benannte bretonische Komplott, das im Frühjahr 1793 bekannt wurde, ist eines jener zahlreichen konterrevolutionären Unternehmen, das von den emigrierten Prinzen und ausländischen Bankiers geplant und finanziert wurde. Mit Ausnahme der Erhebung in der Vendée blieben die meisten dieser »Auslandsverschwörungen«, die in einer ganzen Region die Konterrevolution entfachen sollten, in ihren Anfängen stecken.

So verhielt es sich auch mit dem geplanten Aufstand in der Bretagne, der von einem ehemaligen Offizier der französischen Nationalgarde, Armand Tuffin de La Rouërie, angeführt wurde, dem die Brüder Ludwigs XVI. alle nötigen Vollmachten für die Wiederherstellung der Monarchie gegeben hatten.

Calonne, der nach England geflüchtete frühere Minister des Königs, verfolgte die Aktivitäten La Rouëries in allen Einzelheiten und hatte ihn in einem Schreiben vom 4. Oktober 1791 um Angabe der Orte gebeten, die für eine Truppenlandung in der Bretagne in Frage kämen. Diese aus französischen Emigranten und Söldnern bestehenden Truppen hatten ihr Quartier auf den anglo-normannischen Inseln aufgeschlagen. Im übrigen widersetzte sich Calonne aus strategischen Gründen der Emigration der Königstreuen, die der Monarchie seines Erachtens nach besser dienten, indem sie in Frankreich blieben.

Die Verschwörerrunde umfaßte mehrere hundert Personen. Wie sollte unter diesen Umständen vermieden werden, daß sich Verräter einschlichen? So erfuhr denn auch der Überwachungsausschuß von der Existenz des »konterrevolutionären Zusammenschlusses im Westen« durch den Arzt Chévetel-Latouche, der als »Freund« La Rouëries galt und aus einer angesehenen bretonischen Familie stammte; sein Vater war Hausarzt der Familie Chateaubriand.

Chévetel-Latouche verriet die ganze Affäre Danton, der im September 1792 den Vollzugsrat beauftragte, das Komplott zu infiltrieren und zu zerschlagen. Um keinen Verdacht zu erregen, übernahm der Bürger Lalligant-Morillon die Vermittlerrolle zwischen Chévetel-Latouche und dem Ausschuß.

Chévetel-Latouche, der das volle Vertrauen der Bretonen genoß und daher Einsicht in deren Aktivitäten hatte, wurde als Gesandter nach Koblenz, London und Paris geschickt. Bei seiner Rückkehr stattete er über alles, was er zu sehen und zu hören bekommen hatte, Bericht ab. Unter anderem erzählte er, wie er in Paris dem Handel mit gefälschten Banknoten bei der Wechselbank beigewohnt habe. Sie waren von Calonne an La Rouërie geschickt worden und – nachdem ein Bankier sie abgelehnt hatte – schließlich zu niedrigem Preis von den Spekulanten des Palais Royal angenommen worden.

Calonne, ein geschworener Feind der Revolution, hatte 1,5 Milliarden Livres in Falschgeld herstellen lassen. Chévetel-Latouche zufolge beabsichtigte er, »diesen Betrag zur Besoldung der Agitatoren zu verwenden, hoffte aber auch, durch weitgestreute Verbreitung dieses Falschgeldes die Währung des Staates zu diskreditieren«. Diese Assignaten »besonderer Art«, wie er selbst sie nannte, ließ er in London drucken und hatte bereits über drei Millionen in Form von 100-Livres-Banknoten an den Grafen von Artois, den Bruder Ludwigs XVI., geschickt, der sie über die Schweiz nach Frankreich weiterleiten sollte. Auf diese Weise verfügten die bretonischen Verschwörer über ein beachtliches Vermögen in Falschgeld, das sie großzügig verteilten und von dem ein ansehnlicher Teil bei der Gräfin von Trojoliff, der Freundin und Cousine von La Rouërie, versteckt war.

Dieses Geld war dazu bestimmt, weitere Komplizen, besonders in der Verwaltung, zu kaufen und die gegenrevolutionären Machenschaften des hohen Klerus zu unterstützen. Viele Priester befolgten diese Anweisungen ihrer Vorgesetzten, weigerten sich, den Eid auf die Konstitution zu leisten, und flohen in Begleitung ihrer fanatisierten Anhänger aus den Städten auf das Land. Plötzlich geschahen zahlreiche Wunder, die die republikanischen Verfolger verwirren und Gottes Willen offenbaren sollten. Da war die Heilige Jungfrau auf einem Altar erschienen, der an einem geheimen Ort, fern von den gottlosen Augen der Republikaner, errichtet worden war. Der Sohn Gottes selbst hatte einer Segnung der Fahnen beigewohnt, die von den Aufwieglern an die leichtgläubigen Bauern verteilt wurden. Von himmlischen Flammen umzüngelte Engel waren erschienen und hatten den Verteidigern des Altars und des Thrones einen raschen Sieg versprochen. Alle diese Gerüchte wurden auf dem flachen Land der Bretagne, des Poitevin und der Vendée in Umlauf gesetzt und trugen dazu bei, die Bauern unter dem Ruf »Es lebe der König! Es lebe die Religion!« zu den Waffen greifen zu lassen. Wenn es auch gelang, die Bauern in der Vendée mitzureißen, so scheiterten dagegen die Aufwieglungsversuche von La Rouërie und seinen Komplizen in der Bretagne.

Im Oktober 1792 wurde die französische Regierung von der bevorstehenden Landung feindlicher Truppen an den Côtes-du-Nord informiert. Dann wurde dieser Plan jedoch auf März 1793 verschoben, denn er sollte mit dem Aufstand mehrerer französischer Regionen und dem Marsch der Truppen des Herzogs von Braunschweig auf Paris zusammenfallen. Das bereits bekannte Komplott in der Bretagne mußte nun aufgedeckt werden, es war an der Zeit, den verschwörerischen Umtrieben ein Ende zu setzen. La Rouërie – krank und verfolgt – hatte in dem Schloß seines royalistischen Freundes La Guyomarais Zuflucht gesucht, wo er jedoch im Januar 1793 vom Fieber dahingerafft wurde. Noch bevor sein Nachfolger bestimmt werden konnte, nutzte der Sicherheitsausschuß diesen günstigen Moment dazu aus, mehrere hundert Verschwörer festzunehmen, deren Versammlungsorte man kannte. Das unerklärte Zögern des Kriegsministers Beurnonville, einer Truppe von 7000 Männern, die von Lalligant-Morillon angefordert worden war, den Befehl zum Abmarsch in die Bretagne zu erteilen, ließ den Verschwörern Zeit, in die Vendée oder auf die naheliegenden Inseln Jersey und Guernsey zu flüchten.

Beurnonville wurde von zwei Abgeordneten angeklagt, er habe durch den Aufschub der Mobilisierung einen »guten Fang« entwischen lassen. Die beiden Deputierten, Sevestre und Billaud-Varenne, schrieben in ihrem Bericht an den Konvent:

Der Minister Beurnonville weigerte sich hartnäckig, den Befehl zu dieser dringenden Truppenbewegung zu unterzeichnen und entschloß sich erst am 15. März [1793] dazu.

Mittlerweile hatte Lagillant-Morillon jedoch 26 Personen festnehmen lassen und im Park des Schlosses von La Fosse-Hingant, wo die Versammlungen der Verschwörer stattfanden, Geheimdokumente beschlagnahmt. Der dantonistische Abgeordnete Basire konnte sich dem Konvent gegenüber folgender Bemerkungen über das, was er diesbezüglich gelesen oder beobachtet hatte, nicht enthalten:

> Ich frage mich, warum der Vollzugsrat von dieser Verschwörung erst im September letzten Jahres unterrichtet wurde, wo sie doch bereits seit 1790 existierte und man von ihrem Bestehen gewußt haben muß. Warum wurden so viele Auskünfte über Sachverhalte und so wenige über Personen gegeben? Aus welchem Grund hat man im Laufe dieses großangelegten Prozesses nur 26 Personen vor Gericht bringen können, von denen das Revolutionstribunal noch dazu nur 12 verurteilt hat, darunter mehrere Frauen, aber wenige namhafte Mitglieder des Komplottes. Vielleicht wird die Zeit eines Tages den Schleier lüften, der diese Affäre noch immer teilweise verhüllt...

Damit hatte Basire, der sechs Monate später hingerichtet werden sollte, implizit unterstellt, daß gewisse Regierungsmitglieder der Verschwörung Vorschub geleistet hatten. Es ist wahrscheinlich, daß zu den Komplizen der Verschwörer der Kriegsminister Beurnonville gehörte, den General Dumouriez vor dem sicheren Tod auf dem Schafott rettete, indem er ihn an die Österreicher »auslieferte«. Lalligant-Morillon, der Kronzeuge und Hauptakteur, wurde im Messidor des Jahres II zum Tod verurteilt, ohne gesprochen zu haben.

Die Affäre La Rouërie ging im Juni 1793 zu Ende. Nach einem zweiwöchigen Prozeß wurde über 13 Verschwörer das Todesurteil verhängt: über die fünf Hauptanführer Picot de Limoëlan, Fontevieux, Pontavice, Moëllien und Vincent; über das Ehepaar La Guyomarais und einen gewissen Thébaut de la Chauvinerie, die angeklagt wurden, La Rouërie beherbergt zu haben, und über fünf der finanziellen Unterstützung der Verschwörung beschuldigte Geldgeber, deren Namen aus den im Park von La Fosse-Hingant gefundenen Quittungen hervorgingen.

Am frühen Nachmittag des 18. Juni 1793 verließen zwei Karren die Conciergerie. Viele Menschen hatten sich versammelt, um die Gefangenen, darunter vor allem zwei Frauen, zu beobachten: die schöne Thérèse de Moëllien und die noch so junge Angélique de la Fonchais, die sich resigniert in ihr Schicksal zu fügen schien. Am Fuße des Schafotts umarmten die Verurteilten einander. Dem Zeugen Dutard zufolge wurden drei oder vier Männer nacheinander aufgerufen. Darauf folgten die Frauen. Pontavice war als letzter an der Reihe. Ihre Hinrichtung soll nicht länger als dreizehn Minuten gedauert haben.

Zehn dieser Verurteilten haben einen oder mehrere Abschiedsbriefe – alle bisher unveröffentlicht – an ihre Angehörigen gerichtet.

GROULT DE LA MOTTE[167], Nicolas-Bernard (1730–1793)

Er hatte seinen Posten als Kapitän zur See aufgegeben, als das Gesetz von den ehemaligen Befehlshabern der königlichen Armeen den Eid auf die Republik verlangte. Er war in Saint-Malo geboren und wohnte in dem Haus La Motte in Saint-Coulomb, nur eine Viertelmeile von La Fosse-Hingant, dem Hauptquartier von La Rouërie, entfernt. Seine Verurteilung erfolgte wegen finanzieller Unterstützung der konterrevolutionären Verschwörung. Kurz vor seinem Tod beauftragte er einen Spezereihändler, seinem Bruder einen letzten Abschiedsgruß von ihm zu bestellen:

An den Bürger Conquedo,
Lebensmittelhändler in Saint-Malo.
                                    Paris, den 18. Juni 1793.
Mein lieber Conquedo, wenn Sie diesen Brief erhalten, werde ich wahrscheinlich nicht mehr am Leben sein: ich bin verurteilt,

auf dem Schafott zu sterben. Bitte, teilen Sie meinem Bruder mit, wie sehr ich ihn und die Seinen bis zu meinem Tode geliebt habe. Ich ziehe es vor, weder an ihn noch an meine Mutter oder Schwester zu schreiben, denn ich weiß, wie empfindsam sie sind. Unterrichten Sie sie wie auch den lieben Joachim nur mit größter Behutsamkeit von meinem Schicksal, ich bin sehr besorgt um sie. Glauben Sie mir, ich verdiene ihre Freundschaft sowie die Achtung all derer, die mich gekannt haben.
Meine Unschuld liegt klar auf der Hand, doch was bedeutet es mir schon, was die anderen Menschen von mir denken. Meine Freunde, die mich kennen, werden mir nachtrauern. Bitte, grüßen Sie Ihre liebe Frau zum letztenmal von mir sowie alle, die mich gern hatten. Versäumen Sie nicht, all den guten Einwohnern der Deux-Mottes zu sagen, wie lieb sie mir bis in den Tod waren. Der arme T. [unlesbar] wird mich vermissen, ich empfehle ihn dem lieben [unlesbares Wort]. Ich hoffe, daß Sie alle Einwohner von Saint-Coulomb von mir grüßen werden, sie werden sicher eine Träne auf meinem Grab vergießen, ich hatte sie wirklich ins Herz geschlossen.
Adieu, mein lieber Conquedo, ich gehe in den Tod. Sagen Sie meinem Vater, daß die Unschuld selbst das Schafott nicht zu fürchten braucht.

           Groult de La Motte.

Sein zweiter Brief war an einen Freund aus der Bretagne gerichtet:

An den Bürger Jean-Marie Le Cam, Altwarenhändler,
Rue du Val-d'or, Nr. 11, in Brest.

           18. Juni 1793

Mein lieber Jean-Marie, wenn Du diesen Brief erhältst, wird Dein Freund und einstiger Lehrer nicht mehr leben, sein Kopf wird über das Blutgerüst gerollt sein. Glaub mir, er verdient Dein Mitleid und Deine Achtung, denn er ist seinen Freunden und der Republik immer treu geblieben. Er wurde allein aufgrund von Verdächtigungen verurteilt, aber ich will nicht nachtragend sein, alles geht für mich zu Ende, darum will ich reinen Herzens – unbefleckt von Rachegelüsten – vor den Allmächtigen treten. Empfiehl mich Deiner Frau und Deiner allerliebsten kleinen ›Catto‹, auf daß sie manchmal an ihren Onkel Motte denkt. Sag Ivon, daß ich immer noch sein Freund bin, sag Agnès, daß ich sie liebe, sag den [unlesbar], sie mögen mich weiterhin achten, ich bin es wert.

Adieu, zum letztenmal, mein lieber Jean-Marie, ich werde sterben. Was mich tröstet, ist die Trauer all derer, die mich gekannt haben. Ich vergesse keinen meiner Freunde, Du kennst sie, sag ihnen allen, ich gehe in den Tod, indem ich ihnen alles Glück der Erde wünsche.

Groult de La Motte.

TROJOLIFF[168], Thérèse de Moëllien, Gräfin von (1762–1793)

Die Tochter von Sébastien-Hyacinthe de Moëllien, des Herrn von Trojoliff und ehemaligen bretonischen Parlamentsrats, hatte in Fougères das Licht der Welt erblickt.

Sie war die Nichte La Rouëries und soll außerordentlich schön gewesen sein, wovon Chateaubriand in seinen »Denkwürdigkeiten von jenseits des Grabes« Zeugnis ablegt: »Ich begegnete dieser Gräfin von Trojoliff, die als Cousine und intime Freundin des Marquis de La Rouërie an seiner Verschwörung teilnahm. Bisher hatte ich die Schönheit nur im Kreise meiner Familie gekannt, und es verwirrte mich, sie auf dem Antlitz einer fremden Frau wahrzunehmen.«

Chévetel-Latouche zufolge soll sie La Rouërie nach Koblenz begleitet haben und mit den in ihrem Gürtel versteckten Blankounterschriften der Brüder des Königs, zurückgekehrt sein. Sie war es auch, die dem Verräter ohne den geringsten Argwohn den Tod La Rouëries sowie den Ort seiner Bestattung mitteilte. Am Vorabend ihrer Verhaftung hat sie die ihr anvertraute Mitgliederliste der Verschwörung, auf der Hunderte von Namen eingetragen waren, vernichtet.

Die Verkündung ihres Todesurteils nahm sie ohne ein Zeichen der Überraschung hin; nachdem sie ihre letzten Gedanken einer Freundin aus Fougères mitgeteilt hatte, ging sie mutig in den Tod.

An die Bürgerin Vendel,
Haus der Dreifaltigkeit in Fougères. 18. Juni.

Wenn Sie, meine Freundin, diesen Brief erhalten, werde ich beim Allmächtigen sein. Indem ich meinen Feinden vergebe, hoffe ich, daß auch mir meine Fehler und Vergehen gegen Ihn verziehen werden, denn es ist ein schweres Vergehen, daß ich so oft seine Wohltaten vergessen habe, und das Opfer einiger Jahre ist eine Kleinigkeit für den, der dem Leben seinen wahren Wert beimißt. Mein Todesurteil hat mich nichts weiter empfinden lassen, denn all die Widerwärtigkeiten, die ich seit meiner Festnahme erfahren habe, sowie der ständige Anblick all dieser armseligen Kreaturen haben mich des Lebens überdrüssig gemacht.

Adieu, meine arme Freundin, bedauern Sie mich nicht, ich sterbe voller Zuversicht und fast mit Freuden. An welchem schönen Bankett werde ich doch heute abend teilnehmen, meine Freundin, ich werde Sie dort erwarten; dank Ihrer Tugenden sind Sie dorthin berufen. Ich selbst habe mir den Menschen gegenüber nichts vorzuwerfen, denn andere Gefühle als die der Menschlichkeit sind mir fremd, und ich wünsche aufrichtig das Glück derer, die mein Grab schaufeln. Doch Gott gegenüber bin ich weniger unschuldig, meine Freundin; ich liebte ihn zwar, doch diente ich ihm schlecht, ich hoffe, er vergibt mir. Sagen Sie meinen Freunden, sie sollen keine Tränen vergießen über mein Glück, das auch sie erwartet und das uns alle vereinen wird, sagen Sie ihnen allen, was ich für sie fühle.

Adieu, meine unglückliche Freundin, ich habe alle nötigen Maßnahmen getroffen, um Ihnen den Rest der Assignaten, die Sie mir geliehen haben, zurückzuerstatten.

FONTEVIEUX[169], Jean-Baptiste-Georges Camasse de (1759–1793)

Schon in jungen Jahren hatte er eine militärische Laufbahn eingeschlagen, hatte an den amerikanischen Feldzügen teilgenommen, war in die Legion von La Rouërie eingegliedert worden und hatte auf diese Weise dessen Bekanntschaft gemacht. 1791, fast vierzehn Jahre später, sah er ihn in England wieder und folgte ihm, da er sich der Sache der Aristokratie verbunden fühlte, in die Bretagne. Er war nicht nur Adjutant des Marquis, sondern auch des Herzogs von Braunschweig, des Befehlshabers der preußischen Truppen, »auf deren Bewegungen La Rouërie die Durchführung seiner Pläne abstimmte«. Mehrmals reiste er unbehelligt nach Koblenz unter dem Deckmantel einer diplomatischen Mission im Auftrag des Herzogs von Zweibrücken, wobei er den Auftrag jedoch vorsichtshalber vordatieren ließ: »Koblenz, den 15. September 1788.«

Auf dem Rückweg von einer dieser Reisen unterrichtete er in Paris Chévetel-Latouche ohne jegliches Mißtrauen über verschiedene Einzelheiten des bretonischen Komplotts. Unter anderem teilte er ihm vertrauensvoll mit, er habe von der »Caisse d'escompte« 40.000 Livres in gefälschten Banknoten nach Frankreich geschmuggelt und versuche sie gegen Metallgeld einzutauschen.

Schon seit mehreren Monaten berichtete Chévetel-Latouche dem Sicherheitsausschuß alles, was er über La Rouëries Umtriebe in Erfahrung bringen konnte. Er begleitete Fontevieux in das Schloß von La Guyomarais, wo sich der kranke Marquis versteckt hielt.

Wahrscheinlich hatte Fontevieux doch eine dunkle Ahnung von dem Verrat Chévetel-Latouches und kehrte deshalb nach Paris zurück. Im März 1793 wußte er bereits über die bevorstehende Verhaftung der bretonischen Verschwörer Bescheid und schickte sich an, Frankreich endgültig zu verlassen. Doch da wurde auch er festgenommen und unter dem Verdacht der Emigration und Fahnenflucht in der Abbaye inhaftiert.

Die in einem Glasgefäß auf dem Gut von La Fosse-Hingant vergrabenen und ans Tageslicht beförderten Dokumente zeugten von seiner Beteiligung an dem Komplott. Einer seiner beiden letzten Briefe ist an den Nationalkonvent gerichtet und spielt mit leichter Ironie darauf an:

> An den Bürger Präsident des Nationalkonvents.
>
> Bürger,
> Das Revolutionstribunal hat zwölf von uns wegen Verschwörung in der einstmaligen Bretagne zum Tode verurteilt. Das Komplott ist in einem Glasgefäß [sic] fünf Fuß unter der Erde entdeckt worden. Ich erlaube mir keinen Kommentar zu dem Urteil des Tribunals, mit dem es sicher Recht zu sprechen glaubte, aber ich behalte mir die Freiheit zu der Bemerkung vor, daß es bei einer Rechtsprechung, die keine Berufung zuläßt, manchmal zu Fehlurteilen kommt, denn irren ist menschlich, und es passiert, daß man einen Unschuldigen in dem Glauben, einen Schuldigen zu treffen, verurteilt, und dazu ist es heute gekommen. Zweitens erlaube ich mir folgende Bemerkung: Wenn die Gefährdung des Vaterlandes eine Nation auch manchmal zu strengen Maßnahmen veranlaßt, so gerät es einem großen Volk doch auch zum Lob, Milde walten zu lassen. Wie mir scheint, wäre sie in diesem Fall durchaus angebracht, denn die besagte Verschwörung existiert nur in der Vorstellung der Menschen, und der große Verschwörer ist nichts anderes als ein Glasgefäß [sic].
> Im übrigen will ich den Nationalkonvent nur um eine einzige Gnade bitten, nämlich die, mir einen Strafaufschub zu gewähren. Das könnte die Einsicht meiner Richter in die Affäre erhellen und mir Zeit geben, die nötigen Papiere kommen zu lassen, die für meine Unschuld den klaren Beweis liefern. Ich bin überzeugt, der Konvent wird nach der Maxime handeln, derzufolge es besser ist, zehn Schuldige entkommen zu lassen als einen Unschuldigen hinzurichten, und meinem Gesuch stattgeben.
> Ich verbleibe, Bürger Präsident, hochachtungsvoll Ihr unglücklicher Fontevieux.
> Im Gerichtspalast, 18. Juni 1793 des Jahres IV der Republik.

Der Hof des Gefängnisses der Madelonettes, Rue des Fontaines; ein altes Kloster, das heute nicht mehr existiert. Zeitgenössischer Stich (1)

Das Innere einer Zelle: Der Komfort hing von den finanziellen Möglichkeiten des Gefangenen ab. Anonymer Stich 1794 (2)

Der „Germinal"-Korridor in Saint-Lazare, in dem nur Männer untergebracht waren. Gemälde von Hubert Robert (3)

Ballspiel der Gefangenen in Saint-Lazare. Gemälde von Hubert Robert (4)

Mit gesenktem Kopf, entblößtem Nacken und gefesselten Händen klettern die Verurteilten in die Karren, die sie im Cour du Mai der Conciergerie erwarten. Stich nach Duplessis-Berteaux (5)

„Guten Abend, meine liebe Mama, eine Träne stiehlt sich aus meinen Augen, sie gilt Dir. Ich werde in der Ruhe der Unschuld schlafen." Letztes Billet von Lucile Desmoulins am 13. April 1794. Autograph und Zeichnung, die von dem späteren Marschall Brune stammt, aus der Historischen Bibliothek der Stadt Paris (6)

André Chenier in seiner Zelle. Zeichnung seines Mitgefangenen Hubert Robert (7)

General de Beauharnais lebte von seiner Frau stets getrennt, dennoch richtete er sein letztes Lebewohl an sie. Stich von Bonneville (8)

Fouquier-Tinville, Öffentlicher Ankläger des Revolutionstribunals. Stich nach einer Zeichnung von Bonneville (9)

Robespierre war ein Feind der Auswüchse des Terrors, dennoch wurde ihm nach seinem Tod die Verantwortung daran zugeschrieben. Aquarellierte Zeichnung von Moreau dem Jüngeren (10)

Die jüngste Tochter von Tardieu de Maleyssie erhält ihre Anklageschrift mit Verspätung; sie wird mit den Ihren aufs Schafott steigen. Stich aus *Histoire des prisons* von Nougaret 1797 (11)

Eine Exekution auf dem Platz der Revolution, heute Place de la Concorde. Gemälde von Demachy (12)

„Dies sind die letzten von meiner Hand geschriebenen Buchstaben. In wenigen Stunden werde ich nicht mehr leben. Ich bin zum Tode verurteilt. Ach, meine Frau, die ich immer geliebt habe, ich sterbe in zärtlicher Liebe zu Dir. Ich sage Dir nicht: vergiß mich, ich kenne Deine schöne Seele, Dein so zärtliches Herz, nein, Du wirst mich niemals vergessen. Doch lebe für unsere armen Kinder. Halte mein Andenken in ihrem Gedächtnis wach, auf daß ich ihnen als Beispiel diene, doch mögen sie besser sein als ich. Erziehe sie zur Tugend. Mein Hab und Gut ist konfisziert, aber es ist kaum der Rede wert und wird keinen großen Verlust für sie bedeuten. Erziehe sie in Liebe zur Arbeit und laß ihnen all die Zärtlichkeit zuteil werden, die Du für mich hattest. Adieu, tausendmal adieu, trockne Deine Tränen und sorge Dich nur um unsere Kinder."

Letzter Brief von Gabriel Rochon de Wormeselle, Redakteur des *Courrier de la Gironde,* am 2. November 1793 wegen der Verbreitung föderalistischen Gedankenguts zum Tod verurteilt (13)

Am selben Tag schrieb er an seine Mätresse, die Bürgerin Cauchy, die in der Rue de la Révolution Nr. 28, nicht weit von der heutigen Place de la Concorde wohnte:

> Es naht der schreckliche Augenblick, meine Freundin, da ich vor dem Höchsten Wesen erscheinen muß, doch sehe ich ihm furchtlos entgegen. Wie Essex werde ich sagen: »Nicht das Schafott schändet, sondern allein das Verbrechen.«
> Du kennst die reinen Gefühle, die mich allezeit erfüllt haben. Ich habe – das kann ich sagen, ohne die Regeln der Bescheidenheit zu verletzen – alles Gute getan, das in meiner Kraft stand, und niemandem Leid zugefügt. Ich bedaure, meine Freunde und vor allem Dich verlassen zu müssen. Was mich an diese Erde band, waren allein die Gefühle meiner Freunde, und nur ihretwegen bin ich unglücklich. Ich danke Dir hiermit von ganzem Herzen für die Zeichen der Freundschaft und des Trostes, mit denen Du meine Seele erfreut hast, und für die rührenden Dienste, die Du mir während meiner Gefangenschaft geleistet hast. Nochmals meinen herzlichsten Dank.
> Eines Tages werden wir wieder vereint sein: Früher oder später rafft die Sense der Zeit alle Lebenden dahin und macht uns alle gleich. Ich beklage meine Richter und vergebe ihnen aus tiefster Seele. Ich bitte Dich im Namen der zärtlichsten Freundschaft, tröste Dich und laß Dir die Tage Deines Lebens nicht verdunkeln. Wenn Du manchmal an mich denken solltest, sei beruhigt: Da ich unschuldig in den Tod gegangen bin, kann mir nur ein glückliches Los beschieden sein. Ich habe keine Träne über mein eigenes Schicksal vergossen, nur über das meiner Freunde; sie sind es, die es zu beklagen gilt. Adieu, meine gute, zartfühlende Freundin. Ich küsse Dich von ganzem Herzen. Wenn Du meinen Onkel siehst, sprich ihm Mut zu, hilf ihm, das Unglück zu ertragen, das mit dem menschlichen Leben unvermeidlich verbunden ist. Sag ihm, daß ich ihn lieb hatte, ihn liebe und über das Grab hinaus lieben werde.
>
> Fontevieux.

MORIN DE LAUNAY[170], Guillaume-Maurice (1736–1793)
Generalleutnant der Admiralität von Saint-Malo

Wie die meisten Verschwörer stammte er aus einer jener Reederfamilien von Saint-Malo, deren Reichtum auf die Mitte des 18. Jahrhunderts zurückging. Er war mit mehreren Familien reicher Finanziers verwandt, ebenso mit La Rouërie und dem Mitglied des Nationalkonvents Hérault de Séchelles.

Bevor die Revolution ausbrach, war er Vorsitzender des Handelsgerichts von Saint-Malo. Dort wurde er in seiner Wohnung Rue de la Vicairerie festgenommen. Seinen Abschiedsbrief schrieb er an seine Schwester Thérèse Guillaudens des Bassablons:

> An Madame des Bassablons, Rue de la Charité in Saint-Malo
>
> Meine ehrenwerte und unvergleichliche Schwester, ich möchte meine unglückliche Frau und meine lieben Kinder Ihrer zärtlichen Fürsorge empfehlen und Sie bitten, unsere Mutter zu trösten, die durch dieses Ereignis vielleicht unter den Einfluß einer Person gerät, die ihr Gefühle einflüstern könnte, die im Gegensatz zu den unseren stehen. Gewiß ist sie eine tugendhafte Frau, doch ist sie in ihrem hohen Alter unvermeidlich anfällig für gewisse Schwächen.
>
> Wir kommen gerade vom Tribunal, das das Todesurteil über zwölf Personen verhängt hat, zu denen auch ich gehöre, ebenso Grandville, Limoëlan, die Dame La Fonchais, Lamotte-Groult und Vincent; dieser Nachricht habe ich nichts hinzuzufügen als die Bitte, für mich zu beten.
>
> Ich muß Ihnen gestehen, daß alle meine Güter konfisziert wurden. Meine Frau wird Mühe haben, den ihr zustehenden Besitz zurückzubekommen, doch das meiste ist bereits durch die von meinem Schwiegervater vollzogene Teilung geregelt. Über die Erbschaft von Mademoiselle de Lamotte bin ich nicht genügend informiert – mit Ausnahme des Verkaufs der Meiereien von La Villé und der anderen, an deren Namen ich mich nicht mehr erinnere, der uns 4500 Livres einbrachte. Die Houssaye können Ihnen Auskünfte über den Mehrbetrag geben.

Es wäre besser, Sie ließen meinen Sohn aus Paris zurückkommen; wenn er hier bleibt, könnte ihm das zum Verhängnis werden, denn er ist im Grunde recht naiv. Auch könnte er in Ihrer Gesellschaft viele nützliche Einzelheiten lernen. Ich werde mich nun zum Gebet zurückziehen, bevor ich in wenigen Stunden vor Gott trete und empfehle mich Ihnen, unserer lieben Mutter, unseren Verwandten und Freunden. Zum letztenmal küsse ich meine Frau und meine Kinder.

VINCENT[171], Georges-Julien-Jean (1760–1793)

Vincent, »Unterhändler und Übersetzer«, war angeklagt, mit den führenden Mitgliedern der Verschwörung von La Rouërie in regelmäßigem Briefwechsel gestanden zu haben, mehreren Verschwörern die Flucht nach Jersey ermöglicht und sie »teils mit Geld, teils mit Waren« unterstützt zu haben. Seine letzten Gedanken gelten seiner Frau und seinen Kindern:

An die Bürgerin Binel Vincent,
Rue de Toulouse in Saint-Malo

18. Juni 1793

Gewissen Verfügungen der göttlichen Vorsehung, meine liebe, zärtliche Freundin, müssen wir uns fügen, ohne zu murren, wie schwer es uns auch fallen mag, sie zu ertragen. Ich brauche Dich, meine liebe, gute Freundin, nicht an die Gebote der Religion zu erinnern noch an die Tröstungen, die sie für Dich bereit hält, Du kennst sie ja besser als ich. Ach! Welch schrecklichen Schlag werde ich Deinem zärtlichen und großzügigen Herzen zufügen, wie untröstlich werden meine lieben, armen Kinder sein! Doch, meine lieben, guten Freunde, nehmt Eure Kräfte zusammen, laßt Euch vom Unglück nicht niederdrücken, meine Unschuld und meine Ehre werden Euch helfen, Euer Unglück zu ertragen, Gott hat uns vereint, ich hatte eine zärtliche, tugendhafte Frau, liebenswerte Kinder, die meine Freude waren; vielleicht war ich zu stolz auf das Glück, das ich besaß, so daß Gott es mir nun entreißt.

Meine ehrbare, zärtliche Frau, wenn ich mir Dir gegenüber jemals etwas zuschulden kommen ließ, bitte ich Dich um Vergebung, auf daß ich Deiner Freundschaft würdig sterben kann. Und wenn uns nach diesem unglückseligen Leben einige Erinnerungen an Personen bleiben, die uns teuer waren, so bleibt mir auch jenseits des Grabes das Andenken zärtlichster Freundschaft für Dich und meine lieben Kinder. Meine zärtliche und geliebte Freundin, wenn Du mich jemals geliebt hast, so bitte ich Dich, im Namen unserer Freundschaft Dein Leben für unsere Kinder zu erhalten. Küsse sie auf das zärtlichste von mir, sag ihnen, wie sehr ich sie liebte. Und wenn sie nun nicht nur ihren Vater entbehren müssen, sondern auch die Güter, die ihnen von rechtswegen zustünden, sollen sie wenigstens wissen, daß ich unschuldig war. Ich hinterlasse ihnen das höchste Gut, die Ehre, so daß sie nicht nur erhobenen Hauptes einhergehen können, sondern sogar stolz sein können auf den Tod ihres Vaters, der als unschuldiges Opfer der Revolution seinen Kopf unter das Fallbeil legte.

Gib acht, meine werte Freundin, daß der Schmerz über meinen Tod sie nicht undankbar werden läßt gegenüber ihrem Vaterland, das an dem uns heimsuchenden Unglück nicht schuld ist: Irren ist menschlich, und in einer Welt, wo die Leidenschaften uns blind machen, wird oft der Unschuldige anstelle des Schuldigen bestraft; doch als gute und treue Christen müssen wir fähig sein, Unglücksschläge hinzunehmen und Gottes Hand anbeten, auch wenn sie uns schlägt.

Meine lieben Kinder, tröstet Eure zärtliche und ehrbare Mutter, seid ihr eine Stütze, gehorcht ihr und kommt Euren religiösen Pflichten nach. Ich küsse Euch, meine Lieben, denkt oft an mich und betet zu Gott für meine Seele. Und du, liebe, zärtliche Gemahlin, sei zum letztenmal geküßt. Gedenke meiner nur, um Gott zu bitten, er möge mir meine Sünden vergeben und sich meiner Seele annehmen. Mehr kann ich Dir nicht sagen, in diesem schrecklichen Moment fehlen mir die Worte, der Abschied vom Leben fällt mir nur deswegen schwer, weil ich Dir mit meinem Tod Kummer bereiten werde.

Doch beschwöre ich Dich, laß Dich vom Schmerz nicht überwältigen. Füge Dich der göttlichen Vorsehung, wir sind nicht dazu bestimmt, für immer auf dieser miserablen Erde zu verweilen, und wußten bereits, als wir den Bund der Ehe eingingen, daß der Tod uns scheiden würde. Gott hat nun über den Zeitpunkt und die Art meines Todes entschieden; schicken wir uns also in seinen Willen, ohne zu murren.

Adieu, meine liebe, ehrbare Gemahlin, adieu, meine lieben, zärtlichen Kinder, seid alle herzlichst geküßt. Der Himmel möge Euch ein besseres Los bescheiden als Eurem unglücklichen Vater, der unschuldig und reinen Gewissens stirbt.

LAMOTTE-LA GUYOMARAIS[172], Marie-Jeanne Micault, Gräfin (1743–1793)

Sie war die Gemahlin eines bretonischen Edelmannes und wurde zusammen mit ihm und zwei ihrer neun Kinder, Amaury und Casimir, wenige Tage nachdem sie La Rouërie im Park des Schlosses von La Guyomarais bestattet hatte, festgenommen. Sie hatte eine »sehr aktive« Rolle in dem royalistischen Komplott gespielt. Davon zeugt dieser an eine ihrer Töchter gerichtete Brief, in dem sie die politische Lage mit realistischem Scharfsinn beurteilte:

> Trotz der 200.000 Männer, von denen in den Brüsseler Briefen die Rede ist, fällt es doch nicht leicht, an eine gewaltsame Konterrevolution zu glauben; doch wenn man sieht, in welchem Zustand sich die öffentlichen Finanzen befinden, ist man überzeugt, daß es in Kürze zum Sturz der Revolution oder der Konstitution kommen muß. Das Dekret bezüglich der Kolonien hat die reichen Händler vollends aller Rechte beraubt. Bisher wurden unsere Gesetzgeber von den Spekulanten und Kapitalisten

unterstützt, die auf die Adligen eifersüchtig waren und von den Gütern des Klerus profitieren wollten; doch jetzt, da sich die Spekulation nicht mehr lohnt, werden unsere erlauchten Obrigkeiten nicht länger mit der Hilfe der Geldleute rechnen können und erfahren, daß man nicht lange mit Assignaten und Groschen wirtschaften kann, wenn man die Bankiers nicht mehr auf seiner Seite hat...

Vor dem Tribunal gab sie zu, im Briefwechsel mit dem Ausland gestanden zu haben, insbesondere mit ihren beiden emigrierten ältesten Söhnen, und beim Verlassen des Gerichtspalastes rief sie aus: »Es lebe der König!« Der wenige Minuten zuvor an ihre Töchter gerichtete Brief ist fast unleserlich, so erregt muß sie gewesen sein:

An die Bürgerin Guyomarais bei dem Bürger Micault,
Rue Basse in Lamballe
Nun denn, meine liebe Schwester und meine lieben Töchter, Euer ehrbarer und tugendreicher Vater, Eure zärtliche und beste Freundin sind verurteilt, in der nächsten Nacht zu sterben, und dies eines Verschwörungsdeliktes wegen, von dem weder er noch ich die geringste Ahnung haben. Unser menschliches Verhalten und eine von L. [La Guyomarais, Anm. d. Verf.] begangene Unvorsichtigkeit haben unsere unschuldigen Köpfe dem Fallbeil ausgeliefert. Ich bin sicher, meine Lieben, daß uns der letzte Richter vor den wir nun zu treten haben, in Seinen väterlichen Armen aufnehmen und denjenigen, die uns gerichtet haben, Gelegenheit zur aufrichtigen Reue geben wird, damit sie vor dem ewigen Gericht Vergebung erlangen. Was mich betrifft – und ich glaube das gleiche von Eurem würdigen Vater sagen zu können –, vergeben wir ihnen von ganzem Herzen.
Nun werden wir sicherlich in den Himmel kommen, unser eigentliches Vaterland, dessen Tore mir ohne dieses Ereignis, das uns den Ruhm des Martyriums einbringt, vielleicht verschlossen geblieben wären, denn ich war nicht besonders fromm und habe mich von den Schimären dieser Welt verführen lassen.
Ah, meine Freundinnen, wie glücklich werde ich doch in wenigen Stunden sein! Nur eines bedaure ich, Euch und Eure Brüder

im Elend zurückzulassen; doch möge Euch die Fügung in den göttlichen Willen, diesen Spender von Glück und Leid, zum Trost gereichen und Euren Kummer lindern. Mein Bruder [zur Gefängnisstrafe verurteilt, Anm. d. Verf.] hat mir versprochen, für die Familie zu sorgen, was Euch vor Not bewahren wird.
Schließlich hoffen wir, Euch im Himmel wiederzusehen, wenn Ihr Euch gehorsam den ewigen Geboten fügt und Euch im Leiden und in der Liebe Gottes und Eures Nächsten übt. Überlaßt Euch dem natürlichen Schmerz nur soweit, als Ihr es absolut nicht zu verhindern vermögt.
Tröstet Euch mit dem Gedanken, daß wir auf ewig glücklich sind, vermittelt unseren aufrichtigen Freunden unsere herzlichsten und freundschaftlichen Grüße, sagt unserer lieben Dienerschaft adieu.
Meinem Zimmermädchen La Tartet sind am kommenden Saint-Michel drei Jahre Lohn auszuzahlen. Allen anderen schulde ich nur ein Jahr. Dem Gärtner François Perrin stehen 75 Livres zu; er hat sie mir in La Tour de Batz, wo ich ihn entlohnt habe, zur Aufbewahrung übergeben. Joannin, Kaufmann von Saint-Brieux, schulden wir 242 Livres. Das ist alles, woran ich mich erinnern kann. Der Lohn der La Tartet beträgt 13 Livres, David bekommt das gleiche, La Jeunesse 28 und Fanchon 13 Livres.
Ich komme zum Ende, meine Lieben, mein Herz und meine Hand sind gegen meinen Willen eiskalt geworden. Wird es mir gelingen, diese Schwäche zu überwinden? Aber Ihr kennt ja meine Gefühle: was mir in diesem Augenblick zur Freude gereicht, ist, daß ich zur gleichen Zeit wie mein würdiger Gemahl diese Erde verlasse. Seine Schicksalsergebenheit beglückt und stärkt mich in meiner Schwäche. Ich küsse Euch zum letztenmal, Ihr aber betet zum Allmächtigen um Schutz und Beistand.
Eure unglückseligen Eltern,

           Micault de La Guyomarais.

Befolgt die Ratschläge Eurer armen Brüder und nehmt Euch ein Beispiel an ihnen. Ich hoffe, daß die Bitterkeit Eurer Herzen Euch nicht die guten und tugendreichen Lehren vergessen läßt, die wir Euch zuteil werden ließen.

Mademoiselle Joachim aus Rennes hat uns die achtzehnhundert Livres gesandt, die sie von uns für unsere Rechtsanwälte erhalten hatte. Holt das Billett ab und laßt es ihr mit unserem besten Dank durch ihren Cousin, den Doktor, zukommen.

PONTAVICE[173], Louis-Anne du (1768–1793)

Als Cousin des Marquis de la Rouërie hatte er Fontevieux auf mehreren Auslandsmissionen begleitet. Gemeinsam mit La Trémoille, Boisguy, Kératry, du Buat und anderen Verschwörern aus der Bretagne und der Vendée war er an konterrevolutionären Aktivitäten beteiligt gewesen und am 15. März 1793, am selben Tag wie Fontevieux, verhaftet worden. Da es den Polizeibehörden in Paris jedoch nicht gelang, Beweise für seine Auslandsaufenthalte zu erbringen, wurde er gegen Kaution wieder freigelassen.

Einige Tage später wurde er auf Befehl des Sicherheitsausschusses neuerlich festgenommen und in die Abbaye eingewiesen, »bis er den Nachweis erbracht hat, daß er sich seit der Erlassung des Dekrets über Auslandsreisen ohne Unterbrechung in Frankreich aufgehalten hat und die Bestätigung des Sicherheitsbüros seiner Sektion sowie seinen offiziellen Gesinnungsnachweis vorgelegt hat«. Aufgrund von Reisekostenbelegen, die sich in La Fosse-Hingant gefunden hatten, wurde er der Komplizenschaft mit La Rouërie angeklagt und in dem Verfahren gegen die bretonischen Verschwörer mit diesen gemeinsam verurteilt.

Er war vermählt mit Elisabeth-Louise Person, der Tochter des obersten Jagdaufsehers des Herzogs von Orléans, Nicolas-Joseph Person, der am 14. Juli 1789 bei der Verteidigung der Bastille gefallen war.

In einem kurzen Billett bat er einen engen Freund, sich seiner Frau anzunehmen, bevor er seinen letzten Brief an den Vater schrieb, dem er ebenfalls seine junge Frau ans Herz legte:

An den Bürger Balsac, Hôtel de la Providence, Paris.

Haben Sie besten Dank, mein hochherziger Freund, für alle Bemühungen, die Sie zu meiner Rettung unternommen haben; das Schicksal hat anders entschieden, und Sie wissen, wem der unsägliche Schmerz gilt, den ich darob empfinde. Haben Sie weiterhin die Güte, den ihrigen zu lindern, sie hat ein Kind; sie soll sich ihre Gesundheit erhalten um dieses unglücklichen Kindes willen, das ihrer bedarf. Ich bitte Sie, so bald wie möglich den Juristen M. Jouanne aufzusuchen und ihn mit der Regelung aller Angelegenheiten meiner Frau zu betrauen. Ich habe kein Vermögen. Ich hoffe, man wird ihr in dieser Hinsicht keine Schwierigkeiten bereiten, alles gehört meiner Frau und meiner Schwiegermutter. Benachrichtigen Sie bitte all jene Personen, die so gütig waren, an meinem Schicksal Anteil zu nehmen. Ich weiß, daß ich Ihrem Zartgefühl damit eine sehr schmerzliche Aufgabe auferlege und bitte Sie dafür um Vergebung. Ich bin, in tiefster Dankbarkeit, Ihr Freund

Du Pontavice

An den Bürger Pontavice, wohnhaft in La Branche,
in Saint-Brice, bei Fougères,
Departement l'Isle-et-Vilaine

Nach viermonatiger Gefängnishaft bin ich schließlich, mein lieber Vater, zum Tode verurteilt worden. Bis heute habe ich Ihnen den Kummer ersparen wollen, den Ihnen meine Verhaftung verursacht hätte, doch nun ist es meine Pflicht, Ihnen das unglückliche Ereignis, das Ihnen nicht länger verborgen bleiben kann, mitzuteilen.

Meiner armen Frau möchte ich diesen Schmerz ersparen, und ich bitte Sie – das ist mein letzter Wunsch –, sich ihrer anzunehmen und für sie zu sorgen. Ich kenne niemanden, der ehrbarer wäre als sie, sie verdient Ihre zärtlichsten Gefühle. Am 26. März gebar sie unsere Tochter, die ihr zum Trost gereichen wird. Ich bin sicher, Ihre Fürsorge und Ihr gutes Herz werden

alles übrige tun. Um mich brauchen Sie sich keine Sorgen zu machen, ich sterbe unschuldig und habe mir nichts vorzuwerfen. In wenigen Stunden werde ich glückselig sein. Der bevorstehende Tod macht mir keine Angst, und was danach kommt, schon gar nicht.
Ich umarme meine Mutter, meine Schwester und meine Tante und bleibe ihrer Achtung und Freundschaft würdig.
Seien Sie so gut und zerreißen Sie die Schuldscheine für das Geld, das Sie mir freundlicherweise geliehen haben, bitte, behelligen Sie meine arme Frau nicht mit ihrer Bezahlung. Ich glaube, daß ich damit keine ungerechte Forderung an Sie stelle.
Adieu, mein würdiger Vater, mein zärtlicher Freund, möge Ihre schöne Seele diese Nachricht mit aller Gefaßtheit und Unerschütterlichkeit, der sie fähig ist, entgegennehmen. Ich verbleibe mit Respekt

Ihr Sohn, Louis-Anne Pontavice.

18. Mai 1793.

LOCQUET DE GRANDVILLE[174], Félix-Victor (1759–1793)

Dieser bretonische Adlige besaß seit nicht langer Zeit ein Gut in der Nähe von Nantes und war angeklagt, die örtliche Bevölkerung zur Teilnahme an dem Komplott aufgewiegelt zu haben. Zu seiner Verteidigung gab er vor, er habe sich seit 1790 nicht mehr in dieser Gegend aufgehalten. Während des Verhörs erklärte er, seine Frau sei vor Kummer über den Tod ihrer Tochter gestorben. Darauf erwiderte ihm einer der Richter barsch: »Ist Ihre Frau nicht eher an ihrer Aristokratie gestorben?«
Man fand heraus, daß er die konterrevolutionäre Bewegung finanziell unterstützt hatte, um die Durchführung ihrer Pläne »zu erleichtern«, und verurteilte ihn zum Tod. Er hinterließ eine von ihm abhängige körperbehinderte Mutter und zwei kleine Kinder. Zunächst richtete er folgenden Brief an Fouquier-Tinville:

Bürger,
Hiermit möchte ich Sie bitten, meinen Ring sowie einen verzierten Kasten mit den Porträts meiner verstorbenen Frau und Tochter meinen Kindern aushändigen zu lassen. Es ist nur eine unbedeutende Gunst, um die ich Sie bitte, und dieser Teil meines Erbes kann der Nation wenig nützen. Meine Kinder befinden sich in Saint-Malo. Wenn Sie die beiden Gegenstände an meinen Freund, den Bürger Magon de La Balue, schicken, wird er sich um alles weitere kümmern. Adieu, Bürger, ich bin Locquet de Grandville.
Auch bitte ich Sie, zu erlauben, daß meine Wäsche dem Bürger Gendarmen übergeben wird.

Bevor er starb, verabschiedete er sich von seinem Schwiegervater mit der Bitte, sich seiner Kinder anzunehmen:

An den Bürger Gouyou de Beaufort in Saint-Malo,
Department l'Isle-et-Vilaine
18. Juni 1793, Jahr II der französischen Republik.
Mein lieber Vater, lassen Sie sich vom Kummer nicht niederdrücken. Wer wüßte besser als Sie, wie wenig Aufhebens ich vom Leben mache; ich sterbe unschuldig und in dem wohltuenden Bewußtsein, niemandem jemals etwas Böses zugefügt zu haben; ich sterbe, indem ich meinen Richtern vergebe. Ihre tugendhafte Tochter, die mir vorangegangen ist und mit der ich in wenigen Augenblicken vereint sein werde, ist von einem niederträchtigen Denunzianten, der versucht hat, ihr Andenken zu verunglimpfen, beleidigt worden. Doch letzten Endes bin ich befriedigt, denn Tronçon du Coudray, mein Verteidiger, hat sie gerächt: Seine Beredsamkeit hat die düsteren Wolken der üblen Nachrede, die ihre Tugend verdunkelten, zerstreut, und das Bild der liebenswerten Gemahlin und zärtlichen Mutter ist unbefleckt geblieben.
Ich überlasse meine beiden Kinder, die mir als Unterpfand meiner Liebe anvertraut wurden, Ihrer Obhut, diese lieben Kinder, die dem Himmel danken können, wenn Sie Ihnen erhalten blei-

ben, und die den Tod ihres Vaters noch nicht zu fühlen vermögen: Erzählen Sie ihnen manchmal von mir, sagen Sie ihnen, daß ich sie zärtlich geliebt habe und daß mein letzter Gedanke dem Schöpfer, mein vorletzter jedoch ihnen gelten wird.

Ich weiß, daß Sie mehrere Kinder haben, aber ich bin sicher, daß Sie diese beiden ebenfalls zu den Ihren zählen und ernähren werden, da ihnen durch meinen Tod auch jegliches Vermögen verlorengeht. Achille und Aristide werden Sie an Ihre charmante Tochter erinnern; machen Sie sie glücklich und geben sie ihnen noch lange das Beispiel der Tugend.

Adieu, mein zweiter Vater, adieu, meine Kinder, adieu, meine arme Mutter, adieu, meine liebe Schwester, auch Ihnen vertraue ich meine Kinder an, die sie Ihrem Bruder zuliebe lieben werden.

Ich habe darum gebeten, daß Euch mein Ring, einst das Pfand meines Glücks, übergeben werde, ebenso mein verzierter Kasten mit dem Porträt Eurer Mutter und dem meinigen: Das ist das einzige Erbe, das ich Euch hinterlasse, mein lieber Aristide, mein lieber Achille.

Kümmern Sie sich auch um Marie, ihre Gouvernante.

Ihr Sohn, Locquet de Grandville.

LA FONCHAIS[175], Angélique-Françoise Des Isles, Gräfin Desclos von (1769–1793)

Angélique de La Fonchais war die Tochter des Reeders Marc-Pierre Des Isles, Gutsherr von Cambernon. Die Familie war aus der heimatlichen Normandie nach Saint-Malo umgesiedelt, wo sie ihren Handelsgeschäften nachzugehen gedachte, ohne dabei auf die Privilegien ihres Standes verzichten zu müssen.

1787 heiratete sie Jean-Roland Desclos, Ritter von La Fonchais, Kapitänleutnant des Königs, der 1791 den Offizieren seines Korps folgte und sich nach England absetzte.

Mit ihren beiden Kindern in der Bretagne zurückgeblieben, wurde Madame de La Fonchais zusammen mit ihrem Onkel, Picot de Limoëlan, und ihren beiden Schwestern, deren Männer ebenfalls emigriert waren, auf dem Familienschloß von La Fosse-Hingant festgenommen.

Während der Untersuchung wurde auf einer Empfangsbestätigung für einen der Verschwörung La Rouëries vorgestreckten Betrag ihr Name entdeckt. Das genügte, um sie zum Tode zu verurteilen. In Wirklichkeit aber, so wurde später behauptet, habe das verhängnisvolle Dokument eine ihrer Schwägerinnen betroffen, für die sie sich, als die Jüngere, geopfert haben soll. In einem Brief an ihren Freund, den Girondisten Buzot, schrieb Madame Roland in der Abbaye folgendes über sie: »[...] Ich habe ihr Zimmer und ihr Bett zugeteilt bekommen; bei ihrer Abfahrt habe ich sie kurz gesehen [...]. Ihr offiziöser Verteidiger ist außer sich und schwört auf die Unschuld dieses Opfers, dessen sanfte, schöne Züge auf eine schöne Seele hindeuten. [...]«

Ihre beiden zu Gefängnisstrafen verurteilten Schwestern haben folgendes Billett von ihr erhalten:

Trocknet Eure Tränen, meine lieben Freundinnen, und wenn Ihr Euch ihrer nicht enthalten könnt, so weint ohne Bitterkeit. Alle meine Pein wird zu Ende gehen, und im Grunde bin ich glücklicher als Ihr. Soeben habe ich an meine Schwägerin geschrieben, um ihr meine Kinder anzuvertrauen; ich hoffe, daß auch Ihr Euch mütterlich dieser armen kleinen Waisen annehmen werdet. Möge diese edle Aufgabe Euch helfen, das Leben zu ertragen! Ich verlasse Euch, um zu Gott zu beten. Seid zärtlichst und liebevollst von mir gegrüßt, meine lieben Schwestern. Ich würde mich gern länger mit Euch befassen, aber dieser Gedanke macht mich schwach, und ich will alle meine Kräfte zusammennehmen.
Nochmals adieu! Und tröstet Euch in Eurem Schmerz, wir werden uns eines Tages wiedersehen! Ich küsse Euch von ganzem Herzen. Adieu, meine Freundinnen!

Der andere Brief war an eine ihrer Schwägerinnen gerichtet:

18. Juni 1793.

Mein Schicksal ist beschlossen, meine gute Seele. Betrüben Sie sich nicht und sehen Sie dem Ereignis ebenso gefaßt entgegen wie ich. Ich scheide nicht ohne Bedauern aus diesem Leben, in dem mir vielleicht noch glückliche Tage beschieden gewesen wären. An Sie, der das unglückliche Los meiner armen Kinder bekannt ist, habe ich eine Bitte: Nehmen Sie sich ihrer an, meine liebe Freundin, seien Sie ihnen eine zärtliche, liebevolle Mutter und lassen Sie es ihnen an mütterlicher Fürsorge nicht mangeln.

Bitte, lassen Sie sie von Limoëlan holen und in Ihrem Hause aufwachsen. Leider macht ihre Situation es meinen Schwestern unmöglich, für sie zu sorgen. Das ist das einzige, worum ich Sie bitte. Ich bin überzeugt, Sie werden sich dieser armen kleinen Wesen mit der größten Beflissenheit annehmen. Es beruhigt mich, sie bei Ihnen zu wissen, Sie werden ihnen die Mutter ersetzen.

Adieu, meine Freundin, ich kann mich nicht länger mit Ihnen unterhalten; es kommt der Augenblick, mich dem Allmächtigen zu nähern, zu dessen Füßen ich mich werfe. Meine Fügung in Seinen Willen läßt mich zuversichtlich hoffen, daß Er mir vergeben wird. Denken Sie manchmal an mich, meine Freundin, sprechen Sie mit meinen Kindern über mich, doch ohne Bitterkeit. Mein Leidensweg geht zu Ende, während der Ihre noch weitergeht.

Adieu, meine Freundin, gedenken Sie meiner, aber bedauern Sie mich nicht.

Ihre Schwester, Des Isles de La Fonchais.

Ich bitte Sie, meine Freundin, bei der Erziehung meiner Kinder im Einverständnis mit meinen Schwestern zu handeln. Sie haben nur Sie drei auf der Welt, und Ihnen dreien stelle ich es anheim, ihnen die Mutter zu ersetzen.

PICOT DE LIMOËLAN[176], Michel-Alain (1734–1793)

Als Ältester von vier Kindern aus einer alteingesessenen Familie von Saint-Malo hatte Picot de Limoëlan den Großteil des Familienbesitzes geerbt. Hinzu kam das Vermögen seiner Frau, die aus der Bourgeoisie von Nantes stammte, und so war er bald in der Lage, Schloß Limoëlan zu kaufen, nach dem er sich dann benannte.

Als Schatzmeister der Verschwörung La Rouëries wurde er zum Tode verurteilt. Sein letzter Brief aus der Conciergerie war an seine Töchter in der Bretagne gerichtet:

> An die Fräulein von Limoëlan, in Limoëlan bei Broons.

Ich küsse Euch, meine lieben Kinder, sagt Euren Brüdern, und vor allem unserem Reisevogel, wenn er in sein Vaterland zurückkehrt, daß ich sie bis zu meinem letzten Atemzug geliebt habe. Ich sage Euch nicht: betet für mich, denn bald werde ich glücklicher sein als Ihr. Wenn meine Gebete erhört werden, wird es Euch auf dieser Welt wie in der anderen wohlergehen. Tröstet Eure Mutter, seid ihr immer gehorsam, und wenn Ihr an mich denkt, so freut Euch, daß Gott mir die Gnade zuteil werden ließ, mein Leben für ihn hingeben zu dürfen. Euer Vater, der Euch zärtlich liebt.

Picot de Limoëlan.

Aus der Conciergerie, am 18. Juni 1793 um 9 Uhr morgens; Dankt in meinem Namen Mademoiselle [unlesbar] und allen meinen Bediensteten.

BERGER[177], Claude-François (1728–1793)

Berger, ein ehemaliger Jesuit, der später Grundbesitzer in La Charité-sur-Loire wurde, war der Denkweise des Ancien Régime aufs engste verbunden geblieben. Er war von autoritärem Charakter, wie ein Absatz aus seinem letzten, an seine Kinder gerichteten Brief zeigt, und machte aus seiner »antistaatsbürgerlichen« Gesinnung kein Hehl.

Im März 1793 wurde er bei der Gemeinde von Pouilly-sur-Loire angezeigt und festgenommen. Bei der Durchsuchung seines Hauses fand man Quittungen über sein Abonnement der bekannten royalistischen Zeitung »L'Ami du Roi«, eine Satire gegen die konstitutionellen Priester sowie den Entwurf eines kurz nach dem Tod Ludwigs XVI. verfaßten Briefes, in dem Berger seiner Entrüstung Ausdruck gab: »Wie konnte es nur geschehen, daß man die Schurken ungestört und ohne Widerspruch den abscheulichen Königsmord begehen ließ? Oh, Paris, welch exemplarische Strafe verdienst du doch!«

Noch schlimmer: Nach der Ächtung der Girondisten und der Unterdrückung regionaler Aufstände begrüßte Berger in einem anderen Brief die Vorzeichen einer »lange erwarteten Konterrevolution«: »Sie gärt schon seit langem in dieser Provinz [la Nièvre], und wir warten nur auf den geeigneten Moment, uns erklären zu können, denn Gott sei Dank sind wir in der Überzahl, sie haben uns wiederaufleben lassen. Das Gesindel, der besitzlose Pöbel, wird allerdings nichts oder nur wenig dazu beitragen.«

Berger wurde nach Paris gebracht und erschien im Oktober vor dem Revolutionstribunal. Nach vierstündiger Debatte waren die Richter von seiner Beteiligung an den föderalistischen Komplotten der Nièvre überzeugt, Komplotte, die darauf abzielten, »die Staatsordnung durch einen Bürgerkrieg ins Wanken zu bringen und die Staatsbürger gegeneinander zu bewaffnen«.

Am 13. September 1793, gegen sieben Uhr abends, wurde der Verurteilte zum Revolutionsplatz geführt.

Sein letzter Brief ist an eine seiner Töchter gerichtet:

An die Bürgerin Berger bei den Bürgern Guai und Gide,
Buchhändler, Rue de l'Enfer Nr. 731, in Paris
Adieu, meine liebe Tochter, adieu für immer. Ich bin zum Tode verurteilt wegen angeblicher Anstiftung zur Konterrevolution: Niemals habe ich mich mit diesem Gedanken getragen, aber der wahre Grund meiner Verurteilung ist, daß ich katholisch und von der Religion unserer Väter nur allzu überzeugt bin. Gott sei gelobt und gesegnet für alles! Ich empfehle mich Deinen Gebeten sowie denen aller unserer Freunde, die ich erst in der Ewigkeit wiedersehen werde. In wenigen Stunden werde ich dort sein, Gott möge sich meiner erbarmen und mir meine zahllosen Sünden vergeben, wie ich von ganzem Herzen meinen Richtern vergebe, die sich offensichtlich getäuscht haben, indem sie mich eines Verbrechens wegen verurteilten, das mir nie in den Sinn gekommen wäre. Auch meinen Feinden, die an meiner Verhaftung und meinem Tod schuld sind, verzeihe ich.
Tröste Deine arme Mutter, mein liebes Kind: Sei ihr eine Stütze in ihrem Alter und in dem furchtbaren Unglück, das über sie hereinbricht. Möge sie ihr Unglück dem Kreuz zu Füßen legen und ihr Schicksal der heiligen Vorsehung überlassen, deren Fügungen – wie unheilvoll sie uns auch erscheinen mögen – immer gerecht und anbetungswürdig sind. Nochmals lege ich Dir ans Herz, meine Tochter, Dich Deiner alten Mutter anzunehmen und dafür zu sorgen, daß auch Deine Brüder und Schwestern sie nach besten Kräften trösten und ihr Los erleichtern. Sie hat Anspruch auf das, was ihr rechtmäßig aufgrund unserer Ehe zusteht. Ihr Bruder könnte ihr bei den zu unternehmenden Schritten behilflich sein. Auf jeden Fall soll Dein älterer Bruder, den ich ausdrücklich damit beauftrage, ihr Trost zusprechen oder sie am besten zu sich nehmen.
Ich bitte meine arme Frau um Vergebung für den Kummer und die Unannehmlichkeiten, die ich ihr bereitet haben könnte. Möge sie mir verzeihen und täglich in ihren Gebeten meiner gedenken. Meinerseits vergebe ich Deinem älteren Bruder die Sorgen, die er mir insbesondere durch seine Eheschließung verursacht hat, möge Gott ihm verzeihen. Ich verzeihe auch Deiner

älteren Schwester und dem Jüngsten den Kummer, den sie mir durch ihren Ungehorsam sowie durch die Verachtung ihres Vaters und ihrer Mutter bereitet haben; möge Gott ihnen vergeben, vorausgesetzt, sie bereuen ihre Fehler aufrichtig und versuchen sie gutzumachen, indem sie sich um so liebender, respektvoller und gehorsamer ihrer armen Mutter gegenüber erweisen, meiner zärtlichen, untröstlichen Gemahlin, die ich zum letztenmal von ganzem Herzen küsse. Ich umarme auch meine liebe Tochter Nanette, möge sie ihre arme Mutter weiterhin pflegen: Gott wird es ihr lohnen, ich bete darum und werde Ihn auch im Himmel darum bitten, falls Er sich meiner armen Seele in Seiner unendlichen Barmherzigkeit annimmt, worum ich Ihn im Namen des kostbaren Blutes Seines Sohnes, unseres Herrn, anflehe. Ich sterbe an einem Freitag, dem Tag, der seinem Leidensweg und seinem Tod geweiht ist. Meine Kinder, vergeßt nie Euren Vater in Euren Gebeten und haltet auch alle Freunde dazu an, für mich zu beten. Vergeßt niemals Eure Pflichten gegenüber Eurer Mutter, Gott und Eurem Vaterland.

Adieu, meine liebe Freundin, sei nochmals geküßt. Ich werde mich nun auf den Tod vorbereiten und mich in den Willen Gottes fügen. Versucht niemals, meinen Tod an denen zu rächen, die ihn verursacht haben, und tragt ihnen nichts nach. Auch der Tod Jesu Christi ist nie gerächt worden. Im übrigen aber bin ich unschuldig und überzeugt, diese Strafe, die aufgrund von nicht unterschriebenen, nicht abgesandten Schreiben über mich verhängt wurde, nicht verdient zu haben. Aber wie dem auch sei, meine Liebe, ich sterbe und unterstelle mich dem Willen des Allmächtigen, der es so gewollt hat, auf daß ich für meine schweren Sünden auf dieser Erde büße, in der Hoffnung auf Seine Barmherzigkeit.

Adieu, meine liebe Tochter, adieu, der Himmel segne Dich und lasse Dir seine Gnade zuteil werden, das ist das einzig wahre Gut.

Aus der Conciergerie, Freitag, den 13. September 1793, viertel nach drei.

Berger.

Ich habe Dir heute morgen bereits geschrieben, weiß aber nicht, ob Du meinen Brief, meine Wäsche, meine Bücher und sonstigen Habseligkeiten erhalten hast, die ich Dir in drei Paketen zustellen ließ.

Ich schulde dem Bürger Saussier, der das Zimmer – »la cailloutine« genannt – mit mir teilt, sieben Livres und zehn Sous, wofür ich ihm einen Schuldschein ausgeschrieben habe. Zahle es ihm zurück oder laß es ihm über den Bürger Pottier, den ich grüße, auszahlen. Ich erinnere mich auch, daß ich der Witwe Charanson etwa sechs Livres schulde, sie war früher unsere Weinbäuerin, ihr Sohn hat die Tochter von La Robineau geheiratet. Man zahle ihr, was ich ihr schulde, ebenso bezahle man die Winzer und Arbeiter, bei denen ich vielleicht noch Ausstände habe. Das lege ich Euch ans Herz. Nochmals adieu, meine liebe Tochter.

RUTANT[178], Jeanne-Charlotte de (1771–1793)

Charlotte de Rutant war in Saulxures-lès-Nancy (Meurthe-et-Moselle) geboren und als Tochter eines lothringischen Edelmannes ganz von der aristokratischen Gesinnung ihrer Familie durchdrungen. Dies geht aus dem Briefwechsel hervor, der ihr zum Verhängnis werden sollte.

Ein von ihr im April 1793 verfaßtes Schreiben an »die Lehrerin von Mademoiselle Henriette« in Aachen wurde vom Überwachungsausschuß des Departements Meurthe-et-Moselle abgefangen. Recto war der Brief mit gewöhnlicher Tinte beschrieben und enthielt unwesentliche familiäre Informationen; doch verso kamen kaum leserliche, in Geheimtinte geschriebene Sätze zum Vorschein. Wenn man das Schreiben vor eine Kerzenflamme hielt, so entdeckte man die wahren Gefühle und Anliegen des jungen Mädchens. Sie stellte ihrer Korrespondentin – einer »Verwandten« – Fragen über die Emigrierten und die Bewegungen der feindlichen

Truppen und unterrichtete sie, daß »Monsieur le Régent«, der spätere Ludwig XVIII., ein Manifest vorbereite, das nicht zur »Veröffentlichung« bestimmt sei.

Da sie äußerst gut informiert zu sein schien, begaben sich die Autoritäten von Nancy in das Schloß, das sie mit ihrer Familie bewohnte, durchsuchten ihre persönlichen Papiere und führten sie zum Verhör ab. Zu den sie belastenden Beweisstücken kam noch ein undatierter Brief, von »J.C.R.« unterschrieben, den ihnen ein Dienstbote zusteckte. Darin war die Rede von in Luxemburg unternommenen Bemühungen, die »auf die Vernichtung Frankreichs« abzielten, sowie davon, daß »Lothringen, die Bistümer und das Elsaß mit Sicherheit an den Kaiser fallen würden«.

Nach Beratung des Ausschusses wurde beschlossen, »die Tochter Rutant« sofort nach Paris zu bringen. Ihr Vater, ebenfalls festgenommen und im Gefängnis der »Prêcheurs« in Nancy inhaftiert, ahnte das Schlimmste und versuchte, seine Tochter durch eine rührende Denkschrift vor dem sicheren Tod zu retten:

> Nicht genug, daß Sie meine Tochter dem Urteil der einheimischen Richter entziehen – den Gerüchten zufolge, die mir zu Ohren gekommen sind, will man sie auch meiner Fürsorge und Zärtlichkeit entreißen. Das jedoch würde mich unsäglich bestürzen. Es würde nicht nur die politischen Rechte, sondern auch die Gesetze der Menschlichkeit verletzen. Bürger, entweder bin ich der Komplizenschaft bei dem meiner Tochter unterstellten Delikt verdächtig (wie meine Verhaftung vermuten läßt), dann müßte ich von Rechts wegen mit ihr zusammen gefangengehalten werden. Oder aber mein Verhör spricht mich von jedem Verdacht frei, dann müßte man mich freilassen und es meiner eigenen Entscheidung anheimstellen, meinen zärtlichen Gefühlen zu folgen, wohin auch immer sie mich führen. Was beabsichtigt man denn im Grunde mit der Verlängerung meiner Gefangenschaft? Geht es etwa darum, meine Tochter, die kaum den Kinderschuhen entwachsen ist und noch im Frühling ihres Lebens steht, um den Beistand, den Trost und die Ratschläge ihres Vaters zu bringen?

Umsonst, Fouquier erließ eigenhändig den Haftbefehl gegen das junge Mädchen. Am 4. Oktober 1793 erschien sie vor dem Revolutionstribunal und wurde wegen Korrespondenz und Zusammenarbeit mit den Feinden der Republik verurteilt.

Am übernächsten Tag gegen Mittag wurde sie hingerichtet, gemeinsam mit den Zwillingen Bellanger aus der Normandie, den »Rindviehtreibern«, die einem Zeugen zufolge »noch auf dem Blutgerüst ›es lebe die Republik!‹ schrien«.

Drei Stunden zuvor hatte sie einen Abschiedsbrief an ihren Bruder André gerichtet, der sie nach Paris begleitet und sicherlich an ihrem Prozeß teilgenommen hatte.

An den Bürger A. Rutant, Rue Richelieu.

Sonntag, um 9 Uhr.

Seien sie tapfer, mein Freund! Sprechen Sie auch unseren unglücklichen Eltern Mut zu. Trösten Sie sich alle, aber vergessen Sie mich nicht. Du, mein Freund, noch weniger als alle anderen Verwandten, die ich weniger verletzt habe. Vergib mir, ich bitte Dich inständigst, alles was ich Dir durch mein Verhalten angetan haben mag. Glaub mir, für alle begangenen Fehler habe ich nun reichlich gebüßt, falls sie gesühnt werden konnten. Ich hoffe, Du wirst mein von der Hand des Henkers nicht berührtes Haar erhalten. Nie hätte ich mir träumen lassen, es könnte einen Menschen wie den Öffentlichen Ankläger geben: er allein ist an meinem Tod schuld. Aber da Gott, der Allmächtige, zu dem ich für mich und alle meine Freunde bete, ihn eines Tages richten wird, will ich ihm vergeben oder zumindest versuchen, ihm zu vergeben.

Ich hoffe, daß meine liebe Freundin und ach, so zärtliche Schwester nicht mehr lange in dieser Stadt bleibt. Ihre Gegenwart wird nötig sein, um den Schmerz meines unvergleichlichen Vaters zu mildern und zu besänftigen. Auch Dich, mein lieber Freund, wird er in diesem schweren Augenblick brauchen. Ich denke unentwegt an die unheilvolle Stunde, in der sie von meinem Los erfahren werden. Aber wie groß auch mein Schmerz über all das, was ich hinter mir lasse, sein mag, der Allmächtige

gibt mir Mut, und ich hoffe, er wird mich nicht verlassen. Ich bete zu ihm für Euch alle, meine Freunde.
Teilt Euch mein Haar, meine Lieben, und vergeßt mich nicht, auch wenn das Andenken an mich Euch schmerzlich ist, adieu!
Ich bitte Dich nachdrücklichst, mein Freund, meinen Dank dem Bürger Chauveau und allen Bürgern auszusprechen, die meinem Prozeß beiwohnten und an dem Schicksal der Angeklagten Anteil nahmen. Ich hoffe, er wird es nicht bereuen müssen, die Verteidigung einer Unglücklichen übernommen zu haben, die von dem ihr entgegengebrachten Interesse gerührt ist.

> Ach, daß wir gar so gerne leben wollen!
> Ist denn das Leben wirklich soviel wert?
> Denken wir, wenn wir es verlieren sollen,
> Von wieviel Leid uns sein Verlust befreit?
> Besteht es doch aus nichts als Sorgen,
> Aus Mühen, Schmerz und Mißgeschick.
> Für den, der um der Menschen Jammer weiß,
> Ist Sterben nicht das allergrößte Unglück!

Seitdem ich diese Verse entdeckt und abgeschrieben habe, versuche ich, ihren Sinn voll zu erfassen, und ich glaube, sie tragen ein wenig zu meinem inneren Frieden bei.
Adieu für immer, adieu!

GORSAS[179], Antoine-Joseph (1775–1793)

Auf Wunsch seines Vaters, eines Schuhmachermeisters, der ihn für das Priesteramt bestimmt hatte, studierte Gorsas im Collège du Plessis in Paris. Dort lernte er den Stipendiaten Vergniaud kennen, mit dem er auch später eng befreundet blieb. Einige Jahre darauf gründete Gorsas eine halb zivile, halb militärische Institution für junge Leute, die der Leibwache beitreten wollten. Später äußerte Hébert im »Père Duchesne« seine Zweifel an dieser Initiative, der er Hintergedanken unterstellte.

Von überragender Intelligenz und kaustischem Witz hatte Gorsas schon 1786 in mehreren Pamphleten seinen Mut und seine geistige Unabhängigkeit bewiesen. Eines, das gegen Loménie de Brienne gerichtet war, brachte ihn vorübergehend hinter die Gefängnismauern von Bicêtre. Zu der Zeit unterhielt er Beziehungen zu Carra, Brissot und Mirabeau.

1789 veröffentlichte er mit Erfolg den »Courrier de Versailles«, Sprachrohr des dritten Standes, das rasch von den Schreiberlingen beider Seiten, der Royalisten wie der Demokraten, angegriffen wurde. Als 1791 die Tanten des Königs emigrierten, lösten seine Empfehlungen, die er ihnen mit auf den Weg gab, allgemeine Heiterkeit aus: sie sollten doch ja nichts von dem mitnehmen, was ihnen gehörte, nicht einmal ihr Hemd, und noch lange danach sprach man über »das Hemd von Gorsas«.

Nach den Ereignissen des 10. August, die er begrüßte, übernahm er im Anschluß an den Erlaß der Kommune über die Verteilung der Presse und der Arbeitsinstrumente der »öffentlichen Giftmischer« an die patriotischen Journalisten, die Druckerei des royalistischen Redakteurs Durozoy, Herausgeber der »Gazette de Paris«.

Als Abgeordneter des Departements Seine-et-Oise in den Konvent gewählt, stimmte er mit den Girondisten für den Prozeß Ludwigs XVI. und im Januar 1793 für dessen Verhaftung und Verbannung. In seiner Zeitung polemisierte er fortwährend gegen Marat, während er selbst im »Père Duchesne« angeklagt wurde, von den Engländern Zuschüsse zu erhalten.

Am 9. März wurde seine Druckerei in der Rue Tiquetonne geplündert. Zusammen mit den Girondisten angeklagt, flüchtete er mit einigen unter ihnen zunächst nach Evreux, dann nach Caen, wo er erfuhr, daß der Konvent ihn auf Antrag von Saint-Just für vogelfrei erklärt hatte. Er floh nach Rennes, kehrte am 2. Oktober aber unter falschem Namen nach Paris zurück, sicherlich in der Absicht, sich nach Limoges zu begeben, wo seine Familie und seine Freunde lebten. Infolge einer Denunziation wurde er in dem Lesezirkel seiner Freundin Brigitte Mathey im Palais Royal festgenommen.

Das Revolutionstribunal erklärte ihn für schuldig und verurteilte ihn zum Tod. Als er das Wort ergreifen wollte, versagte man es ihm.

Da wandte er sich an das Auditorium: »Volk, so erteile du mir das Wort!« Als Antwort wurde er laut verhöhnt und konnte nur noch rufen: »Ich empfehle denen, die mich hören, meine Frau und meine Kinder. Ich bin unschuldig, mein Andenken wird gerächt werden.«

Bevor die Wachen ihn abführten, bat er einen der Richter, die Liste seiner noch unbeglichenen Schulden entgegenzunehmen. Man bedeutete ihm, er solle seinen Brief Fouquier-Tinville übergeben lassen, der ihn auch erhielt – doch ist er bis heute unberührt zwischen seinen Papieren liegen geblieben.

Gorsas starb um drei Uhr nachmittags. Aufgrund seiner stoischen Haltung behauptete Hébert, er sei betrunken gewesen.

An den Bürger Fouquet de Tainville, Öffentlicher Ankläger.

Im Angesicht des Todes und um meinen Gläubigern gerecht zu werden, deren Konten ich nicht abschließen konnte, erkläre ich, daß ich folgende Schulden habe:
Dem Bürger Berthaut, Papierhändler, Rue Saint-Jacques, schulde ich die Summe von etwa 15000 Livres für Papier, das ich ihm in bar zu begleichen versprach.
Auch schulde ich dem Bürger Egasse einen mir unbekannten Betrag.
Dem Bürger Rousseau, Bankier, schulde ich 18000 Livres, für die er einen Schuldschein haben muß, und außerdem 200 Livres, die er mir ohne Bestätigung geliehen hat.
Dem Bürger Guérin, Händler in Mamers, Departement de Sarthe, schulde ich den Betrag von 3000 Livres, die er entweder von dem Konto seines Bruders oder seines Pariser Teilhabers oder auch von seiner eigenen Bank abgehoben hat. Der besagte Wechsel ist von mir auf der Rückseite gezeichnet.
Ich stelle dem Öffentlichen Ankläger diese Liste mit der Bitte anheim, meine Schulden im Namen der Gerechtigkeit zu begleichen. Möge er die Hoffnung, die ich in ihn setze, als Zeichen meiner Dankbarkeit auslegen, die ich mit ins Grab nehmen werde.
Meine unglückliche Familie wird ebenfalls verfolgt. Wenn ich die Verbrechen, deren man mich anklagt, begangen hätte, so

sind doch meine Angehörigen unschuldig. Genügt es denn der öffentlichen Rache nicht, genügt es ihr wirklich nicht, daß ich schwöre, den Tod nicht zu verdienen?

Schließlich erkläre ich hiermit, niemals mein Vaterland verraten zu haben. Auch ist mein letzter Wunsch, es möge glücklich werden und nach allzulangem Aufruhr endlich in den Genuß von Ruhe und Frieden gelangen.

A.J. Gorsas.

7. Oktober, Jahr II der einen und unteilbaren Republik.

P.S.: Es ist möglich, daß ich noch weitere, mir nicht erinnerliche Schulden habe. Auch diese bitte ich zu begleichen.

BARBOT[180], Jean-Jacques

»Barbot, ein sehr ungebildeter Mann, gab diese Bildung noch viel schlechter weiter. Er war nicht nur ein Literat von dürftiger Qualität, sondern zeichnete sich auch durch einen kuriosen Briefstil aus...« Mit diesen wenig schmeichelhaften Worten charakterisierte ein Chronist den Lehrer Barbot am Tage nach seiner Hinrichtung.

Der Verurteilte hatte die Revolution freudig begrüßt und war einer der sechzig Schüler der ersten Klasse der staatlichen Bauschule gewesen, die 1789 2400 Livres gesammelt hatten, um sie dem Präsidenten der Nationalversammlung als patriotischen Beitrag auf den Tisch zu legen.

Mit dem gleichen Enthusiasmus hatte Barbot ein aktuelles Theaterstück verfaßt, »Der Sturm auf die Bastille«; vom Almanach der Schauspiele wurde es als »politisch-patriotisch-jakobinisches Drama« bezeichnet und am 25. August 1791 uraufgeführt – scheinbar mit geringem Erfolg: »Vergeblich hatte der Verfasser dieser platten und geistlosen Abhandlung über ein Thema, das von anderen weit besser behandelt worden ist, alle Jakobiner per Rundschreiben eingeladen, seinem Stück applaudieren zu kommen.«

Tatsächlich hatte Barbot als Mitglied des Jakobinerklubs erreicht, daß sein Werk ein paar Tage länger auf dem Spielplan blieb. Jedoch kam am 18. September 1791, als die Unterzeichnung der Konstitution gefeiert wurde, niemand auf den Gedanken, es von neuem auf der provisorischen Bühne auf der Place de la Bastille aufführen zu lassen (eine vom »Moniteur universel« hervorgehobene Tatsache).

Barbot, der seinen Unterhalt als Hauslehrer in Familien verdiente, die der Revolution nicht eben günstig gesonnen waren, war über den geringen Erfolg seiner patriotischen Versuche verbittert. Schwermütig gedachte er des Ancien Régime und verlieh diesen nostalgischen Anwandlungen in mehreren Briefen an seine Landsleute aus Blois Ausdruck. Zu seinem Unglück jedoch wurden diese Schreiben von dem Überwachungsausschuß des Departements Loir-et-Cher abgefangen.

Er wurde festgenommen, zunächst in der Abbaye, dann in der Force eingesperrt und am 12. Oktober vor das Revolutionstribunal gestellt. Aufgrund seiner Korrespondenz, seiner Sympathie für einen Schüler, der als verdächtig galt, und vor allem seiner Beziehungen zu den Girondisten wurde er zum Tod verurteilt.

Voll Entrüstung schrieb der Redakteur des Blattes »Le Glaive vengeur«:

> Von dem Dämon der Konterrevolution besessen, schrie Barbot noch auf dem Schafott: »Es lebe der König!«. Und während man ihn fesselte, beschimpften ihn die empörten Zuschauer und verlangten unter lautem Geschrei, daß man ihnen seinen Kopf zeige.

Vor seinem Tod hatte er Fouquier-Tinville gebeten, einen Brief an den Bürger weiterzuleiten, den er mit der Vollziehung seines Letzten Willens beauftragt hatte. Er gab darin vor, daß die wenigen Gegenstände, die er besaß, bei ihm nur hinterlegt worden seien, damit sie nicht der Republik in die Hände fielen:

An den Öffentlichen Ankläger,
am Revolutionstribunal in Paris.

Bürger Öffentlicher Ankläger,
In der Anlage befindet sich ein Brief, den ich Sie bitte, nach Kenntnisnahme an seinen Empfänger aushändigen zu lassen, und zwar wenn möglich, durch den Bürger, der mich auf meinem letzten Gang begleitet hat. Ich empfehle meinem Schüler und seinen Eltern zwei Schwestern, die aufgrund ihres fortgeschrittenen Alters und da sie nur von ihrer Hände Arbeit leben, vielleicht des Nötigsten ermangeln. Ich bin sicher, daß sie meinen letzten Willen respektieren und auch die von mir hinterlassenen Schulden begleichen werden.

J.-J. Barbot.

Bitte, wenden,
lesen Sie umseitig.

Bürger, in meinem Zimmer, Rue Bailly, Nr. 22, befinden sich mehrere Gegenstände, die den Eltern meines Schülers gehören, dem Bürger Lemercier, Rue J.-J.-Rousseau. Ich hoffe, man wird ihm diese Sachen, die er mir freundlicherweise geliehen hat, zurückerstatten. Es handelt sich um einen Kaminrost, Schaufel und Zange, eine Pendeluhr, die auf dem Kamin steht, drei rote Sessel und einen Kupferstich über der Kommode, der den Engel Amadeus mit seiner Trompete darstellt. Außerdem gehört noch ein Stuhl dem Bürger Lemercier sowie die Sammlung der Zeitungen »Le Moniteur«, von denen ein Teil gebunden, ein anderer ungebunden ist. Letztere befinden sich in einem Schrank neben dem Kamin. Ich halte es für angebracht, diese Sachen dem Bürger Lemercier, dem sie rechtmäßig gehören, zurückzuerstatten.

Bürger, es verbleibt mir eine Summe von 75 Livres, die ich der Bürgerin Maviatte dafür vermachen möchte, daß sie mich mehrmals, während ich krank lag, gepflegt hat, wofür ich sie bisher noch nicht entschädigen konnte. Es ist mir ein besonderes Anliegen, diese Schulden vor allen anderen zu begleichen. Die Eltern meines Schülers werden sich gewiß meiner übrigen kleineren Schulden annehmen. Die Bürgerin Maviatte wohnt Rue de Verneuil, in der Nähe der Rue du Bac, Nr. 420, glaube ich. Falls ich mich in der Hausnummer getäuscht haben sollte, wende man sich an den Bürger Lemercier.

J.-J. Barbot.

P.S.: Wenn die Bürgerin Maviatte krank oder abwesend sein sollte, so wird man im selben Haus bei ihren Schwestern ihre Kinder antreffen; ihnen kann man den Betrag unbesorgt überlassen, damit er ihnen zugute kommt; sie sind jung und bedürftig und werden das von ihrer Mutter verdiente Geld gut gebrauchen können.

MARIE-ANTOINETTE VON HABSBURG UND LOTHRINGEN[181], Königin von Frankreich (1755–1793)

Wenn man einige der unzähligen Pamphlete oder revolutionären Broschüren über Marie-Antoinette liest, begreift man, daß sich die hier entfaltete Aggressivität weniger gegen die Mutter des Kronprinzen als gegen die Österreicherin und Frau richtet. Lange Zeit war sie von der realen Alltagswelt abgeschnitten geblieben; aber nach der Gefangennahme der königlichen Familie im Temple zeigt sie sich von einer ganz menschlichen und ergreifenden Seite.

Ihre wahre Größe beweist sie, als sie von ihren Kindern getrennt wird. Vor dem Revolutionstribunal läuft der Prozeß gegen sie wie eine schlechte Inszenierung über die Tribüne. Als der holprige Karren sie zum Schafott führt, bietet sie mit ihren roten Wangen und dem geschorenen Kopf unter der gestärkten Haube einen ergreifenden Anblick.

Auch wenn ihr letzter Brief bekannt ist, soll er in dieser Sammlung nicht fehlen. Er ist an Madame Elisabeth, die Schwester Ludwigs XVI., gerichtet, die die Gefangenschaft der Königsfamilie teilte.

Aus dem Testament Ludwigs XVI. sowie aus dem letzten Brief Marie-Antoinettes geht hervor, daß sie ihre Kinder weder dem Grafen von Provence, dem späteren Ludwig XVIII., noch dem Grafen von Artois, dem künftigen Karl X., anvertraute, sondern Madame Elisabeth.

Wie die Königin wußte auch Madame Elisabeth, daß »die Emigranten wie Papageien ständig wiederholten, es sei notwendig gewesen, den König zu opfern, daß man weder die Königin als Regentin noch ihren Sohn als König haben wollte; daß die Fürsten in diesem Punkte mit den Prinzen von Geblüt und dem hohen Adel übereinstimmten«.

Das alles war am Wiener Hof bekannt, und es hieß, das sei der Grund gewesen, weshalb der Kaiser, Marie-Antoinettes Bruder, weder den Grafen von Provence noch den Grafen von Artois während ihrer Emigration jemals empfangen habe.

In dem Brief der Ex-Königin von Frankreich ist von jener peinlichen Situation während des Prozesses die Rede, in der sie sich gegen die niederträchtigen Anspielungen auf inzestuöse Beziehungen zu ihrem kleinen Sohn zu verteidigen hatte. Das Kind war damals erst acht Jahre alt und hatte – ohne sie zu verstehen – die bei Hof verbreiteten üblen Gerüchte über seine Mutter und seine Tante nachgeplappert.

Der 16. Oktober, halb fünf Uhr morgens

Ich schreibe Ihnen, meine liebe Schwester, zum letztenmal, denn ich bin nicht etwa zu einem schmachvollen Tod – er ist es nur für Verbrecher –, sondern dazu verurteilt worden, den gleichen Weg zu gehen wie Ihr Bruder. Ebenso unschuldig wie er, hoffe ich in diesen letzten Augenblicken die gleiche Standhaftigkeit zu bewahren wie er. Ich bin so ruhig, wie man es ist, wenn man ein reines Gewissen hat; nur bedaure ich zutiefst, meine armen Kinder zu verlassen. Sie wissen, daß ich nur für sie lebte, und Sie, meine gute und zärtliche Schwester, die Sie aus Freundschaft alles geopfert haben, um unser Los zu teilen, in welch einer Lage muß ich Sie zurücklassen!

Im Lauf des Prozesses habe ich durch das Plädoyer erfahren,

daß meine Tochter von Ihnen getrennt wurde. Ach! Das arme Kind, ich wage es nicht, ihr zu schreiben, denn sie wird meinen Brief nicht erhalten; ich weiß nicht einmal, ob dieser hier Sie erreichen wird, erteilen Sie ihnen beiden meinen Segen. Ich hoffe, sie werden eines Tages, wenn sie größer sind, mit Ihnen wieder vereint werden und sich Ihrer liebevollen Fürsorge erfreuen können. Mögen sie beide stets daran denken, was ich sie immer gelehrt habe: daß sie ihr Leben in erster Linie auf den Grundsatz der Pflichterfüllung gründen sollen; daß ihre Freundschaft und ihr wechselseitiges Vertrauen zueinander ihr Glück bedeuten wird; daß meine Tochter, wie es ihrem Alter und ihrer größeren Erfahrung entspricht, dem Bruder immer durch freundschaftliche Ratschläge zur Seite stehen möge; daß mein Sohn wiederum es an freundschaftlicher Fürsorge und Hilfe für seine Schwester nicht fehlen lasse; daß sie beide, in welcher Lage sie auch sein mögen, ihr einzig wahres Glück in ihrer Eintracht finden und sich an uns ein Beispiel nehmen: wie sehr hat uns doch unsere Freundschaft im Unglück getröstet, und wieviel mehr genießt man das Glück, wenn man es mit einem Freund teilen kann. Und wo fände man liebevollere und zärtlichere Freunde als in seiner eigenen Familie?
Möge mein Sohn niemals die letzten Worte seines Vaters vergessen, die ich ihm ausdrücklich wiederhole: nie soll er versuchen, unseren Tod zu rächen.
Nun muß ich auf etwas zu sprechen kommen, was mir das Herz sehr schwer macht. Ich weiß, welchen Kummer dieses Kind Ihnen bereitet haben muß; vergeben Sie ihm, meine geliebte Schwester. Denken Sie an sein Alter und daran, wie leicht man einem Kind beliebige Worte in den Mund legen kann, selbst solche, die es nicht versteht; eines Tages wird er, hoffe ich, um so mehr Ihre Güte und Zärtlichkeit ihm und seiner Schwester gegenüber zu schätzen wissen.
Nun bleibt mir nur noch, Ihnen auch meine letzten Gedanken anzuvertrauen. Ich wollte sie Ihnen schon zu Beginn des Prozesses schreiben; aber nicht nur hat man mich nicht schreiben lassen, sondern es ist alles so schnell gegangen, daß ich gar keine

Zeit dazu gehabt hätte. Ich sterbe in der apostolischen römisch-katholischen Religion, in der ich erzogen wurde, und die ich immer ausgeübt habe, wiewohl ich keinen geistlichen Trost zu erwarten habe, denn ich weiß nicht, ob es hier noch Priester dieser Religion gibt, und ob der Ort, an dem ich mich befinde, für sie nicht zu gefährlich wäre, wenn sie ihn zu betreten wagten. Ich bitte Gott aufrichtig um Vergebung für alle Fehler, die ich in meinem Leben begangen habe. Ich hoffe, er erhört in seiner Güte meine letzten Wünsche sowie jenen, um den ich schon immer gebetet habe: er möge in seiner Barmherzigkeit und Güte meine Seele zu sich nehmen. Ich bitte alle, die ich kenne, und insbesondere Sie, meine liebe Schwester, um Verzeihung für alles Leid, das ich Ihnen, ohne es zu wollen, zugefügt haben könnte. Ich vergebe allen meinen Feinden das Böse, das sie mir getan haben. Ich nehme hiermit Abschied von meinen Tanten und allen meinen Brüdern und Schwestern. Ich hatte Freunde; der Gedanke, für immer von ihnen zu scheiden, und ihr Kummer machen mir das Sterben schwer. Zumindest sollen sie wissen, daß ich bis zuletzt an sie gedacht habe.
Adieu, meine gute, liebevolle Schwester; möge dieser Brief Sie erreichen! Denken Sie immer an mich, ich umarme Sie von ganzem Herzen ebenso wie meine armen, lieben Kinder: mein Gott, wie herzzerreißend ist es doch, sie für immer zu verlassen!! Adieu, adieu! Ich werde nur noch meinen religiösen Pflichten nachkommen. Da ich hier nicht frei entscheiden kann, wird man vielleicht einen Priester zu mir schicken, aber ich beteure an dieser Stelle, daß ich ihm kein Wort sagen und ihn wie einen völlig Fremden behandeln werde.

Marie-Antoinette.

WORMESELLE[182], Gabriel Rochon de
(1750–1793)
LEMOINE[183], Guillaume-Antoine
(1768–1793)

Am 9. Juni 1793, eine Woche nachdem der Konvent beschlossen hatte, 29 Girondisten verhaften zu lassen, trat der Provinzialrat des Departements der Gironde zu einer außerordentlichen Sitzung zusammen und beschloß die sofortige Einberufung eines Wohlfahrtsausschusses der Gironde:

> Da die Volksvertretung in die Hand von Cliquen geraten ist, die sich bestechen ließen, um ihre Auflösung zu bewirken und eine die Freiheit vernichtende Gewalt an ihre Stelle zu setzen, hat der Provinzialausschuß alle konstitutiven Körperschaften einberufen. Das Komitee schlägt vor, einen Volksausschuß für das öffentliche Wohl zu gründen und nicht eher auseinanderzugehen, bis daß die Freiheit im Nationalkonvent wiederhergestellt ist.

Dieser Vorschlag wurde von allen Notabeln der Stadt Bordeaux, darunter Wormeselle, Lacombe-Puyrégaux und Lemoine, befürwortet. Fünf Tage darauf stimmte das Komitee für einen Beschluß, daß der Prozeß gegen die Abgeordneten der Gironde nicht in Paris stattfinden sollte.

Die Reaktion ließ nicht auf sich warten. Am 6. August 1793 erklärte der Konvent »die Verfügung des sogenannten Wohlfahrtsausschusses von Bordeaux für null und nichtig und seine Mitglieder für zu ächtende Verräter des Vaterlandes, deren Hab und Gut zugunsten der Republik zu konfiszieren sei«.

Am 1. Oktober ließen zwei nach Bordeaux abgeordnete Mitglieder des Konvents, Tallien und Ysabeau, mehrere dieser »Geächteten« nach Paris expedieren. Am 2. November, nachdem man lediglich ihre Identität festgestellt hatte, wurden sie dem Scharfrichter ausgeliefert. Lemoine und Wormeselle haben beide einen Abschiedsbrief hinterlassen:

An den Bürger Lafon, Hôtel de Versailles, Rue de Valois.

Nur Mut, mein Freund, nur Mut.

Mein lieber Duhayet, ich bin zum Tode verurteilt und werde in wenigen Minuten aufs Schafott steigen. Nehmen Sie sich meines Vaters an, dem ich nicht schreiben will, trösten Sie ihn, lassen Sie ihn keinen Moment allein, und begeben Sie sich beide so bald wie möglich nach Bordeaux zu meinen Schwestern, die ich Sie bitte, ein letztes Mal von mir zu grüßen. Bezeugen Sie meinem Vater meinen innigsten Dank für alles Gute, das er mir getan hat. Sagen Sie ihm, daß ich im Bewußtsein meiner Unschuld ruhig und unverzagt in den Tod gehe. Ich hoffe, daß meine Hinrichtung den Zorn des Allmächtigen beschwichtigt, der mich sicherlich für meine auf dieser Erde begangenen Fehler bestrafen wollte, und daß wir uns eines Tages im glückseligen Jenseits wiedersehen werden. Nochmals bitte ich Sie, sich meines lieben Vaters anzunehmen und die Bitterkeit zu lindern, in die ihn meine Hinrichtung stürzen wird. Ich bin sicher, daß er in seiner Güte und Feinfühligkeit seinen Sohn niemals vergessen wird, der ihn ebenso sehr liebt wie er ihn respektiert. Kümmern Sie sich auch um meine Schwestern, Sie wissen, wie lieb Sie mir alle sind. Adieu, mein Freund, vergessen Sie mich nicht; ganz der Ihre, Ihr guter Freund und Bruder,

Lemoine.

Sonnabend.

An die Bürgerin Wormeselle, Rue du Temple, Nr. 1.

Den 12. Brumaire.

Dies sind die letzten von meiner Hand geschriebenen Buchstaben. In wenigen Stunden werde ich nicht mehr leben. Ich bin zum Tode verurteilt. Ach, meine Frau, die ich immer geliebt habe, ich sterbe in zärtlicher Liebe zu Dir. Ich sage Dir nicht: vergiß mich, ich kenne Deine schöne Seele, Dein so zärtliches Herz, nein, Du wirst mich niemals vergessen. Doch lebe für unsere armen Kinder. Halte mein Andenken in ihrem Gedächtnis wach, auf daß ich ihnen als Beispiel diene, doch mögen sie bes-

ser sein als ich. Erziehe sie zur Tugend. Mein Hab und Gut ist konfisziert, aber es ist kaum der Rede wert und wird keinen großen Verlust für sie bedeuten. Erziehe sie in der Liebe zur Arbeit und laß ihnen all die Zärtlichkeit zuteil werden, die Du für mich hattest.
Adieu, tausendmal adieu, trockne Deine Tränen und sorge Dich nur um unsere Kinder.

Wormeselle.

MARIE GOUZE[184], genannt Olympe de Gouges (1748–1793)

Olympe de Gouges gehört zu den wenigen Frauen, die sich für das demokratische Ideal von 1789 aktiv eingesetzt haben. Aber im Gegensatz zu Madame Roland war sie unvermögend, und im Gegensatz zu Théroigne de Mérincourt vertrat sie ihre Überzeugung aufrichtig.

Sie ist als Vorfahrin des modernen Feminismus und Verfasserin der »Erklärung der Frauenrechte« bekannt. Letztere hatte sie als Antwort auf die »Erklärung der Menschenrechte« entworfen, welche die Frauen zwar dem Strafrecht unterwarf, ihnen jedoch sämtliche politischen und bürgerlichen Rechte absprach. »Wenn die Frau das Recht hat, aufs Schafott zu steigen, muß man ihr auch das Recht zugestehen, die Rednertribüne zu besteigen.«

1789 führt die Comédie Française ihr Theaterstück auf, in dem sie gegen den Sklavenhandel polemisiert. Sie war nicht nur liberal und progressistisch, sondern auch eine Vorkämpferin der unbedingten Gewaltlosigkeit: »Selbst das Blut der Schuldigen wird die Revolution auf ewig beflecken.«

Als der Prozeß gegen Ludwig XVI. geführt wird, schlägt sie dem Konvent vor, als offiziöse Verteidigerin des Königs aufzutreten, was einen Skandal auslöst.

Wenn man ihr auch die Rednertribüne verweigerte, blieb ihr doch die Feder. Sie verfaßt zahlreiche Artikel, patriotische Stücke und politische Broschüren, ebenso Plakate, die sie in ganz Paris verbreiten läßt. Obwohl es ihr an Geld mangelt, weigert sie sich, für die Gegenrevolution zu schreiben, was ihr von Laporte, dem Verwalter der Ziviliste, angeboten wird. Als aufmerksame und kritische Beobachterin der politischen Ereignisse setzt sie sich immer wieder für die Eintracht und das Bündnis aller Parteien gegen das Ausland ein. 1793 schließt sie sich dann doch Vergniaud und seinen Girondistenfreunden an. Nach dem Ausschluß der Girondisten aus der Nationalversammlung verteidigt sie deren Sache zunächst in einem Brief an den Konvent, welcher der Zensur zum Opfer fällt, und hierauf in einem politischen Testament. Das Echo bleibt aus. Aller Gefahr zum Trotz schreibt sie unter dem Titel »Die drei Urnen« einen föderalistischen Text, in dem sie vorschlägt, die Franzosen ihre Regierung durch Volksabstimmung selbst wählen zu lassen.

Als sie sich anschickt, diesen Text öffentlich anzuschlagen wird sie aufgrund einer richterlichen Verfügung vom 20. Juli 1793 verhaftet. Das Gesetz verurteilt jeden zum Tod, der durch seine Schriften für eine andere als die bestehende, eine und unteilbare republikanische Regierung wirbt. Sie wird zunächst ins Rathaus und von dort in die Abbaye gebracht. Von dort greift sie Robespierre und Fouquier-Tinville durch ein neues Plakat an: »Olympe de Gouges vor dem Revolutionstribunal«, das sie von ihren Freunden in der Stadt anschlagen läßt.

Im September wird sie in das Gefängnis der »Petite-Force« eingeliefert und von dort im Oktober in ein Hospiz überwiesen, aus dem sie hätte flüchten können. Sie tut es nicht.

Am 2. November zum Tode verurteilt, läßt Olympe ihre Hinrichtung um vierundzwanzig Stunden aufschieben und schreibt einen letzten Brief an ihren Sohn. Am 3. November besteigt sie »festen Schrittes«, wie ein Beobachter bemerkt, das Schafott, und in der Menge, die sich auf der Place de la Révolution drängt, wird gemurmelt, an diesem Tag sei »der wahre Geist getötet worden«.

An den Bürger Degouges, Offizier im Dienst der Rheinarmee.

Ich sterbe, mein lieber Sohn, als Opfer meiner abgöttischen Liebe für Volk und Vaterland. Dessen Feinde sind es, die mich gewissenlos unter der trügerischen Maske von Republikanern aufs Schafott gebracht haben.

Nach fünfmonatiger Gefangenschaft hat man mich in ein Hospiz überwiesen, in dem ich ebenso frei war, als befände ich mich in meinem eigenen Haus. Ich hätte fliehen können. Das wissen meine Freunde ebensogut wie meine Henker. Aber überzeugt davon, man könne mir bei noch so großer Mißgunst nicht eine einzige Tat gegen die Revolution nachweisen, habe ich mein Urteil selbst gefordert. Konnte ich denn ahnen, daß diese losgelassenen Tiger sich über die Gesetze hinwegsetzen würden, ja, selbst über die öffentliche Meinung, die ihnen meinen Tod bald zum Vorwurf machen wird?

Drei Tage vor meiner Hinrichtung legt man mir meinen Anklageakt vor. Von dem Augenblick der Unterzeichnung dieses Aktes an wäre mir das Recht zugestanden, meine Verteidiger und alle Freunde und Bekannten zu sehen. All das hat man mir verweigert. Ich wurde vollständig isoliert und konnte nicht einmal mit dem Pförtner ein Wort reden. Nach dem Gesetz hätte ich auch das Recht gehabt, mir meine Rechtsvertreter selbst zu wählen; um Mitternacht legte man mir die Liste vor, und um sieben Uhr morgens wurde ich vor Gericht gestellt, krank, schwach und nicht dazu begabt, öffentliche Reden zu halten. Darin wie auch in seinen Tugenden Jean-Jacques ähnlich, war ich mir meines Ungenügens vollkommen bewußt. Ich forderte den Verteidiger, den ich gewählt hatte. Man sagte mir, er sei nicht da, oder er wolle meinen Fall nicht übernehmen; also forderte ich einen anderen an seiner Stelle, worauf man mir sagte, ich hätte Verstand genug, um mich selbst zu verteidigen.

Ja, gewiß reichte mein Verstand aus zur Verteidigung meiner Unschuld, die jedem der Anwesenden in die Augen sprang. Die Dienste und Wohltaten, die ich dem Volk erwiesen habe und die jeder Verteidiger zu meinen Gunsten angeführt hätte, habe ich nicht verschwiegen.

Zwanzigmal habe ich meine Henker zum Erbleichen gebracht; weil jeder Satz, den ich sagte, klar meine Unschuld und ihre ehrlose Hinterlistigkeit bewies, wußten sie darauf keine Antwort und verurteilten mich zum Tod, um zu verhindern, daß das Volk von einem Unrecht erfährt, wie die Welt noch keines gesehen hat.

Adieu, mein Sohn. Wenn Du diesen Brief erhältst, werde ich nicht mehr am Leben sein. Aber sage Dich los von Deinem Stand, von dem Unrecht, das man Deiner Mutter antut, und dem Verbrechen, das man an ihr begeht.

Ich sterbe, mein Sohn, mein geliebter Sohn; ich sterbe unschuldig. Gegenüber der tugendhaftesten Frau dieses Jahrhunderts hat man alle Gesetze gebrochen, [zwei unleserliche Worte] das Gesetz, erinnere Dich stets an meine Vorhersagen.

Zurück lasse ich die Uhr Deiner Frau sowie den Depositenschein ihres Schmuckes, das Riechfläschchen und die Schlüssel der Koffer, die ich nach Tours schaffen ließ.

Degouges

COUTELET[185], Marie-Madeleine (1761-1793)

Am Sonntag, dem 6. Oktober 1793, begab sich der Bürger Lambin zur Sektion Beaurepaire, um eine Frau zu denunzieren, nämlich die Witwe Neuvéglise, Leiterin der jakobinischen Hanfspinnerei, die der Korrespondenz mit Emigranten verdächtigt wurde. Diese Frau wohnte in dem Gebäudekomplex der Spinnerei, der eine Insel zwischen der Rue Saint-Jacques und der heutigen Rue Soufflot bildete.

Bei der Angabe des Stockwerks war ihm ein Irrtum unterlaufen, was dazu führte, daß die Kommissare noch am selben Abend in die Wohnung der unverheirateten jüngeren Schwester der Witwe Neuvéglise, Marie-Madeleine Coutelet, eindrangen, die ebenfalls in der Spinnerei arbeitete. Bei der Durchsuchung ihrer Wohnung und ihrer Papiere fanden sie drei verdächtige Briefe und verhafteten daraufhin beide Schwestern.

Marie-Madeleine wurde vor allem die Kopie eines Briefes zur Last gelegt, der an ihre Tante in Reims adressiert war und in dem von den Parisern die Rede war, »die Freudenfeste feiern, aber nichts zu essen haben«: »Für alles müssen sie hohe Preise zahlen, aber mit der ›Carmagnole‹ bringt man ihre Klagen zum Schweigen.« Sie brachte ihr Mitleid mit Marie-Antoinette zum Ausdruck, »die man in die Conciergerie gebracht hat, wo sie immer noch ist, vielleicht solange, bis man sie aus dem Gefängnis holt, um sie zu ermorden« und erwähnte, daß sie das Geld, das sie für den Verkauf eines Hauses bekommen hatte, nicht länger aufbewahren wolle, weil, so schrieb sie »alle Leute fürchten, daß dieses Geld bald nichts mehr wert sein wird. Man wagt keine Aktien zu kaufen [...], da mehrere Banken, die vom Ausland abgeschnitten wurden, von unserem Papiergeld nichts mehr wissen wollen. So zeigt sich also, welche Vorteile die Revolution uns allen bringt!«

Die junge Frau verteidigte sich gegen den Vorwurf, die Gesinnung einer »enragierten Aristokratin« zu haben, indem sie erklärte, sie habe diesen Brief »nur so zum Spaß« geschrieben. Um drei Uhr morgens wurde sie in die Conciergerie gebracht, während man ihre Schwester nach Hause gehen ließ. Die Anklage stützte sich einzig und allein auf den verhängnisvollen Brief: »Dieses Gespinst von Schmähreden gegen die Patrioten und die Freunde der Revolution ist ein aristokratisches Meisterstück und kann nur in perfider und konterrevolutionärer Absicht geschrieben worden sein.«

Marie-Madeleine Coutelet wurde zum Tod verurteilt. Nachdem die Entscheidung gefallen war, wandte sie sich an den Präsidenten: »Wenn das Gesetz so will, werde ich mich ihm unterwerfen. Meine Unschuld wird später vielleicht erkannt werden, jedoch zu spät.«

Kurz vor ihrer Hinrichtung schrieb sie einen letzten Brief an ihre Familie, in dem sie auch ihre Schwester erwähnte, die fünf Monate später ebenfalls verurteilt werden sollte.

> An den Bürger Coutelet bei der Bürgerin Neuvéglise, Spinnerei der Jakobiner, Rue Saint-Jacques in Paris.
>
> Meine lieben Eltern, ich entledige mich meiner letzten Pflichten. Mein Urteil ist Euch bekannt. Sie haben in der Unschuld ein Verbrechen gesehen, und so bin ich zum Sterben verurteilt. Ich hoffe, Ihr werdet Euch über meinen Tod hinwegtrösten, das

ist mein letzter Wunsch an Euch. Ich sterbe mit dem Bewußtsein einer reinen Seele und sehe dem Tod mit Freuden entgegen. Adieu, seid zum letztenmal geküßt von Eurer Euch zärtlich liebenden Tochter und anhänglichen Schwester. Ich betrachte diesen Tag als den schönsten, den mir das Höchste Wesen gegeben hat. Lebt weiter und denkt an mich nur, um Euch über das Glück zu freuen, das mich erwartet. Ich grüße meine Freunde und danke all denen, die zu meinen Gunsten gesprochen haben.
Adieu zum letztenmal, mögen unsere Kinder glücklich werden, das ist mein letzter Wunsch.

Coutelet.

Frau von KOLLY[186], Madeleine-Françoise-Joséphine de Rabec (1758–1793)

Als Tochter eines Bankiers und Leiters der *Compagnie des Indes*, stammte Madame de Kolly aus einer reichen Familie aus Saint-Malo. Schon in jungen Jahren wurde sie Witwe eines Kaufmanns aus Lorient, François-René Foucaud, von dem sie einen Sohn hatte. Mit zwanzig heiratete sie in zweiter Ehe Pierre-Paul de Kolly, Sohn eines Schweizer Bankiers am königlichen Hof. Das Paar verfügte über ein beträchtliches Vermögen. Pierre de Kolly bekleidete das Amt eines Generalpächters, was ihm zweihunderttausend Livres im Jahr einbrachte; seine Frau brachte hunderttausend Livres als Mitgift in die Ehe mit sowie die Nutznießung eines ansehnlichen Landbesitzes in der Bretagne. Trotz dieses beträchtlichen Vermögens war das Ehepaar kaum zehn Jahre später ruiniert. Schuld daran war vor allem ihr luxuriöser Lebensstil sowie einige unglückliche Geldgeschäfte. Als der Minister Calonne von dieser Situation erfuhr, zwang er den Generalpächter, sein Amt niederzulegen. Als die Revolution ausbrach, war Kolly bis über die Ohren verschuldet und wurde von seinen Gläubigern verfolgt...

Im Jahre 1791 war das Bargeld knapp, und um die laufenden Geschäfte zu erleichtern, hatte die Gemeinde von Paris Banken einrichten lassen, die kleinere Banknoten – »Vertrauensgeldscheine« genannt – ausstellten. Diese wurden aber so schlecht verwaltet und so oft dazu mißbraucht, Falschgeld in Umlauf zu bringen, daß sie von der Nationalversammlung ein Jahr später, am 30. März 1792, wieder abgeschafft wurden.

Zu dieser Zeit zeigte Kolly Interesse für eine dieser Banken, die Handelsbank, die er sanieren, aber gleichzeitig insgeheim für gegenrevolutionäre Ziele ausnutzen wollte.

Er unternahm die nötigen Schritte zu ihrer Wiedereröffnung: Mit der Unterstützung von Santerre, dem die Nationalgarde unterstellt war, verschaffte er sich Gehör bei mehreren Abgeordneten der Nationalversammlung, die er davon überzeugte, daß zehntausend Inhaber kleinerer Wechsel durch die Schließung der Handelsbank benachteiligt würden. Nicht ohne Schwierigkeiten setzte er durch, daß eine Verfügung (28. September 1792) verabschiedet wurde, die die Reorganisation der Handelsbank genehmigte.

Mit einer Kopie dieses Erlasses begab sich sein Freund und »Intendant« Regnault de Beauvoir daraufhin sofort nach Stenay in Belgien zu den emigrierten Prinzen, denen gegenüber er sich verpflichtete, die Interessen der »Caisse de Commerce« in den Dienst der Restauration der Monarchie zu stellen. Bei seiner Rückkehr nach Frankreich erwirkte er dank einer Kaution der künftigen Könige Ludwig XVIII. und Karl X. am 7. Oktober die Erlaubnis, Aktien aufzulegen. Dieses wertvolle Schriftstück vertraute Beauvoir Madame de Kolly, die sich vorsichtigerweise mit ihren Kindern nach Boulogne-sur-Mer zurückgezogen hatte, zur Verwahrung an. Jetzt hieß es nur noch, die Geldgeber zu finden.

Zu diesem Zweck suchte Beauvoir Kolly in Paris auf. Hier wurde ihm von einer seiner Freundinnen, Rose Uzelle, die einen Lesezirkel im Palais-Royal leitete, ein gewisser Leblanc empfohlen. Beauvoir weihte ihn in das Projekt ein. Leblanc bat jedoch um Bedenkzeit. Einige Stunden später benachrichtigte er den Sicherheitsausschuß.

Um das Komplott aufzudecken, wurde ein Polizist unter dem falschen Namen »Marquis Gérard de Prouville« – angeblich ein reicher Kapitalist – zu Beauvoir und Kolly geschickt, der vorgab, im Auftrag von Leblanc zu kommen und sich für die Sache zu interessieren. Alles geschah wie vorgesehen: Als Beauvoir auf den Brief der Brüder des Königs anspielte, wollte der falsche Marquis ihn sehen...

Madame de Kolly wurde benachrichtigt und sandte das Dokument, unter einer Puderquaste versteckt, an Beauvoir. Das Begleitschreiben verriet bereits ihre bösen Vorahnungen:

> Ich habe gerade eine Puderquas... besorgt. Sei nur vorsichtig in allem, was Du tust. Mir ist sehr bang, aber ich konnte Dir nichts abschlagen. Mein Gott, wie mich Dein Brief ergriffen hat! Aber wieviel Hoffnung, vielleicht auch wieviel Leid ahne ich doch voraus...

Acht Tage später kam das Paket auf einem Pariser Postamt an. Die Polizei hatte bereits mehrere Verhaftungsbefehle ausgestellt. Als Beauvoir mit seinem Komplizen Bréard vom Postamt zurückkam, lief er den Polizisten direkt in die Arme. Einige Stunden später wurde Pierre-Paul de Kolly festgenommen, während seine Frau in Boulogne von zwei Gendarmen daran gehindert wurde, über die Grenze zu entkommen.

Am 2. Mai 1793 erschienen alle vier vor dem Revolutionstribunal und wurden zum Tod verurteilt. Auf Drängen Beauvoirs und ihres Mannes, dem es um ihre drei Kinder ging, erklärte sich Madame de Kolly für schwanger und erhielt einen Strafaufschub, während die drei Männer aufs Schafott geführt wurden. Tisset in seinem »Compte rendu de Dame Guillotine« (Bericht der Dame Guillotine) schreibt folgendes über die vier:

> Beauvoir, in Konstantinopel geboren, war Türke und der zärtliche Verehrer von Madame de Kolly. Sie hatte eine Leidenschaft für schöne, junge Männer, nicht aber für ältere Gemahle. Kolly, dem vor allem der Reichtum am Herzen lag, ließ seine Frau von seinem würdigen Freund liebkosen. Der durchtriebene Spekulant Bréard nutzte das Kleeblatt für seine Geldgeschäfte

aus. Ein Puderbeutel hat diese Gemeinschaft zerstört und alle vier vor das Revolutionstribunal gebracht. Es erwies sich, daß die ehrlosen Prinzen gar kein Geld hatten, so daß die Kasse der Handelsbank leer blieb. Die drei Männer verloren ihren Kopf, Madame de Kolly den ihren erst sieben Monate später, da sie angeblich einen kleinen Beauvoir auf die Welt zu bringen hatte.

Aus den »Memoires des prisons« (Gefängnismemoiren) geht hervor, wie schrecklich die Gefangenschaft von Madame de Kolly gewesen sein muß: Durch eine Art Abflußrohr konnte sie mit ihren beiden ältesten Söhnen, die im Männergefängnis der Force untergebracht waren, Verbindung aufnehmen. Durch diese Kanalisation schickte sie ihnen auch ihr Haar, bevor sie ihren letzten Gang antrat.

Am 15. Brumaire wurde sie schließlich enthauptet. Ihr hinausgezögerter Tod soll entsetzlich gewesen sein. In dem »Glaive vengeur« heißt es, »sie stieß einen langgezogenen grauenvollen Schrei aus, bevor das Fallbeil sie traf«.

Ihre drei Kinder wurden von einem Jakobiner namens Ferrières aufgenommen. Sie haben nie den erschütternden Brief zu Gesicht bekommen, den ihre Mutter ihnen am Vorabend ihres Todes schrieb:

5. November 1793, das Jahr II der Republik.

Oh, meine Kinder, die Ihr mein einziges Glück auf dieser Erde wart, ich sage Euch für immer adieu. Ein barbarischer Befehl reißt mich aus Euren schwachen Armen und setzt meinem friedlichen Leben auf dieser Erde ein Ende. Ihr wißt, wie sehr ich Euch alle drei liebe, nur Euretwegen habe ich mein bitteres Dasein zu verlängern versucht. Ich zweifle nicht daran, daß der allmächtige Gott, der mir die Kraft und den Mut gibt, die letzten Augenblicke meines Lebens, so schrecklich sie auch sein mögen, zu überstehen, auch Euch helfen und trösten und auf den Weg der Ehre und Tugend führen wird.

Du, mein lieber Sohn Armand, der Du Dich in diesem Augenblick gerade für meine Begnadigung einsetzt, ich segne Dich bis

zu meinem letzten Atemzug und sage Dir adieu. Durch diesen Einsatz und was er Dich gekostet haben mag, hast Du mir den schönsten Beweis Deiner Sohnesliebe gegeben. Sei schmerzlich geküßt von Deiner unglücklichen Mutter. Und Du, mein lieber Foucaud, der Du wie ich eingekerkert und aufgrund der übelsten Verleumdungen Opfer eines Verdachtes bist, der Deiner und meiner – Deiner Unschuld und meiner Frömmigkeit – unwürdig ist, ich verabschiede mich von Dir und bezeuge Dir meine unveränderliche Liebe, die ich auch jenseits des Grabes für Euch drei bewahre. Kümmere Dich gut um Deinen kleinen Bruder und lehre ihn rechtzeitig, seiner unglücklichen und unschuldigen Eltern liebevoll zu gedenken. Sage ihm, daß er und Ihr beide mir bis zu meiner letzten Stunde, die heute abend schlagen wird, am Herzen liegt.
Oh, meine lieben Kinder, Ihr könnt froh sein, daß meine Leiden nun zu Ende gehen. Denn ich hoffe, daß mir, indem ich mich in Gottes Willen füge, der Lohn der Guten zuteil wird. Betet jeden Tag für mich und Euren Vater. Wenn Gott so gnädig ist, mich im ewigen Leben mit ihm zu vereinigen, wird Euch durch unser ständiges Gebet sein Segen zuteil werden. Habt Mut und vergeßt nie die wohltätigen, mitleidigen Menschen, deren ich über den Tod hinaus dankbar gedenken werde.
Ich brauche Euch nicht ans Herz zu legen, dankbar zu sein, denn Ihr seid es. Da Ihr nicht viele Verwandte habt, die sich Eurer annehmen könnten, empfehle ich Euch wohltätigen Menschen, von denen ich mit Bedauern und Schmerz Abschied nehme.
Dankt Gott, meine süßen Kinder, für den Mut, den der barmherzige Vater mir gibt. Ich liebe Euch und trage Euch bis zu meinem letzten Atemzug im Herzen, adieu.
Vergeßt nie Eure Pflichten, Gott ist unsere einzige Zuflucht…

In dem folgenden Brief empfiehlt sie ihre Kinder ihrer Nichte, der Bürgerin Moysoud, Rue Saint-Dominique in Lyon:

5. November 1793

Meine liebe Nichte, von der ich so lange nichts gehört habe, wenn Sie, wie ich hoffe, trotz des Unglücks, das Ihre Stadt heimgesucht hat, noch am Leben sind, möchte ich mich von Ihnen auf immer verabschieden. Ich werde dem Unglücklichen, der Opfer desselben traurigen Schicksals wurde, folgen und diese Welt des Leidens für immer verlassen. Sie haben meine Kinder adoptiert, und ich lege sie Ihnen hiermit nochmals ans Herz. Ich möchte, daß Sie sie zu sich nehmen, denn sie haben niemanden mehr auf der weiten Welt. Betrachten Sie sie als Ihre Kinder, denn sie lieben Sie wie Söhne. Ich bedanke mich für die Hilfe, die Sie mir zuteil werden ließen.

Was nutzt Ihnen meine Dankbarkeit, denn wenn Sie diese Zeilen lesen, werde ich schon im Grab sein und nicht mehr unter den Grausamkeiten dieses mühseligen Lebens zu leiden haben.

Sprechen Sie meinen Kindern Mut zu und trösten Sie sie über meinen Verlust hinweg. Leider Gottes verlieren sie eine gute Mutter, ersetzen Sie sie ihnen. Ich werde unsere Cousine bitten, sie zu Ihnen oder Ihrer Schwester zu schicken. Falls Sie weiterhin in Lyon bleiben, nehmen Sie sich ihrer an, denn sie sind es wert. Mögen mich weder meine Kinder noch Sie und Ihre lieben Kinder jemals ganz vergessen. Grüßen Sie Ihre älteste Tochter von mir. Sagen Sie ihr meinen Dank, wenn sie einen meiner Söhne adoptieren möchte oder könnte. Verteilen Sie alle drei unter sich.

Adieu, seien Sie meiner grenzenlosen Zuneigung versichert, die erst mit meinem traurigen Dasein endet.

De Rabec, Witwe Kolly.

GORNEAU[187], Etienne-Pierre (1773-1793)

Der Sohn von Pierre-Joachim Gorneau, Rechtsanwalt beim Parlament, Referent der Pariser Gerichtskanzlei, wurde in Paris getauft. Er wohnte zunächst in Bordeaux, wo er im Dienst eines Notars stand, kam aber Anfang 1793 nach Paris und wurde auf Empfehlung seines Onkels mit einem Amt im Innenministerium betraut. Hier zeigt er vor seinen Arbeitskollegen eine herausfordernde Verachtung gegenüber den republikanischen Institutionen, und dies zu einer Zeit, als die Denunziation – oft anonymer Herkunft – sich auf den Schreibtischen des Pariser Überwachungsausschusses zu häufen beginnen. Auch im Briefverkehr mit seinen Freunden nimmt er sich nicht in acht.

Einer dieser Briefe, vom Überwachungsausschuß abgefangen, führte zu seiner Festnahme. Nach einem ersten Verhör ließ man ihn vor dem Sicherheitsausschuß des Konvents erscheinen, wo er am 3. Juli 1793 nochmals wegen des konfiszierten Briefes an seinen Freund Séris aus Bordeaux zur Rede gestellt wurde. Darin hatte er sich abschätzig über die kürzlich in Bordeaux empfangenen Abgeordneten Treilhard und Mathieu geäußert und sich über Marat lustig gemacht sowie über »die Funktionäre der Sektionen, die sich in begeisterten Reden ergingen, aber nicht einmal korrekt französisch sprachen«. Auch von Paris malte er ein »trübes Bild« und fand den Aufenthalt dort für seinen Geschmack »nicht sehr angenehm«.

Am 6. Juli wurden eine Hausdurchsuchung und die Beschlagnahmung seiner Papiere angeordnet. Noch am gleichen Tag wurde er in Sainte-Pélagie in Gewahrsam genommen und seine Akte an Fouquier-Tinville übergeben. Er verfaßte eine Denkschrift, in der er zu den Verhören, denen man ihn unterzogen hatte, Stellung nahm und sie teilweise widerlegte. Am 9. August wurde er vor das Revolutionstribunal berufen und über die neuen, äußerst verdächtigen Schriftstücke, die man bei ihm vorgefunden hatte, ins Verhör genommen. Es handelte sich um einen Brief, in dem er das Parlament offensichtlich mit der Froschfabel von La Fontaine verglich, sowie um eine Parodie der »Marseillaise«, unterzeichnet von

»einem Emigranten, der auf die Guillotine pfeift und um den Diebstahl seines Eigentums nicht bangt«.

Nach dreiwöchigem Gefängnisaufenthalt wurde der junge Gorneau schließlich wegen konterrevolutionärem Briefwechsel vom Revolutionstribunal zum Tod verurteilt. Die Geschworenen ließen sich in ihrer Überzeugung nicht beirren – weder durch die Bemühungen seines Vaters noch durch die rührende Denkschrift, die er an den Öffentlichen Ankläger gerichtet hatte, noch durch seine Jugend.

Sein letzter, an seine Familie gerichteter Brief ist besonders ergreifend:

An den Bürger Gorneau,
Kreuzgang Saint-Merry, Nr. 452.

Mein lieber Papa und meine lieben Angehörigen,

Ich nehme für immer von Euch Abschied und bedaure nur, Euch nicht mehr umarmen zu können, bevor ich aus dem Leben scheide. Nichts anderes hält mich zurück. Wer niemals ein Verbrechen begangen und niemals jemandem Unrecht getan hat, wer gut, menschlich, einfühlend und großzügig war, der stirbt mit gutem Gewissen. Ich habe gehofft, durch meine Arbeit der Republik, wenn sie auf festeren Füßen stehen würde, dienen zu können. Ich habe immer das Wohl meines Vaterlandes gewünscht. Ich habe den Despotismus verabscheut und die Freiheit in Ehren gehalten. Heute werde ich das Opfer des Leichtsinns und der Unbedachtsamkeit meiner zwanzig Jahre und gehe unerschrocken in den Tod.

Ich habe gehofft, zusammen mit meinem älteren Bruder meinen guten Eltern, die mich mit soviel Liebe und Sorge erzogen haben, auf ihre alten Tage eine Stütze sein zu können und bin zutiefst enttäuscht, daß diese Hoffnung sich nicht erfüllt.

Du aber, mein wahrer Bruder und treuer Freund, mache Dich an meiner Stelle zum Verteidiger der Menschenrechte. Wenn Du unserem Vaterland gedient hast, kümmere Dich auch um unseren jüngeren Bruder und um seine Stellung sowie um unsere einzige Schwester und beweine unsere Freundschaft nur, um das Andenken an einen Bruder auszulöschen, der Dich verehrte und der in wenigen Stunden glücklicher sein wird als Du selbst. Ich hatte recht, bei meiner Ankunft in Saint-Pélagie die folgenden Verse zu zitieren, die ich an meinen Cousin gesandt habe:

> Zur Welt kommend, freut sich der Mensch auf das Leben,
> Doch gibt es, erkennt er, im Leben kein Glück.
> Fortschreitend von einem Unglück zum andern
> Zahlt bis zuletzt er dem Leiden Tribut.
> Mag er als Kind auch dem Glück noch begegnen,
> beginnt es bald Schmerzen und Tränen zu regnen!
> Das Sterben des Menschen beginnt in der Wiege,
> dem Grab zu geht seufzend alles, was lebt;
> Von Vater, Gemahl und Kind heißt es scheiden,
> das ist das Schicksal, dem keiner entgeht.
>
> (Oedipus bei Admetos, von Ducis.)

Diese Verse sind nur allzu wahr.
Früher oder später, auf die eine oder andere Weise, müssen wir alle sterben. Möge vor allem Mutter sich über meinen Verlust hinwegtrösten; sagt ihr, daß ich ganz ruhig in den Tod gehe und kein Unglück mehr zu fürchten habe. Ich habe mir das Warten auf den nahen Tod schrecklich vorgestellt, aber ich fühle mich ganz wohl. Ich komme aus einem Gefängnis, das auf diesen unwiderruflichen Moment wahrhaftig vorbereitet. Dort lag ich auf Strohsäcken mit etwa vierzig anderen Kreaturen, die das gleiche Los erwartete wie mich. Ich weiß nicht recht, ob ich meinen Vorgefühlen trauen kann, doch habe ich über meinen Fall und das Schicksal, das mir zuteil wird, tagelang nachgedacht. Als sie mich plötzlich aus Sainte-Pélagie abholen kamen, sagte ich mir: »Nun ist es um mich geschehen.«
Sagt meinem Cousin Dupuy, er soll die Sachen, die er mir geliehen hat, in Sainte-Pélagie abholen. Nachstehend die Liste für den Hausmeister:

Ich bitte den Bürger Boucherot, Hausmeister in Sainte-Pélagie, meinem Cousin folgende Gegenstände, die ihm gehören, auszuhändigen oder aushändigen zu lassen:

1. Ein Gurtbett. 2. Eine Matratze. 3. Crébillon in drei Bänden. 4. »Mes Mathématiques« von Saurin in fünf Bänden. 5. Ein Fernrohr. Die übrigen Bücher habe ich meinem Zimmerkameraden verkauft und zudem noch Geld von ihm geliehen.

Etienne-Pierre Gorneau.

Ich nehme von ganzem Herzen von allen meinen Freunden und denen meiner Eltern Abschied und umarme sie zum letztenmal. Ich wünsche, daß mein Vater diesen Brief seinen Nachkommen zur Aufbewahrung übergibt, damit sie meiner gedenken und sich daran erinnern, daß ich als Opfer meiner Gesinnung am 14. Frimaire des Jahres II der französischen Republik, oder am 4. Dezember 1793 nach der alten Zeitrechnung, zwischen zwölf und eins oder elf und ein Uhr auf dem Schafott, Place de la Révolution, gestorben bin.
Nochmals adieu *in vitus eternam,* Vater, Mutter, Brüder, Schwestern, Onkel, Tanten, Verwandte, Freunde, Cousins, die Ihr mir so lieb seid und die zu verlassen mir aufgrund unserer Freundschaft so schwer fällt.
In vitam morte datus.

Gorneau, zweiter Sohn.
4. Oktober 1793, 14. Frimaire.

DUFRESNE[188], Antoine-Pierre-Léon (1761–1793)

Am 2. Juni 1792, nach einem mehrjährigen Aufenthalt auf den Antillen, betrat Dufresne, der aus der Normandie stammte und ein Amt im Gesundheitswesen bekleidete, in Bordeaux zum erstenmal wieder den Boden des französischen Festlandes. Der Grund für seine Rückkehr nach Frankreich war seine bevorstehende Heirat.

Ein unvorsichtiger Briefwechsel mit seinen Freunden in Saint-Dominique führte zu seiner Festnahme und Vorladung vor das Revolutionstribunal. Im Juni 1793 schrieb er an den Bürger Paraud den Älteren, der auf den Antillen zurückgeblieben war: »Obwohl ich mich auf meine Heirat freue, habe ich doch schon so manchesmal bereut, Saint-Dominique verlassen zu haben: zumindest läuft man dort keine Gefahr, von seinen Brüdern niedergemacht zu werden. Es ist kaum glaublich, wie geschwind die Guillotine hier arbeitet: bis zu 12, 15, 20 Menschen auf einmal – im Handumdrehen, fertig, aus; es gibt keine schönere Erfindung auf der Welt für einen Scharfrichter.«

Ein anderer enthüllte noch deutlicher seine Ansichten über die Revolution und malte ein düsteres Bild vom Frankreich des Jahres 1793: »Als ich Saint-Dominique verließ, glaubte ich mich den Schrecknissen der Anarchie und der menschlichen Grausamkeit für immer zu entziehen. Doch zu meiner größten Verwunderung bin ich vom Regen in die Traufe gekommen. Frankreich ist nur noch ein einziges riesiges Blutgerüst, auf dem der Stärkere im Namen des Gesetzes den Schwächeren unter das Fallbeil bringt. Es ist nur noch von Schlachten, Bränden, Massakern, Plünderungen, Hungersnot, Pest und Kugelregen die Rede. Das also ist unsere unglückliche Lage, die mir schon fast so ernst zu sein scheint wie jene Amerikas.«

Er, der so oft von der Guillotine gesprochen und versichert hatte, er »verspüre nicht die geringste Lust, sie zu fühlen zu bekommen«, wurde wegen »konterrevolutionärer Propaganda« zum Schafott verurteilt. Man hatte ihn einer »verweichlichten, sybaritischen und unmännlichen Haltung« angeklagt, von der er sich nur ermanne, um »das Vaterland zu verleugnen«.

Am Vorabend seines Todes schrieb Dufresne an seine junge Frau, die ihr erstes Kind erwartete:

An den Bürger Joli, Rue Gallion, Nr. 852,
für seine arme Tochter, in Paris.

3. Dezember 1793.

Meine allzu liebenswerte Frau, sei zum letztenmal von Deinem unglücklichen Mann gegrüßt. Er war nicht so gut, wie Du es ver-

dient hättest. Aber er liebte Dich. Ich glaube, daran hast Du nie gezweifelt. Höre auf mich, meine liebe Freundin, und erweise Deinem armen, unglücklichen und ehrbaren Vater immer Respekt. Sei standhaft wie Dein Mann, der nur bedauert, Dich nicht umarmen zu können.
Deinen Vater, liebste Frau, habe ich für immer ins Herz geschlossen, dem Geschrei meiner Ankläger zum Trotz. Wenn es eine Ewigkeit gibt, werde ich Dich dort antreffen, ich hatte nur aufrichtige Gefühle für Dich, vielleicht nicht genug, denn Du hättest es verdient, immer glücklich zu sein. Ich habe Dir keine Ratschläge zu geben, befolge die, die Du zu befolgen hast, aber wenn Du auf mich hören willst, dann vergiß Deinen Gatten. Schenk Deinem vom Unglück heimgesuchten Vater einen Sohn, der Eurer würdig ist. Schreib mir noch einmal, damit ich eine Zeile von Deiner keuschen Hand mit ins Grab nehmen kann. Ich muß enden, meine Tränen tränken diesen Brief. Stille Du die Deinen. Schick mir etwa 15 Francs. Ich habe Julien 60 Francs gegeben, er wird sie Dir sicherlich übergeben. Danke ihm in meinem Namen sowie auch allen unseren Freunden. Wenn Du auf mich hören willst, so ziehe Dich an einen einsamen Ort zurück und lebe dort in aller Ruhe. Bitte Deinen Vater um Verzeihung für das Unglück, das ich über ihn gebracht habe. Ich werde bis morgen früh zehn oder elf Uhr in der Conciergerie sein. Adieu, adieu, adieu für immer, adieu auf ewig.
Ich erwarte Deine Antwort noch heute abend, denn ich brauche das Geld. Ich überlasse es Dir, an meine Eltern zu schreiben. Sende beiliegenden Brief an Le Fourdrai.
Die Liebe gebietet es Dir.

An seinen Denunzianten Le Fourdrai, Marinezahlmeister in Cherbourg, schrieb Dufresne:

Sei auf ewig gegrüßt, Schurke. Ich weiß nicht, ob Du es absichtlich getan hast. Obwohl ich weiß, daß Du ein Schuft bist, fällt es mir immer noch schwer, Dich für einen solchen zu halten. Ich kann Dir nur sagen: es sind die Briefe, die ich Dir anvertraut habe, die mich aufs Schafott gebracht haben. Wenn es keine Schurkerei war, wirst auch Du bald an der Reihe sein.

Adieu, Dufresne.

13. Frimaire 1793.

LÉONARD[189], Guillaume (17..–1793)

Léonard gehörte zu jenen kleinen Geldfälschern, deren einziges Ziel es war, sich auf leichte Art und ohne viel investieren zu müssen, zu bereichern.

Er war Weinhändler, arbeitete aber auch in einem Druckereibetrieb, der Assignaten herstellte. Im September 1793 wurde er zusammen mit mehreren Komplizen festgenommen, aber einen Monat später wieder freigelassen. Die zweite Verhaftung brachte ihn vor das Gericht, das ihn im Dezember zum Tod verurteilte.

Obwohl sich nicht das Revolutionstribunal, sondern das Strafgericht des Departements von Paris mit seinem Fall befaßt hatte, war dieser bürgerliche Falschmünzer sicherlich nicht frei von politischen Hintergedanken.

An die Bürgerin Léonard, Weinhändlerin
Rue des Lavandières, nicht weit von der Place Maubert,
in Paris.

Meine liebe Freundin,

Mit Tränen in den Augen nehme ich von Dir Abschied, ich bin verurteilt, morgen zu sterben, und gehe unschuldig in den Tod, ohne mich jemals eines Verbrechens schuldig gemacht zu haben. Ich vergebe Dir alle Ärgernisse mit Deinen Eltern und hoffe zuversichtlich, daß auch Du mir vergibst. Schreibe sogleich an meine Eltern und teile ihnen mit, daß ich sterbe, weil ich mich in einer Gesellschaft von Schurken befand, ohne selbst schuldig zu sein. In meinem ganzen Leben habe ich nie ein Verbrechen begangen. Ich küsse Dich mit Tränen in den Augen und verbleibe bis zur letzten Stunde Dein Gatte. Du weißt, ich schulde dem Bürger Mauduit fünf Livres, die er mir am Tage meiner Verhaftung geliehen hat. Schäme Dich nicht, meinen Eltern meinen Tod mitzuteilen. Ich verstand zu leben und werde auch zu sterben wissen.

Adieu, meine beste Freundin, ich schreibe Dir zum letztenmal und bin Dein Mann, Léonard.

Paris, den 19. Frimaire, Jahr II der französischen Republik.

Und es lebe die Republik!

PINARD[190], Charles-Antoine (1762–1794)
RIGAUD[191], Philippe (1758–1794)

Mindestens dreißig Personen wurden vom Revolutionstribunal wegen mangelhafter Lieferungen und wegen Betrugs bei der Versorgung des Militärs sowie Bestechungsversuchen der zuständigen Beamten verurteilt. Diese Lieferungen umfaßten vielerlei – Brennholz, Fuhrwerke, Pferde für die Artillerie, Lebensmittel, Wein, Schuhe, Militärbekleidung usw.

Im Dezember 1793 klagte die für die Ausstattung der Truppen zuständige Verwaltung den Schneider Pinard an, Kleidungsstücke von schlechterer Qualität als vereinbart geliefert zu haben. Das Geschäft war über tausend Uniformen zu je circa hundert Livres abgeschlossen worden. Ebenso wie seine Lieferanten hatte auch Pinard gehofft, aus diesem minderen Produkt einen guten Gewinn für sich herauszuschlagen.

Er wurde zusammen mit mehreren in der gleichen Sache angeklagten Personen verurteilt – darunter Rigaud, einer der Beamten, die für die Bekleidung der Truppen zuständig waren – und beschuldigt, mit den Betrügern unter einer Decke zu stecken. Am Tag ihrer Hinrichtung folgte ihnen ein Beobachter der Polizei auf ihrem Wege zum Schafott: »Am Revolutionsplatz ergingen sich die Unglücklichen in Verwünschungen der Republik. Das Volk meinte, daß es

sich bei solchen Reden nur um Bösewichte und Aristokraten handeln kann, und freute sich um so mehr über ihren Tod...«
Pinard schrieb seinen Abschiedsbrief an seine Freundin:

An die Bürgerin Prévost, Rue de l'Oratoire, Nr. 141,
Haus Bonnet, 6. Etage, Paris.
Paris, den 19. Frimaire, Jahr II der französischen Republik.

Adieu, meine liebe Freundin, wenn Du diesen Brief erhältst, wird Dein guter Freund nicht mehr am Leben sein. Ich hätte es vorgezogen, im Kampf zur Verteidigung des Vaterlandes zu sterben, doch es war mir nicht beschieden. Ich werde mein Schicksal ertragen und mit unbeflecktem Gewissen sterben.
Stehe immer treu zu dem Versprechen, meine liebe Freundin, das Du mir gegeben hast. Schone Dich für das Kind, das Du unter dem Herzen trägst: Ob Mädchen oder Junge, erziehe es nach den Grundsätzen der Republik. Sei weiterhin brav und ehrlich, wie Du es immer warst. Adieu, Dein Bild ruht in meiner Seele, ich hoffe, Du trägst das meine in Deinem Herzen. Vergiß niemals Deinen Freund, aber schone Dich auch und sag Deinem Sohn oder Deiner Tochter, ihr Vater sei als wahrer Republikaner gestorben. Küsse meine Eltern und versichere sie meiner Liebe.
Pinard.

Auch die beiden letzten Briefe von Rigaud sind ergreifend:

An den Bürger Rigaud den Älteren, Rue des Singes, Nr. 7, nicht weit von der Rue des Blancs-Manteaux in Paris.
Paris, aus der Conciergerie, 19. Frimaire,
Jahr II der französischen Republik.

Adieu, mein Bruder, morgen werde ich nicht mehr leben, ich muß gestehen, daß ich darauf nicht vorbereitet war. Die Ruhe meines Herzens zeugt von meiner Unschuld. Sie wissen, mein Freund, daß mein Erbe die Republik nicht bereichern wird. Doch das Tribunal hat mich für schuldig befunden, und so werde ich sterben müssen. Sterben! Mit 36 Jahren, und noch dazu auf einem Schafott – der Gedanke ist furchtbar, unerträglich...

Kehren Sie nach Montpellier zurück und trösten Sie unseren ehrbaren Vater, tränken Sie die Asche meiner Mutter mit Ihren Tränen, umarmen Sie Cyrille und Auguste, diese guten Brüder, und auch Sophie.

Adieu, bleiben Sie alle weiterhin der Republik verbunden, sie ist eine Mutter, die niemals Unrecht hat. Besuchen Sie meine Freunde in Paris, Saint-Maurice, Chenard und seine Frau, Marillé, den General Sagué, Bastide.

Adieu, ich küsse Sie. Begeben Sie sich auch zu Freund Tayra.

Ph. Rigaud.

Meine Schrift ist nicht zittrig, doch die Reinheit meines Herzens ist noch größer als die Festigkeit meiner Hand. Vergessen Sie unsere Familie nicht, weder Jeannette noch Suzon (bitte wenden). Umarmen Sie François, meinen Freund, und beweinen Sie meinen Tod. Bitte, zahlen Sie ihm fünfzig Livres, die ich der Patriotin Rhoze schulde. Vergessen Sie auch nicht unseren Perückenmacher, der ein guter Republikaner ist. Ich habe ihn seit dem 1. April nicht bezahlt, machen Sie ihm auch ein kleines Neujahrsgeschenk, ebenso Clermont, dem Pförtner des Hauses, wo ich wohnte. Es ist unnötig, meine Wohnung aufzusuchen, denn die wenigen Sachen, die ich besitze, gehören der Republik. Adieu, mein Bruder, adieu, vergessen Sie mich und kümmern Sie sich nur noch um das Vaterland.   Ph. R.

Ich denke, wenn Ihnen das nötige Geld für die Reise fehlen sollte, finden Sie sicher jemanden, der es ihnen vorstrecken kann. In meinem Kabinett liegen ein Dutzend Taschentücher mit dem Monogramm SS. Sie gehören Sophie, der Frau unseres guten Auguste. Sagen Sie es dem Bürger Dumesnil und grüßen Sie ihn von mir, er wird versuchen, sie Ihnen zu beschaffen.

Der zweite, sehr schöne Brief ist an seine Frau gerichtet:

An die Bürgerin Rigaud, Rue du Temple, in Toulouse.

Kurz bevor ich vor Gott, meinem Herrn und Gebieter, erscheinen werde, bringe ich noch die Kraft und den Mut auf, an Dich,

meine liebe und ehrbare Gattin zu schreiben, um zärtlich und auf ewig von Dir Abschied zu nehmen.
Wenn die Feder in meiner Hand auch zittert, wenn mein Herz auch bedrückt ist und meine Tränen über das Papier rollen, habe ich doch noch den Mut, Dich zu bitten, meiner zu gedenken. Ich bitte Dich tausendmal um Verzeihung für alles, was ich Dir angetan haben mag, seit ich das Glück hatte, mit Dir vereint zu sein. Ich bitte auch meinen Vater, mir alle meine Fehler ihm gegenüber verzeihen zu wollen. Verzeiht mir beide und denkt, wenn Ihr diese Zeilen erhaltet, daß ich bereits vor dem höchsten Richter über alle Taten meines Lebens Rechenschaft abgelegt habe. Ich hoffe, Er wird sich meiner erbarmen. Ich bitte Dich, im Namen der Liebe, die Du mir immer bezeugt hast, Deine Gesundheit zu schonen, um Dich meinem ehrbaren Vater und meinen Kindern widmen zu können. Sag unseren Kindern, es ist mein letzter Wille, daß sie meinen Vater in Ehren halten, daß sie Dich, ihre zärtliche Mutter, mit Liebe und Respekt behandeln, doch sollen sie Gott über alles stellen. Sag ihnen, ich vergebe meinen Feinden, wer sie auch seien, von ganzem Herzen, und verbiete ihnen, in welcher Lage sie sich auch befinden, direkt oder indirekt nach denen zu fahnden, von denen sie vermuten, sie hätten das Unglück über mich gebracht; es ist das Gesetz Gottes, sie müssen es befolgen, und in diesem traurigen Moment ist es ihr Vater, der zu ihnen spricht. Wenn sie ihn lieben, werden sie ihm mit Freuden gehorchen. Mögen sie manchmal seiner als eines Vaters gedenken, der sie liebte und der seinem Leben mehr ihret- als seinetwegen nachtrauert. Ich bin verzweifelt beim Gedanken an die Zukunft, doch Gott verläßt seine Kinder nicht und wird sich auch der meinen erbarmen; wenn sie nur gute Menschen sind, wird er ihnen geben, was sie zum Leben brauchen.
Ich schicke Dir, meine liebe Frau, das einzige, was ich noch besitze und Dir in diesem Brief mitsenden kann, eine Strähne meines Haares. Bei ihrem Anblick wirst Du manchmal an denjenigen denken, der Dich geliebt hat. An Auguste schicke ich meine Kragenspange, das ist alles, was sie mir gelassen haben, ich lege

sie diesem Brief bei. Ich bitte ihn, sie immer zu tragen, solange er sich meiner erinnert. Ich kann Dir nicht sagen, wie sehr ich bis zu diesem Augenblick gelitten habe. Vielleicht wird Gott es mir anrechnen.

Adieu, tausendmal adieu für immer, bete zu Gott, daß er mich in seinem heiligen Paradies aufnehme, mein Herz ist überwältigt, mehr kann ich Dir nicht sagen. Adieu, ja, adieu.

SERPAUD[192], Jacques (1738–1793)
BLOUET[193], Jacques (1737–1793)

Anne-Léon de Montmorency, Feldmarschall und einer der größten Grundbesitzer Frankreichs, hatte sich 1791 auf eines seiner in der Nähe von Lüttich gelegenen Güter zurückgezogen.

Sein Intendant und Sachwalter in Paris, Jacques Serpaud, war ein ehemaliger Rechtsanwalt im Parlament, mit dem er zunächst offen, seit der Veröffentlichung des Gesetzes über die Emigrationsgüter jedoch heimlich korrespondierte, um sich von ihm bedeutende Geldsummen nach Belgien überweisen zu lassen. Mehrere Personen wurden in dieser Angelegenheit gleichzeitig denunziert, darunter der Pförtner Blouet, der in dem Hotel der Familie Montmorency einen großen Teil ihres Silberbestecks versteckt hatte, statt es, wie das Gesetz es vorschrieb, an das republikanische Münzamt auszuliefern. Zusammen mit Serpaud wurde er am 25. Frimaire des Jahres II (15. Dezember 1793) zum Tod verurteilt. Beide schrieben einen Abschiedsbrief:

An die Bürgerin Blouet, Haus der Montmorency,
Rue Saint-Marc, in Paris.

Adieu, meine zärtliche Freundin. Ich gehe mutig in den Tod, als schuldloses Opfer. Sei standhaft. Ich verlasse mich auf Deine gute Freundin, die Bürgerin Maillard. Sie wird Dich aufnehmen, und Du wirst Dich bei ihr wohl fühlen. Das ist die einzige

Hoffnung, die mich tröstet. Laß Dich von dem Bürger Devilliers in Deinen Angelegenheiten beraten. Du weißt, was Dir bleiben wird. Adieu, Adélaïde, liebe Deine Mutter, halte sie in Ehren und gib Dir Mühe, sie zu trösten. Sag allen meinen Freunden adieu, schreibe an meinen Sohn, daß sein Vater unschuldig ist, aber sag ihm auch, er soll nur seinem Vaterland dienen und keine andere Freundin haben; erst wenn Frieden ist, soll er das Mädchen heiraten, das ihn glücklich machen wird.

Adieu, sei zum letztenmal geküßt.

Blouet.

Das Hab und Gut der Verurteilten fällt an die Nation; sie wird keine große Erbschaft machen. Wenn die Sachen noch nicht gerichtlich versiegelt worden sind, so wird es bald geschehen. Ich hoffe, man läßt Dir Deine Möbel, Du wirst [unleserliches Wort] behalten. Mit dem Rest wirst Du Dich behelfen können. Es würde mich erleichtern, vor meinem Tod zu wissen, ob Dir ein glückliches Leben beschieden sein wird, ich kann es nur hoffen.

Adieu, adieu, adieu, und zum letztenmal, vergiß mich nicht und grüße auch die gute Bürgerin Guérin von mir, die beim Bürger Hébertot und seiner Frau wohnt, adieu.

Blouet.

Fräulein Serpaud, Rue Saint-Marc, Nr. 167, erhielt von ihrem Vater folgendes Billett:

Dein armer Vater wird mit dem ganzen Mut, dessen er fähig ist, sterben. Beklage sein Los weniger als das Deine, meine arme Tochter. Möge Dein Leben so glücklich sein, wie Du es verdienst. Ich bitte unsere Freunde inständig, sich Deiner anzunehmen, und umarme sie alle zum letztenmal.

6. Dezember 1793.

Serpaud.

Meine Schicksalsgenossen senden Dir letzte Grüße. Suche unseren Freund in der Rue Dauphine auf und laß Dich von ihm beraten.

CLÉMENT[194], Amable-Augustin (1761–1793)

Der Uhrmacher Clément hatte sich als einfacher Soldat zur Nationalgarde gemeldet und war einer jener, die im Juli 1791 auf Befehl La Fayettes auf die auf dem Marsfeld versammelte Menge feuerten. Diese Tragödie spielte sich nach der Rückkehr des Königs aus Varennes ab. Eine Gruppe von Republikanern hatte sich zum Marsfeld begeben, um auf dem zu Ehren des Vaterlandes errichteten Altar eine Bittschrift niederzulegen, in der eine neue Exekutivgewalt gefordert wurde. Daraufhin hatte die verfassungsgebende Versammlung den Ausnahmezustand erklärt und ein Kommando der Nationalgarde unter der Führung La Fayettes und des Bürgermeisters Bailly beauftragt, den Menschenauflauf auseinanderzutreiben. Bei der darauffolgenden Schießerei waren zahlreiche Patrioten, darunter Frauen und Kinder, ums Leben gekommen.

Im Dezember 1793 wurde Clément von der Sektion des »Contrat social« angezeigt: er habe sich »mit unverschämter Vermessenheit gerühmt, vier Personen getötet zu haben«. Auch klagte man ihn an, sich bei den Versammlungen seiner Sektion über Beschlüsse von unbestreitbarer Nützlichkeit lustig zu machen und die Patrioten zu beleidigen. Als man ihn zum Wehrdienst verpflichten wollte, hatte er erklärt, er würde sich nicht einziehen lassen, solange man die Familienväter nicht ebenfalls dazu verpflichtete. »Ihr Leben ist nicht wertvoller als das der jungen Leute«, behauptete er und versuchte mit seinen Reden, mehrere junge Leute gegen den Wehrdienst aufzuwiegeln. Sein Fall wurde noch dadurch verschlimmert, daß man ein Porträt der Corday bei ihm vorfand, was auch die letzten Zweifel hinsichtlich seiner Überzeugungen beseitigte.

Er wurde eines »Komplottes« wegen verurteilt, »das darauf abzielte, die Staatsordnung durch einen Bürgerkrieg zugrunde zu richten und die Bürger gegeneinander zu bewaffnen«.

Mit einem vierzeiligen Gedicht schloß er seinen letzten, kurz vor der Abfahrt der Karren geschriebenen Brief, den er an die Nachwelt richtete:

Amable Augustin Clément, am 7. März 1761 geboren, stirbt am 27. Dezember 1793, weil er sich am 17. Juli 1791 auf Befehl der Pariser Gemeinde auf das Marsfeld begeben hat. Das ist die Rache Lézerots, seines Denunzianten, der ebenfalls bewaffnet war und das gleiche getan hat wie die anderen. Aber da man Verräter braucht, um der Unschuld den Garaus zu machen, hat dieser Mann die Niederträchtigkeit besessen, mich zu denunzieren, um auf diese Weise zu verbergen, daß er selbst an dem Verbrechen teilgenommen hat und um sich so der Rache des Volkes zu entziehen. Doch ich gehe in den Tod, ohne es ihm nachzutragen, ich hoffe nur, ihm auf dem Weg voranzugehen, den er wie die anderen einschlagen wird, denn er ist ebenso, ja sogar doppelt schuldig. Ich überlasse es der Nachwelt, meine Unschuld zu beurteilen. Ich bin nicht älter als 32 Jahre, 8 Monate und 20 Tage, und so werde ich dafür belohnt, daß ich dem Vaterland seit dem 14. Juli 89 gedient habe.

Ich hoffe, ich werde bei der Vollziehung meines Urteils ebenso standhaft sein wie bisher in allen Angelegenheiten seit der Revolution, es sei denn, meine Kräfte verlassen mich. Ich bitte jene, die dieses letzte, traurige Schreiben lesen, einen Unglücklichen zu beklagen, der dafür stirbt, daß er gehorsam war, ohne zu wissen, worum es ging. Ich erkläre meinen Chef für ebenso unschuldig wie mich, doch wird man zu spät erkennen, daß ich ein solches Schicksal nicht verdiente.

Jemand aus dem gleichen Bataillon wie ich namens Baron wurde ebenfalls zum Tode verurteilt und wird mich auf dem Weg zum Schafott begleiten. Aber ist es nicht ein ehrenhaftes Schauspiel, für das Vaterland zu sterben?

27. Dezember um halb acht Uhr morgens.

                         A.A. Clément, aus der Conciergerie.

> Im Herzen der Freundin unsterblich zu sein
> Heißt nicht zu leben aufhör'n,
> Auch wenn man stirbt für das Vaterland.
> Und mein letztes Wort wird dein Name sein, Chéri.

                                 Clément.

DIETRICH[195], Frédéric, Baron von (1748–1793)

1792 hatte der Straßburger Bürgermeister Dietrich den Hauptmann Rouget de Lisle bei sich aufgenommen, und dieser hatte in seinem Haus den Kriegsgesang der Rheinarmee gedichtet, der als die Marseillaise in die Geschichte eingehen sollte.

Dietrich war schon in jungen Jahren von seinem Vater Jean, dem Gründer der elsässischen Hüttenwerke, in die Geschäfte eingeführt worden. Jean Dietrich war von Ludwig XV. und dem Deutschen Kaiser in den Adelsstand erhoben worden, letzterer hatte ihn zum Reichsgrafen ernannt.

Frédéric Dietrich hatte sich als Geologe und Ökonom einen Namen gemacht. 1780 wurde er Mitglied der Akademie der Wissenschaften, wo er sich mit Turgot und Condorcet befreundete.

Als Bürgermeister von Straßburg, zu dem man ihn 1790 gewählt hatte, verdächtigte man ihn des geheimen Einverständnisses mit La Fayette. Vor allem beschuldigte man ihn, die Straßburger dazu aufgewiegelt zu haben, die Nationalversammlung nach dem 10. August 1792 nicht als oberste Gewalt anzuerkennen. Ein erstes Mal gelang es ihm, sich vor dem Tribunal von Besançon, wo er viele Freunde hatte, zu rechtfertigen. Doch am 5. Nivôse wurde er auf Befehl des Konvents, zusammen mit anderen »namhaften Verschwörern«, wie Biron und Custine, vor das Revolutionstribunal beordert. Er war angeklagt, unter dem Deckmantel des Patriotismus die Komplotte Louis Capets und seiner Minister unterstützt, die Volksgesellschaften verfolgt und gemeinsam mit La Fayette Maßnahmen zum Widerstand gegen die gesetzgebende Gewalt ergriffen zu haben usw. Ein einziger dieser Anklagepunkte hätte damals genügt, um zum Tode verurteilt zu werden...

Sein letzter Brief ist an seine Kinder gerichtet:

> Mein lieber Sohn, Du wirst mit der ersten Postkutsche einige von mir komponierte Musikstücke erhalten sowie alle Partituren, die ich während meiner Gefangenschaft abgeschrieben, zusammengestellt oder komponiert habe; darunter sind schlechte,

aber auch charmante Tonstücke. Es ist leider alles, was ich Dir hinterlassen kann.

Nehmt alle Eure Kräfte zusammen, meine lieben Kinder; wenn Ihr diese wenigen Worte erhaltet, wird Euer Vater nicht mehr leben. Erhaltet Euch für Eure Mutter und Euren jüngeren Bruder. Mir bricht das Herz, wenn ich an das Unglück denke, das wir über unseren Freund und seine Familie gebracht haben. Ich hoffe, mein Vater wird sich seiner und Eurer annehmen, ich bitte ihn noch heute darum. Liebt Euer Vaterland auch weiterhin. Versucht in Eurem ganzen Leben niemals, Euch an denen zu rächen, die mich so unrechtmäßig verfolgt haben. Ich wäre glücklich, wenn ich ihnen in dem Moment, in dem sie mich in den Tod schicken, etwas Gutes tun könnte. Tröstet Euch mit dem Gedanken, daß Euer unglücklicher Vater seit dreizehn Monaten eine weit größere Pein als den Tod erlitten hat.

Versucht, mit Eurer zärtlichen und tugendreichen Mutter vereint zu werden. Ich hoffe, daß sich meine Feinde, durch meinen Tod zufriedengestellt, dem nicht widersetzen werden. Die Zukunft wird mich in der Gesinnung der wahren Republikaner und derer, die die Gerechtigkeit lieben, rechtfertigen. Es sollte Euch zum Trost gereichen, daß ich mein Ende mit einer Ruhe erwarte, deren allein ein Unschuldiger fähig ist. Ich küsse Euch, meine lieben Freunde, meine lieben Kinder. Haltet an Euren Grundsätzen und Eurer Tugend fest, auf daß Euch der Mut in keiner Situation verläßt. Ich drücke den Freund an mein Herz und sage Euch zum letztenmal adieu.

Adieu.

CUSTINE[196], Armand-Louis-Philippe-François (1769–1794)

1787 heiratet Custine, Rittmeister im Regiment der Königin, Delphine Sabran, die ihm zwei Söhne gebiert; einer davon ist der berühmte, 1790 geborene Astolphe. Im Juni 1792 als bevollmächtigter

Gesandter in Berlin, überläßt Custine die Archive der französischen Gesandtschaft dem Gesandten des spanischen Königshofs. Im August 1793 wird der junge Custine, Reserveadjutant in der Rheinarmee, die unter dem Befehl seines Vaters, des Feldmarschalls Adam Philippe Custine, steht, als dessen Komplize angeklagt und wegen Hochverrats zum Tode verurteilt. Aus den Anspielungen in einem seiner Briefe geht hervor, daß er über die gegenrevolutionären Pläne seines Vaters Bescheid weiß. Dieser Brief wird vom Revolutionstribunal als Beweisstück gegen ihn vorgelegt:

[...] Ich werde die öffentliche Sache der Partei beklagen, der Sie vielleicht bald zu Dank verpflichtet sein werden, doch unter den von Ihnen dargelegten Voraussetzungen ist nichts anderes zu tun; vielleicht geht alles gut, aber was ich für äußerst wichtig halte, ist, daß Sie Ihre Gründe klar durchdacht, überzeugend, jedoch vorsichtig darlegen. Es ist eine höchst heikle Angelegenheit. Sie wissen ja, daß die Zusammensetzung des Wohlfahrtsausschusses erneuert wurde und kennen seine gegenwärtigen Mitglieder. Es scheint, als wolle man Ihre Depeschen sowie die unangenehme Mitteilung, die Sie ihm gemacht haben, mit Stillschweigen übergehen; jedenfalls ist im »Journal du Soir« nicht erwähnt, daß der Konvent davon unterrichtet wurde. Adieu, mein lieber Papa. Ich umarme Sie zärtlich. Vergessen Sie Ihren Sohn nicht, der an Ihrem Schicksal größten Anteil nimmt und sich mehr noch als Sie selbst über das Glück freuen würde, das Sie verdienen und das Ihnen vielleicht nicht immer versagt bleiben wird...«

Dreieinhalb Monate nach der Hinrichtung seines Vaters wurde Armand de Custine zum Tode verurteilt. Im Verlauf seines Verhörs hatte er die Sympathie des Publikums gewonnen: »Der arme junge Mann«, rief ein Zuschauer aus, »ich hatte geglaubt, er würde freigesprochen!«

Delphine de Sabran, die an dem Prozeß ihres Schwiegervaters teilgenommen und ihm bis zum letzten Moment beigestanden hatte, tat das gleiche für ihren Mann. Sie versuchte sogar, durch Bestechung seine Flucht aus dem Gefängnis der Force zu erreichen. Am

Vorabend seiner Hinrichtung schrieb Custine seinen letzten Brief an sie. Man erzählt, sie hätte sich Eingang in die Conciergerie verschafft, um die letzte Nacht an seiner Seite zu verbringen.

Kurze Zeit nach dem Tod ihres Mannes wurde auch sie festgenommen. Als der 9. Thermidor kam, befand sie sich im Karmelitergefängnis.

Um neun Uhr morgens.

Ich kann meinen letzten Tag nicht besser beginnen, als wenn ich Dir von den zärtlichen und schmerzlichen Gefühlen erzähle, die ich für Dich empfinde. Manchmal verdränge ich sie, dann wieder kann ich mich ihrer nicht erwehren. Was wird aus Dir werden? Wird man Dir Deine Wohnung, zumindest Dein Zimmer lassen? Traurige Gedanken! Traurige Bilder! Ich habe neun Stunden geschlafen. Warum hast Du nicht eine ebenso ruhige Nacht verbracht? Denn ich brauche ja Deine Zärtlichkeit, nicht Deinen Kummer.

Du weißt schon von dem Opfer, das ich für einen armen Leidensgenossen gebracht habe, der Dich gekannt hat, als Du klein warst; er scheint ein guter Mensch zu sein. Wenn man am Ende seiner Leiden angekommen ist, dann ist man glücklich, die eines anderen lindern zu können: sag das Philoctète.

Ich habe vergessen, Dir zu sagen, daß ich mich fast ganz allein verteidigt habe, und nur für die Menschen, die mich lieben.

Um vier Uhr abends.

Nun muß ich Dich verlassen... Ich schicke Dir mein Haar in diesem Brief. Die Bürgerin... verspricht, Dir beides zu überbringen. Bezeuge ihr meine Dankbarkeit.

Es ist soweit, meine arme Delphine, ich küsse Dich zum letztenmal. Ich werde Dich nicht mehr sehen können; und selbst wenn ich es könnte, wäre die Trennung zu schwer, und dies ist nicht der Moment, mich der Rührung hinzugeben. Was sage ich, mich der Rührung hinzugeben?... Wie könnte ich mich bei dem Gedanken an Dich dagegen wehren? Es gibt nur ein Mittel... Dein Bild zu verdrängen – das ist zwar herzzerreißend grausam, aber notwendig. Mein Ruf wird so sein, wie er sein muß. Und was das Leben betrifft, es ist nun einmal vergänglich. Nur manchmal stört die Traurigkeit meine innere Ruhe. Verleih diesen Gefühlen Ausdruck, denn Du kennst mich am besten, und denke nicht an die schmerzlichsten von allen, denn sie gelten Dir.

Ich glaube nicht, jemals einem Menschen absichtich Böses angetan zu haben. Dagegen hatte ich bisweilen den lebhaften Wunsch, Gutes zu tun. Ich wünschte, ich hätte mehr Gutes getan. Aber meine Seele ist unbelastet von Gewissensbissen. Warum nur verspüre ich nicht die geringste Unruhe? Sterben ist notwendig und ebenso einfach wie geboren zu werden.

Dein Schicksal bekümmert mich. Könnte es sich doch zum Besten wenden und Dich eines Tages sogar glücklich machen! Das ist mein tiefster und aufrichtigster Wunsch. Sprich mit Deinem Sohn über seinen Vater, damit er ihn richtig kennenlernt. Möge eine aufgeklärte Erziehung ihn vor dem Laster bewahren, und möge eine energische und reine Seele ihm die Kraft geben, Unglück zu ertragen.

Adieu! Ich halte die Hoffnungen meines Herzens und meiner Einbildungskraft nicht für unumstößliche Glaubenssätze; aber glaube mir, ich verlasse Dich nicht ohne den Wunsch, Dich eines Tages wiederzusehen.

Ich habe den wenigen vergeben, die sich über meine Verhaftung zu freuen schienen. Wer immer Dir diesen Brief überbringt, bitte, belohne ihn.

CHARRAS[198], Anne-Jeanne Roettiers de la Chauvinerie, Marquise de (1753–1794)
ROETTIERS DE LA CHAUVINERIE[198], Jean-Baptiste-Emmanuel (1747–1794)

Wie viele andere Opfer der Revolution wurde auch Madame de Charras unter dem dehnbaren Begriff des »Komplizentums« in einer kriminellen Angelegenheit, die Gesetze des »allgemeinen Wohls« betreffend, angeklagt. Es wäre viel über diesen Begriff zu sagen, um dessen Definition sich ein überlastetes und unter Zeitdruck stehendes Gericht wenig kümmerte.

Als Neunzehnjährige hatte sie 1772 den Ritter François de La Laurencie, Marquis de Charras, Kavallerieoffizier und Inspektor der berittenen Gendarmerie, geheiratet. 1793 hielt sie sich teils in ihrer Pariser Wohnung in der Rue Buffaut, teils in ihrem Schloß in Asnières auf, wo ihre Kinder und ihr schwerkranker Mann wohnten. Sie war die Schwester von Emmanuel Roettiers de la Chauvinerie, Direktor des Münzwesens während der Revolution.

Nicht nur durch ihren Bruder, sondern auch durch ihre beste Freundin, Madame de Billens, stand die Marquise de Charras in ständiger Beziehung zu den konterrevolutionären Kreisen.

Sie wurde zur gleichen Zeit behelligt wie ihre Freundin, die man des schwerwiegenden Delikts verdächtigte, sie habe im geheimen Einverständnis mit in Paris zurückgebliebenen Adligen bei dem Transfer von Geld und Edelmetallen ins Ausland mitgewirkt. Die Festnahme von Madame de Billens im Dezember 1793 in Asnières bei den Charras löste eine ganze Reihe weiterer Verhaftungen aus.

Einen Monat danach wurde auch Madame de Charras in die Conciergerie überwiesen. Beide Frauen wurden der Kollaboration mit den ausländischen Mächten angeklagt. Wenige Stunden, bevor sie vor dem Revolutionstribunal erschien, beklagte sich Madame de Charras in einem an Fouquier-Tinville gerichteten Schreiben, einen Anklageakt erhalten zu haben, ohne jemals verhört worden zu sein:

> Bürger,
>
> Ich wende mich vertrauensvoll mit folgender Beschwerde an Sie. Gestern abend wurde ich in die Conciergerie geführt. Einige Stunden darauf hat man mir den Anklageakt ausgehändigt, in dem von dem Resultat meines Verhörs die Rede ist; dabei bin ich kein einziges Mal verhört worden.
>
> Bürger, Sie sind zu gerecht, um ein Urteil über mich zu fällen, ohne mich angehört zu haben, ich verlasse mich auf Ihre Gerechtigkeit, daß Sie mir einen Verteidiger zur Verfügung stellen. Falls ich diesen nötig habe, bitte ich Sie, mich sogleich verhören zu lassen und der Tatsache Rechnung zu tragen, daß ich

einen siechen Mann im Krankenbett sowie drei kleine Kinder hinterlassen habe, die alle meiner bedürfen. Ich habe mich keiner der Dinge, deren man mich anklagt, schuldig gemacht. Lassen Sie mir Recht zuteil werden, darum bitte ich Sie im Vertrauen auf ihre Gerechtigkeit und verbleibe brüderlich,

Charras.

Achter Tag der 1. Dekade des Pluviôse.

Gewiß hatte sich die arme Frau weniger schuldig gemacht als ihre Freundin oder ihr Bruder, mit denen zusammen sie am 11. Pluviôse des Jahres II vor dem Revolutionstribunal erschien. Doch wurden alle drei zum Tode verurteilt. Kurz vor ihrem Tod fand Madame de Charras gerade noch Zeit, dieses bewegende Abschiedsbillett zu schreiben:

An den Bürger Charras und seine drei Kinder in Asnières.

Oh, mein lieber Mann, meine lieben Kinder, seid zum letztenmal von Eurer zärtlichen Frau und Mutter umarmt. Solange ich lebe, wird mein Herz ganz Euch gehören. Ich stehe kurz vor dem letzten Augenblick. Vergeßt mich nie. Ich wünsche, daß meine armen Kinder diese letzten Zeilen von mir für immer aufbewahren. Adieu, ich sende Euch meinen letzten Seufzer. Ich empfehle Euch alle Eurer Tante und Schwester, die Euch liebt, adieu.

Frau Charras.

12. Pluviôse.

In einem anderen Brief sorgte sie sich um die Auszahlung ihres Personals, dem sie nichts schuldig bleiben wollte:

Jo und seiner Frau, die mir in Asnières gedient haben und drei Kinder ernähren müssen, stehen tausend Taler zu, das ist die Summe ihres Lohns und des Geldes, das sie uns anvertraut haben und für das ich ihnen Schuldscheine versprochen habe. Es ist alles, was sie besitzen, und sie müssen mit ihren drei Kindern davon leben. Es ist eine Schuld, die mir ganz besonders am Herzen liegt und die unbedingt beglichen werden muß.

Auch schulde ich dem Bürger Delvaux, Hausangestellter ohne festen Arbeitsplatz, tausend Taler und dreihundert Livres.
Dem Lebensmittelhändler Bernard, Rue du Faubourg-Montmartre, Ecke Rue de Provence, sind dreihundert und einige Livres für noch nicht beglichene Lieferungen zu zahlen.
Der Kinderfrau Paris aus Asnières steht ihr Jahresgehalt zu sowie fünfzig Livres Zinsen für einen Wechsel von tausend Livres, den sie mir anvertraut hat.
Meiner Köchin Madeleine aus Asnières schulde ich ihren Lohn für eineinhalb Jahre.
Was Joseph aus Asnières genau zusteht, weiß ich nicht mehr, aber die Rechnung befindet sich in meinen Papieren. Ich bitte um ihre Begleichung.

A.-J. Roettiers de la Chauvinerie-Charras.

Überhaupt bitte ich darum, daß man alle meine Schulden begleicht.

A.J.R.-Charras.

Unter der Anklage der Veruntreuung wurde auch Roettiers, der Bruder von Madame de Charras, festgenommen – und dies, obwohl er unter der Protektion Cambons, des Präsidenten der Finanzkommission des Konvents, stand (siehe S. 134).
Kurz bevor er zusammen mit seiner Schwester und Madame de Billens auf den Todeskarren stieg, richtete er dieses letzte Billett an seine Frau:

An die Bürgerin Roettiers, Rue des 4 fils, Nr. 27, im Marais.

Ich gehe dem Ende entgegen, meine liebe Frau und meine lieben Kinder. Ich drücke Euch zärtlich an meine Brust, die noch immer und bis zum letzten Atemzug für Euch schlägt und schlagen wird. Habt Euch alle drei auf immer lieb. Macht Euch gegenseitig glücklich und vergeßt nie Euren Gatten und Vater,

Roettiers.

12. Pluviôse um halb zwölf Uhr.

DIE COULOMMIERS-AFFÄRE[199]

Im Dezember 1792, während sich in Paris der Prozeß Ludwigs XVI. abspielte, gewann die konservative Partei in der kleinen Stadt Coulommiers im Departement Seine-et-Marne die Gemeindewahlen. Le Roy, Marquis de Montsabert, wurde von neuem zum Bürgermeister gewählt, Herr Prévost de la Plumasserie wurde Gemeindevorsteher, ansonsten waren die Mitglieder des Gemeinderates konservativer, wenn nicht royalistischer Gesinnung, mit Ausnahme von zwei Patrioten. Als Le Roy de Montsabert im März 1793 zum Geschworenen des Pariser Revolutionstribunals ernannt wurde und Coulommiers verlassen mußte, übernahm Prévost das Amt des Bürgermeisters. Zu diesem Zeitpunkt begann die Coulommiers-Affäre, die mit der Hinrichtung mehrerer Adliger sowie einiger Handwerker enden sollte.

Nach dem Tod des Königs versuchte man, durch aktive konterrevolutionäre Propaganda das Volk gegen den Konvent aufzuhetzen. Das Maximumgesetz kam dazu gerade recht: es schrieb vor, daß die Bauern ihre Produkte zu einem nicht überschreitbaren Preis an die Kommissare abliefern mußten, die für die Versorgung der Hauptstadt verantwortlich waren. Bald kehrte sich der Unmut, der auf den Märkten laut wurde, gegen den Jakobinerklub in Coulommiers. Ein Zwischenfall sollte zu seiner Schließung führen.

Durch gewisse klerus- und religionsfeindliche Maßnahmen wurde die sehr gläubige Bevölkerung in ihren religiösen Gefühlen nur noch bestärkt. Am 12. Mai 1793 hatten nämlich die Notabeln des Provinzialrates beschlossen, der an die Gemeinden gerichteten Empfehlung, alle noch bestehenden Zeichen der Feudalherrschaft abzuschaffen, wortwörtlich nachzukommen. Zwei jakobinische Kommunalbeamte wurden beauftragt, von den Straßen und öffentlichen Gebäuden alle Kronen, Schilder und Lilienwappen zu entfernen. Nun gab es in der Kirche von Coulommiers – wie in den Kirchen vieler anderer Gemeinden – Gemälde und Grabinschriften, die mit den königlichen Emblemen verziert waren; auch die Kirchenfenster trugen das Lilienwappen. In wenigen Stunden verbreitete sich in der Stadt das Gerücht, es sei zu Kirchenschändungen gekommen, und bald werde man wohl auch nicht mehr am Gottesdienst teilnehmen dürfen. Als sie hörten, man habe mehrere Kirchenfenster ausgehoben und Heiligenstatuen umgeworfen, liefen die frömmsten Frauen der Stadt zusammen und schrien, man solle der Gotteslästerung Einhalt gebieten. Am Pfingstsonntag hatte die Erregung ihren Höhepunkt erreicht. Von den Frauen der Pfarrgemeinde war eine Kirchenkollekte organisiert worden, »um die heiligen Jungfrauen wieder zu bekleiden und eine Kerze auf jedem Altar anzuzünden«.

Der Bürger Leduc, einer der beiden patriotischen Gemeindebeamten, die mit der Abschaffung der königlichen Insignien beauftragt worden waren, schickte sich, wie üblich an, in die Kirche zu gehen, wo er seit zwölf Jahren Chorsänger war. Eben wollte er sich vor seinem Notenpult niederlassen, als eine Gruppe aufgebrachter Frauen Anstalten traf, ihn gewaltsam hinauszuwerfen. Es blieb ihm nichts anderes übrig, als sich unter dem Hohngelächter und dem Beifall der »frommen Frauen« aus dem Staub zu machen. Der Pfarrer, der dem Zwischenfall beiwohnte, weigerte sich einzuschreiten, und die Gemeinde erklärte sich für unzuständig. Als Leduc darauf an die Abgeordneten des Departements Seine-et-Marne eine schriftliche Beschwerde richtete, gewann die Sache an Bedeutung: »Es ist soweit«, berichtete er, »Coulommiers befindet sich im Aufstand: Priester und Aristokraten haben die Maske abgeworfen, die wenigen Patrioten, die es noch gibt, wagen kaum aufzublicken und können nicht auf die Straße gehen, ohne beschimpft zu werden«.

Am 1. Juni 1793 schrieb der Republikaner Gillet, Mitglied des Jakobinerklubs, seinerseits an den Konvent: »Böse Zungen haben den leichtgläubigen Bürgern in der Stadt und auf dem Land eingeredet, daß die Jakobiner die Religion abschaffen wollten und die Kirchen beraubten und schändeten, als auf Anordnung eines Kommissars die Embleme des Königtums und der Feudalherrschaft von den Kirchenfenstern beseitigt wurden; während nur die Lilienwappen entfernt wurden, beschuldigte man die Jakobiner, die Kruzifixe verstümmelt und die Dornenkrone der Christusstatue entwendet zu haben, die es nie gegeben hat...«

Die Versammlungen des Jakobinerklubs mußten eingestellt werden, was die Gemüter jedoch nicht besänftigte. Einige Fanatiker drohten, »den nach Coulommiers gesandten Abgeordneten den Kopf abzuschlagen«. Sie fesselten die Frauen der Patrioten an die Freiheitsbäume und begrüßten den »Höllenkrieg in der Vendée« mit lautstarkem Beifall.

Auf dem Markt rief eine Frau aus: »Sollte ein Lump oder eine Schurkin es wagen, den Österreichern die Tür zu verschließen, so würde ich mir eine Hose anziehen und mich an die Spitze der Preußen und Österreicher stellen, um den Jakobinern den Garaus zu machen, und in meinem eigenen Haus würde ich so viele Feinde beherbergen, wie darin Platz haben!«

Die Reaktion aus Paris ließ nicht lange auf sich warten. Der Pfarrer und mehrere adlige Familien wurden unter dem Verdacht, die Revolte geschürt zu haben, festgenommen und in Paris guillotiniert. Der Bürgermeister Prévost wurde ebenfalls verhaftet. Zusammen mit vierzehn weiteren Personen, die man für die Unruhen im Departement Seine-et-Marne, der Kornkammer der Hauptstadt, verantwortlich machte, wurde er nach Paris gebracht. Die Anklage warf ihnen vor, »sie wollten dieses und die umliegenden Departements durch Royalismus, Fanatismus und Föderalismus zu einer zweiten Vendée machen, die Revolution zugrunde richten und die Patrioten liquidieren. Die Aristokratie, die Priester und die Reichen konnten in Coulommiers unter dem Schutz der öffentlichen Autorität ungestört ihre freiheitsfeindlichen Pläne aushecken und die Patrioten verfolgen; die Gründung einer von freiheitlich gesinnten Menschen getragenen Volksgemeinschaft war ihnen ein Dorn im Auge...«.

Acht von den fünfzehn Angeklagten, darunter zwei Frauen, wurden zum Tod verurteilt. Alle haben einen Brief oder ein Abschiedsbillett hinterlassen, bevor sie am 13. Pluviôse des Jahres II den Weg zum Schafott antraten.

BLANCHETON[200], Charlotte Noirette, Frau (1765–1794)
DELTOMBE[201], Marguerite Foi-Franquet, Frau (1760–1794)
IGONNET[202], Charles-Jean-Louis (1754–1794)

Der aus Coulommiers gebürtige Trödler Igonnet wurde beschuldigt, die Frauen der Stadt zur Meuterei aufgewiegelt zu haben. Unter ihnen hatte sich die Bürgerin Blancheton besonders hervorgetan. Ihr wurde nachgesagt, sie habe die anderen Frauen unter der Parole: »Es lebe der König! Zum Teufel mit der Republik!« angeführt. Auch die Bürgerin Deltombe wurde von den Zeugen als notorische Unruhestifterin verklagt. Alle drei stammten aus in Coulommier ansässigen Kleinhändler- oder Handwerkerfamilien.

Charlotte Blancheton schrieb ihren letzten Brief an ihren Mann, Inhaber eines Altwarenladens:

> Ich bin das Opfer der offenkundigsten Gehäßigkeit. Ich bin mir keiner Schuld bewußt, doch man muß dem Tod ins Auge sehen können. Ich lege Dir die Frucht unserer Liebe ans Herz, dazu brauche ich Dir unserer Freundschaft halber wohl nicht mehr zu sagen. Grüße meinen Bruder und alle meine Verwandten und Freunde zum letztenmal von mir. Ich glaube, meiner Charakterstärke wegen wird man mir nachtrauern.
> Ich umarme Dich und alle unsere Brüder, sei meiner Freundschaft bis zur letzten Stunde gewiß.
> Den 13. Pluviôse.
>
> Noirette Blancheton.

Die Bürgerin Deltombe richtete ihren letzten Brief an ihren Schwager, den Bürger Langlois, Werkzeugschmied in der Rue Basse in Coulommiers:

> Paris, Conciergerie, 1. Februar 1794.
>
> Meine liebe Schwester, mein lieber Bruder,
>
> Ich schreibe Dir zum letztenmal und bitte Dich, entschuldige mein langes Schweigen; verzeih mir, wie ich Dir verzeihe.

Ich empfehle Dir meinen lieben Mann und mein liebes Kind, verlaß sie jetzt nicht, Du weißt, wie empfindlich er ist, sprich ihm Mut zu... da ich ihn verlassen muß und unschuldig sterbe. Grüße alle, die an meinem Schicksal Anteil nehmen. Umarme meinen Mann, den ich Dir ganz besonders ans Herz lege.

Deine Schwester Foi-Franquet, Frau Deltombe.

Igonnet schrieb an seinen Bruder, um ihm seine Frau zu empfehlen:

Mein lieber Bruder und meine liebe Schwester,
Ich danke Euch für die Güte, die Ihr mir bis zum heutigen Tag erwiesen habt. Bitte, bewahre sie für eine Frau, eine Frau, die ich liebe, und vier Kinder, die ich Dir hinterlasse. Ich hoffe, Du wirst Dich ihnen gegenüber ebenso gütig zeigen, wie Du Dich mir gegenüber erwiesen hast, das ist mir ein Trost in diesem schweren Augenblick. Küsse meine liebe Frau und meine vier Kinder. Bitte, unterrichte sie von meinem Tod und sag ihr, daß ihr vier Kinder bleiben, die sie brauchen. Bitte auch meinen Vater, alles für meine liebe Frau und meine Mutter zu tun. Ich umarme Euch alle und werde Euch bis zum letzten Atemzug nicht vergessen. Ich bin Dein Bruder, adieu, adieu, meine lieben Freunde, adieu, Frau und Kinder. Frau, ich bin Dein Mann,

Igonnet.

Der Bürger Moulin wird Dir eine Liste der Leute, bei denen ich Schulden habe, übergeben.

Mit ihnen hingerichtet wurden der Bürgermeister Prévost, der Gemeindebeamte Merlin sowie der Friedensrichter Maulnoir. Auch der Arzt Martin und der Adlige Ogier de Baulny waren mit angeklagt, letzterer allein deswegen, weil er die Emigration seines Sohnes begünstigt habe.

PRÉVOST DE LA PLUMASSERIE[203], François-Joseph-Toussaint (1749-1794)

Sein letztes Billett ist an seinen Vater, Anwalt in Coulommiers, gerichtet:

Ich umarme Sie, mein Vater, ebenso wie meinen Bruder, meine Schwester, ihren Mann, Rosalie und Marianne, adieu, ich sterbe unschuldig.

Prévost.

Adieu an alle, die mir recht geben, und mein Herz sagt mir, daß es viele sind.

MERLIN[204], Pierre (1765-1794)

An die Bürgerin Merlin bei dem Bürger Auginot, Kurzwarenhändler, Rue Saint-Martin, gegenüber der Rue des Ménestriers, in Paris.

Es ist soweit, meine gute, liebste Freundin. Das Opfer meines Lebens hat keine oder nur geringe Bedeutung, doch geht es mir darum, ein reines Andenken von mir zu hinterlassen. Die Nachwelt kann und muß gegen das über meine Leidensgenossen und mich verhängte Urteil Berufung einlegen. Dich allein bedaure ich. Ich weiß, daß ich Dich mit einem Kind von nur vier Monaten zurücklasse und daß Du vielleicht von neuem in anderen Umständen bist, was mich sehr bekümmert, doch will ich damit nicht sagen, daß ich Deine Liebe für das Erstgeborene wie für das Kind, das Du erwartest, in Zweifel stelle. Ich will Deine Gefühle nicht aufwühlen, denn ich kenne Deine Sensibilität. Und wenn Du den letzten Rat Deines Freundes und Gatten, der Dich innig liebt und bis zur letzten Stunde an Dich denken wird... befolgen willst, dann übertrage alle Liebe, die Du für mich empfunden hast, auf die armen Geschöpfe, die ich Deiner Fürsorge überlassen muß. Das ist selbstverständlich.

Nun zum Geschäftlichen: Du weißt, daß ich dem Bürger Postel aus Melun 200 Francs schulde, was ich ihm schriftlich bescheinigt habe. Diese Summe sowie die 330 Livres, die dem Bürger Sénard zustehen, auch was ich dem Bürger Bailli schulde sowie alle weiteren Läpperschulden müssen auf der Passivseite unserer Gütergemeinschaft eingesetzt werden. Erkundige Dich bei Bekannten, ob Du diese Gütergemeinschaft annehmen kannst oder mußt, wovon ich übrigens nicht überzeugt bin. Die Beschlagnahmung meiner Güter kann von Rechts wegen erst nach Rückerstattung der Deinigen stattfinden. Wende Dich mit Deinem Ehevertrag und mit der vollzogenen Bestandsaufnahme an Leute, die über diese Dinge Bescheid wissen, um zu entscheiden, was für Dich am günstigsten ist...

Grüße meine Schwester, empfiehl mich ihr wie ihrem Mann sowie meiner und Deiner Familie, unseren Freunden und allen, die an unserem Schicksal Anteil nehmen. Was mich betrifft, sei beruhigt, ich werde als freier Mensch sterben. Ich danke Dir, bitte Dich um Verzeihung und umarme Dich und alle, die mir lieb sind. Sei zum letztenmal gegrüßt von Deinem besten Freund Merlin.

13. Pluviôse des Jahres II der Republik.

Beim Durchlesen meines Briefes fällt mir ein, daß ich die 2000 Francs, die ich dem Bürger Saron aus Meaux schulde, zu erwähnen vergaß. Bringe die Sache bitte so gut wie möglich in Ordnung.

MAULNOIR[205], Etienne-François (1744–1794)

An die Bürgerin Maulnoir bei der Bürgerin Auginot,
Kurzwarenhändlerin, Rue Saint-Martin,
gegenüber von Saint-Julien des Ménétriers,
oder des Café du Commerce.

Die Würfel sind gefallen, meine liebe, gute Freundin, seit acht Tagen schon erwarte ich den Schicksalsschlag, der mich nun getroffen hat. Für ewig werde ich von Dir getrennt sein. Ich beklage mich nicht, sondern füge mich resigniert ins Unabänderliche. Doch der Gedanke an Dich und unsere lieben, unglückseligen Kinder zerreißt mir das Herz. Ich habe nur noch einige Stunden zu leben.
Aber Du, die Du mich überlebst, wirst es schwerer haben. Ich bitte Dich, nimm alle Kräfte zusammen, um dieses Unglück zu ertragen, wenn nicht für Dich selbst, dann doch für die Unglücklichen, die Deiner Hilfe bedürfen. Auguste, Hypolitte, Lamy, Toinette und Maulnoir können schon für sich selbst sorgen.
Sprich oft von mir, vor allem zu den Kleinsten, die sich ja kaum an mich erinnern können. Bewahre diesen Brief, um ihn ihnen vorzulesen und ihnen zu sagen, daß ich nichts inniger wünschte, als ihr Glück und daß sie in Ermangelung eines Vermögens eine Erziehung erhalten, die ihnen im Leben weiterhilft. Dank ihres ehrbaren Patenonkels wird es Toinette am Nötigsten nicht fehlen, und indem sie sich verdingt, wird sie sich zumindest ihr Brot verdienen können. Die Jungen werden arbeiten, sie sind dazu geschaffen, doch geht es darum, daß sie zunächst einen Beruf erlernen: Dafür wirst Du in Deiner Klugheit und Umsicht sorgen, hoffe ich.
Mein Hab und Gut sind von der Republik konfisziert, doch genügt es zu beweisen, daß ich leider sehr wenig besaß: Ich stamme aus einer vielköpfigen Familie, meine verstorbenen Eltern haben mir nichts außer meiner Erziehung hinterlassen. Alles, was wir besitzen und was zudem noch mit vielen Hypotheken belastet ist, kommt von Deiner Seite. Unser Ehevertrag befindet sich zusammen mit den anderen Familienpapieren in dem dafür vorgesehenen Schrank. Dort liegen auch die mit Deinen Tanten und Brüdern abgeschlossenen Verträge sowie der zuletzt vor P... [unlesbar] unterzeichnete Kontrakt. Sie werden für Deine Auszahlung nützlich sein, die sich sicherlich auf eine höhere Summe beläuft, als alle unsere Schulden zusammengenommen [...].

Sobald Du Deine Rechte geltend gemacht hast, rate ich Dir, das Haus zu verkaufen, das wir zusammen bewohnten, da es für Dich allein zu kostspielig sein wird. Falls Du, was ich nicht glaube, nach Coulommiers ziehen willst, wäre es meines Erachtens das Beste, Dich in einem anderen Viertel niederzulassen.

Wenn Du aber, was ich an Deiner Stelle vorziehen würde, Coulommiers verlassen willst, dann könntest Du Dich entweder nach Courgivaux oder nach Réveillon zurückziehen, wo Du für wenig Geld eine komfortable Wohnung finden würdest, oder besser noch nach Sézanne, wo Du es mit der Erziehung der Jungen leichter hättest und wo Du, wenn nicht Verwandte, so doch Freunde vorfinden würdest [...].

Adieu, meine liebe Frau, ich bitte Dich nicht, mich nicht zu vergessen, denn ich kenne Deine Gefühle zu gut, um diesbezüglich Zweifel zu haben. Die Feder fällt mir aus der Hand, doch ich vertraue darauf, daß unsere Freunde Dich trösten werden, ich denke an die Familie Clément, die Dir wohl am nächsten steht, aber auch die Chicard und andere, grüße sie alle aufs herzlichste von mir.

Jetzt kannst Du den Brief an meinen Sohn absenden, den Du mit der Nachricht verschonen wolltest. Nun wird er von meiner Gefangenschaft und meinem Tod gleichzeitig erfahren.

Maulnoir.

MARTIN[206], Guillaume (1729–1794)

Er war der einzige Verurteilte, der nicht in Coulommiers geboren war, sondern aus der Stadt Lavaur im südfranzösischen Departement Tarn stammte. Sein letzter Brief war an die Bürgerin Dufrene gerichtet, bei der er gewohnt hatte:

1. Februar.

Adieu, meine liebe Freundin. Es tut mir leid, Ihnen Kummer bereiten zu müssen, und ich kann nur hoffen, daß er bald ver-

geht. Ich wünsche Ihnen wie meinem Freund Dufrene, der Ihnen bezeugen wird, daß er mich lieb hatte, alles nur erdenklich Gute. Bevor ich mich auf eine lange Reise begebe, möchte ich Sie meiner Liebe, meines Respekts und Gehorsams versichern. Mein vorletzter Seufzer wird Dufrene und Ihnen, der letzte aber meinem Gott gelten, der mich, so hoffe ich, in seiner Barmherzigkeit zu sich nehmen wird und dem ich ganz vertraue.
Adieu allen unseren Freunden und Nachbarn.

Martin.

OGIER DE BAULNY[207], Étienne-Thomas (1748–1794)

Als Grundbesitzer und Angehöriger des Kleinadels der Brie war es für Ogier de Baulny unmöglich, sich von der Anklage reinzuwaschen, er habe an dem Komplott zur Aufwiegelung der örtlichen Bevölkerung teilgenommen. Er wurde zum Tod verurteilt. Sein letzter Brief ist an seine Frau gerichtet:

> Aus der Conciergerie, Sonnabend, 1. Februar (alter Stil)
> 9 Uhr morgens
>
> Ach, meine gute Freundin, meine zärtliche Freundin! Ich schreibe Dir nur kurz, um Dir mitzuteilen, daß Du heute mittag keinen Mann mehr haben wirst. Wenn ich Dir Unrecht getan oder Dich schlecht behandelt haben sollte, bitte ich Dich, mir zu vergeben, wie auch ich Dir vergebe. Umarme Amédée von mir und sag ihm, er soll seinen lieben und zärtlichen Papa nie vergessen. Ich bitte Dich, immer gut für ihn zu sorgen, doch brauche ich nicht länger darauf bestehen, denn ich weiß, wie sehr Du ihn liebst und immer für ihn gesorgt hast. Adieu, meine liebste Freundin, vergiß mich nie, solange Du lebst, nochmals adieu, ich küsse Dich zum letztenmal.

TROUSSEBOIS[208], Jean-Jacques, Graf Baillard von (1743–1794)

Als Sohn von Marcellin Baillard des Combeaux und Louise-Madeleine de Troussebois wurde Jean-Jacques Baillard, Graf von Troussebois, auf dem Schloß von Chervil im Vivarais geboren. Seine militärische Karriere begann er mit fünfzehn Jahren als Leutnant im Infanterieregiment des ältesten Bruders des Königs; in der Schlacht von Rosbach wird er gefangengenommen und später zum Regimentskommandeur ernannt. Im korsischen Feldzug steigt er zum Brigadier auf und wird 1788 Feldmarschall. Zu der Zeit lebte er von seiner Frau getrennt in seinem Schloß La Mothe-Mourgon in der Nähe von Cusset, zusammen mit seiner ledigen Schwester, dem Fräulein des Combeaux, der man »energische Allüren« nachsagte, und seinem Bruder, dem Ritter von Chervil.

1789, zu einem Zeitpunkt, da die neuen Ideen allerorts zum Ausdruck kamen, herrschte Troussebois, als Familienältester von seinen herrschaftlichen Prärogativen überzeugt, arrogant und autoritär über die örtliche Bevölkerung und seine nächste Umgebung.

Im Juni 1791 führte er seine einzige Tochter Armande am Hof von Turin vor, um ihre Anrechte auf eine Pension geltend zu machen, die eine Tante ihrer Mutter ihr vermacht hatte. Auf Macht und Würde erpicht, unternahm er zu jener Zeit auch die nötigen Schritte, um sie mit einem Angehörigen der Familie d'Harcourt zu verheiraten. Doch war seine Tochter insgeheim in einen jungen, unvermögenden Adligen namens Bellescize verliebt, mit dem gemeinsam sie Anfang September 1792 nach Frankreich zurückkehrte. Die wichtigsten Emigrationsgesetze waren bereits verabschiedet, und das junge Paar riskierte die Todesstrafe.

Auch Troussebois kehrte nach Frankreich zurück, um der Beschlagnahmung seines beträchtlichen Vermögens zu entgehen. Zum erstenmal wurde er festgenommen, als er mit Hilfe einer gefälschten Aufenthaltsbescheinigung versuchte, einen Unbedenklichkeitsausweis zu erhalten, der für seine gute Gesinnung bürgte. Daraufhin verfaßte er ein Rechtfertigungsschreiben, in dem es ihm gelang, Bellescize, der mittlerweile sein Schwiegersohn geworden war, der Emigration zu bezichtigen und gleichzeitig zu beweisen, daß er selbst Frankreich seit mehr als sechs Monaten nicht verlassen hatte. Man ließ ihn frei.

Kurz nach der Veröffentlichung des Verdächtigungsgesetzes (17. September 1793) wurde er aber von neuem festgenommen und in der Abbaye inhaftiert. Diesmal berief er sich – ohne Erfolg – auf die Fürsprache Dantons.

Sein Bruder Chervil, seine Schwester des Combeaux und er selbst wurden vor das Revolutionstribunal gestellt, der Kooperation mit den Feinden der Republik überführt und am 29. Pluviôse des Jahres II (8. Februar 1794) zum Tod verurteilt.

Schon vor der Urteilsverkündung waren die Richter und Geschworenen des Tribunals überzeugt gewesen, daß die Familie Troussebois mit den an den Hof von Turin geflüchteten Emigranten unter einer Decke steckte: »Es soll keine Eifersucht unter ihnen geben«, sagten sie, »sie werden allesamt durch das Guckloch schauen« (Lichtloch der Guillotine).

Ein zweites Mal von seinem Schwiegervater denunziert, wurde der junge Bellescize wenige Tage darauf seinerseits verhaftet, zum Tod verurteilt und hingerichtet. Die achtzehnjährige Armande wollte ihn nicht überleben, bezichtigte sich selbst des gleichen Delikts, das ihren Mann unter das Fallbeil gebracht hatte und bestieg ebenfalls das Schafott...

Kurz vor seiner Hinrichtung hatte Troussebois einen Abschiedsbrief an seine gleichfalls verhaftete Frau gerichtet, der seine eigenartige Persönlichkeit etwas erhellt:

An die Bürgerin Troussebois.

Es wird Sie sicherlich überraschen, meine liebe Freundin, wenn ich Ihnen sage, daß die Descombeaux bei ihrer Verhaftung einen absolut heroischen Mut gezeigt hat, der sie übrigens nicht verlassen hat; nicht eine einzige Träne hat sie vergossen, und sie ist stoischer, als sie es jemals in ihrem Leben gewesen ist. Wir haben mit der erstaunlichsten Ruhe und Gelassenheit, in der sie uns fast übertraf, miteinander gesprochen. Eine halbe Stunde

später haben wir alle drei mit gutem Appetit gegessen und getrunken. Ohne den gestrigen Tag erlebt zu haben, werden Sie das, was ich Ihnen hier wahrheitsgetreu erzähle, kaum für möglich halten.
Was können Sie doch aus diesem Tage für ihr künftiges Glück alles lernen. Er hat Sie in einem einzigen Augenblick gelehrt, die Welt und die Menschen zu verstehen; er kann Sie über den wahren Grund der Unstimmigkeiten zwischen uns und der Zwistigkeiten mit Ihrer Mutter aufklären und auch über alles Unglück, das daraus entstanden ist und nun einmal auf dieser Welt vorkommt. Darum sollten Sie diesen Tag als den schönsten Ihres Lebens ansehen, trotz der Trauer und des Schmerzes, in die er sie gestürzt haben mag. Nützen Sie ihn zu Ihrem eigenen Glück für die Zeit, die Ihnen auf dieser elenden Welt noch zu leben beschieden ist, wo es, wie Sie sehen, doch geschehen kann, daß man eines schönen Morgens trotz allen Unglücks, das über einen hereinbricht, glücklich und zufrieden ist.
Man kann alles zu seinem Vorteil und seinen Gunsten wenden; das ist die wahre Alchimie, die aus allen Stoffen der Natur Nutzen zu ziehen versteht und die selbst aus Giften und deren Elementen die bekömmlichsten Heilmittel für den Menschen herzustellen vermag. Ich war nahe daran, die Kunst der Alchimie höchst nützlich auf die armen, unheilbaren Teufel der Republik anzuwenden, und dies in einer von mir geplanten (natürlich kostenlosen) Anstalt. Aber die allmächtige Vorsehung hat nicht gewollt, daß der Republik die Vorteile und der Nutzen dieser neuen Wissenschaft, deren [unleserliches Wort] sie mich entdecken ließ, zuteil werden.
Sie haben an einigen Beispielen von Kranken, die ich behandelt habe, einen ersten Eindruck davon gewinnen können, wozu ich eines Tages imstande sein würde, eine Leistung, die sie mir früher niemals zugetraut hätten.
Schließlich, liebe Freundin, ermahne ich Sie zur Selbstbeherrschung; halten Sie Ihre Gefühle in jeder Lage unter Kontrolle, wie Sie es mir versprochen haben: Nehmen Sie sich immer ein Beispiel an meiner Schwester und leben Sie als Sans-Culotte,

was, wie Sie wissen, immer ganz nach meinem Geschmack war. Alles, was ich Ihnen hier sage, gilt auch für Ihre Mutter, der ich nur das gleiche Glück wie Ihnen wünschen kann. Es wäre schön, wenn Sie zusammen leben und sich das zunutze machen könnten, was Sie heute über die Wege zum Glück wissen. Chervil macht uns auf ein sonderbares Zusammentreffen aufmerksam: daß wir nämlich alle drei am gleichen Ort geboren sind und nun auch alle drei am gleichen Ort sterben werden; dazu bedurfte es eines außerordentlichen Ereignisses, das uns hier vereint hat; dazu kommt, daß ich sein Pate und die Descombeaux seine Patin ist.
Die Descombeaux hat eine große Sorge; in ihrer ohnmächtigen Lage hier fällt ihr nämlich ein, daß sie ein Dienstmädchen namens Marion in Moulins mittellos zurückgelassen hat. Diese arme alte Jungfer, die krank und nicht von hier ist, hat ihr noch dazu die wenigen Assignaten, über die sie verfügte, anvertraut in dem Glauben, sie würde sie in Paris brauchen können, wohin sie uns gefolgt ist. Wenn Sie einen Weg sehen, ihr dann und wann zu helfen, tun Sie dieses gute Werk. Marion befindet sich im Gefängnis der Stadt; es stehen ihr zweihundert bis dreihundert Livres zu. Auch schuldet sie einem Wirtshaus noch etwas für das Essen. Ein Fräulein von Paladu, das in dem gleichen Gefängnis wie sie ist, hat für sie bezahlt. Sie glaubt, diese Schuld geht nicht über vierzig Livres hinaus. Sie müßten entweder an Marion oder dieses Fräulein schreiben.
Sonnabend, 8. Februar (alter Stil).

Troussebois.

Ich will zum Ende kommen, denn der ständige Lärm und das dauernde Kommen und Gehen machen es mir schwer, mich zu konzentrieren.
Meine Schwester läßt Ihnen sagen, daß ihr Madame de la Gouttenesle du Donjon zweimal Geld geliehen hat, im ganzen zweihundertsechzig Livres, wofür sie ihr jedoch nur einen Schuldschein über zweihundert Livres ausgestellt hat. Zudem schuldet sie hundertzwanzig Livres der Bürgerin Dupuis de la Jarousse,

die in Cusset gefangen ist, dafür aber keinen Beleg hat. Auch
hat sie noch bei verschiedenen Personen Schulden, auch wenn
diese hier nicht im einzelnen angeführt sind.

MILLIN DE LABROSSE[209], Claude-Valentin (1752–1794)

Als ehemaliger Hauptmann des Regiments der Insel Bourbon bezog Millin de Labrosse ein Ruhegehalt vom Orden Saint-Louis und lebte zur Zeit der Revolution im Hotel Notre-Dame, 186, Rue La Harpe.

Vielleicht wäre ihm nichts geschehen, wenn er von weniger kampfeslustigem und draufgängerischem Temperament gewesen wäre.

Eines Tages ließ er es sich beim Zeitunglesen am Quai de Conti, an der Ecke zur Rue de Thionville, einfallen, laut und vernehmlich die Haltung der Türkei zu kritisieren, die soeben offiziell für Frankreich und gegen die Koalition der Despoten Stellung genommen hatte, und erklärte, sie täte besser daran, sich mit den Österreichern zu verbünden.

Daraufhin geriet er mit einem Agent provocateur namens Joly Braquehaye in einen heftigen Wortwechsel, der in Tätlichkeiten ausartete. Der Streit sollte am nächsten Tag im Duell ausgetragen werden. Doch als sich Millin de Labrosse zur verabredeten Stunde am vereinbarten Ort, die Degen unter seinem Mantel versteckt, einstellte, ließ ihn Joly Braquehaye, der in Begleitung von drei bewaffneten Männern erschienen war, einfach festnehmen und mit Hilfe eines weiteren Verbündeten als Verdächtigen im Gefängnis der Pariser Kommune hinter Schloß und Riegel bringen. Aus dem Ehrenhandel war ein übelriechender Rechtsfall geworden. Millin mußte einundfünfzig Tage im Kerker schmachten, bevor man ihn verhörte. Man kann sich vorstellen, in welch verzweifelte Wut diese Verhaftung unseren Ritter versetzt haben muß, dessen cholerisches Temperament die an eine frühere Freundin seiner Mutter gerichteten Briefe bezeugen, die in seiner Anklageakte in den Staatsarchiven erhalten geblieben sind. Hier ein Auszug:

24. Nivôse, Jahr II.

Meine Wäsche ist bis aufs letzte Hemd verschmutzt, meine Strümpfe stinken, meine Hose ist in Fetzen, ich komme vor Hunger und Langeweile um... Ich werde Ihnen nicht mehr schreiben, die Welt ekelt mich an, adieu.

Unterdessen war er zu seinem Unglück zum Vorsitzenden eines von den Gefangenen gegründeten Komitees gewählt worden. Als solcher war er beauftragt, nach elf Uhr abends im Gefängnis für Ruhe zu sorgen, worüber er mit ein paar Quertreibern, die sich die Vorschriften gestohlen sein ließen, in Streit geriet. Dieser artete zur Keilerei aus; die Aufseher mußten eingreifen und drohten Millin, ihm Fesseln anzulegen. Außer sich vor Wut, wünschte er die Republik zum Teufel, beschimpfte den »göttlichen Marat« und warf einem der Gefangenen seinen Schuh an den Kopf. Damit nicht genug, bedrohte er ihn – in Ermangelung eines Degens – mit einem Messer. Das Ende vom Lied war, daß er vor das Revolutionstribunal gestellt wurde. Als könnte er es nicht erwarten, so schnell als möglich unter die Guillotine zu kommen, fiel ihm nichts Besseres ein, als an Fouquier-Tinville zu schreiben und ihn um den unverzüglichen Abschluß seines Prozesses zu ersuchen. Nach der Verkündung des Todesurteils richtete er einen zweiten und letzten Brief an den Öffentlichen Ankläger:

An den Bürger Fouquier, Öffentlicher Ankläger
am Revolutionstribunal.
Conciergerie, Saal der Todgeweihten,
24. Pluviôse, Jahr II der einen und unteilbaren Republik.

Bürger Ankläger, zugegeben, ich habe mich unvorsichtig verhalten und sogar zwei Briefe geschrieben, deren ich mich besser enthalten hätte. Dennoch habe ich nicht damit gerechnet, so unerbittlich von Ihrem Tribunal, Abteilung Egalité, behandelt zu werden. Weiter will ich nichts dazu sagen, doch möchte ich Sie darauf hinweisen, daß ich im Besitz des Modells für ein lenkbares Luftschiff ganz neuer Art bin. Ich würde dem Revolutionskomitee meiner Sektion, oder zumindest zwei Mitgliedern desselben, die Theorie, nach der es konstruiert ist, gern erklären, und dieses Modell – falls man es dessen würdig erachtet – meiner Sektion schenken. Zwei Stunden würden dazu genügen, und ich würde trotzdem wie vorgesehen in den nächsten vierundzwanzig Stunden den Weg alles Irdischen gehen. Das, Bürger Ankläger, wollte ich mir die Freiheit nehmen, Ihnen vorzuschlagen. Falls Sie es für nötig halten, lassen Sie dieses Schreiben an den Wohlfahrtsausschuß weiterleiten, um sich dessen Zustimmung zu vergewissern. Ich bin zum Sterben bereit und versuche keineswegs, mein Leben unnötig zu verlängern, doch liegt es mir am Herzen, etwas von mir zu hinterlassen, woran man sich erinnern kann, wenn die Tage des Zorns vorüber sein werden.

Ich grüße Sie hochachtungsvoll, Brüderlichkeit gibt es leider keine mehr.

Millin Labrosse.

P.S.: Der Bürger Harny kennt meinen Aerostat, und obwohl er mir nicht wohlgesonnen ist, verlasse ich mich auf seine Rechtschaffenheit. Jetzt geht mir das Papier aus.

FOURCAULT DE PAVANT[210], René-François (1750–1794)

René-François, der Sohn des Freimaurers Jean Fourcault, seit 1762 ehrenamtlicher Notar im Châtelet, war ab 1783 selbst als Notar im Châtelet tätig. Sein Pariser Amtszimmer hatte er in der Rue Sainte-Croix-de-la-Bretonnerie, Nummer 27. Zu seinen Klienten zählte Pierre-Charles Chevenon, Marquis de Bigny, Großgrundbesitzer im Bezirk von Saint-Amand, der Bourges zu seinem Wohnsitz gewählt hatte. Im August 1792 verhilft im Fourcault zu einer Hypothekaranleihe auf seine Ländereien im Berry. Bei der Zustellung der

Gelder gesteht er ihm jedoch unvorsichtigerweise, daß ihm »die Korrespondenz mit seinen emigrierten Klienten viel Arbeit mache«.

In der Tat unterhält Fourcault geschäftliche und freundschaftliche Beziehungen zur Herzogin von Caylus, den Rohan-Chabot, den Nicolaï und anderen Emigranten, deren Interessen er weiterhin wahrnimmt, indem er ihre Assignaten in Bargeld eintauscht oder in Staatsgütern anlegt. Vorsichtshalber deklariert er im Juli 1793 sogar selbst, 39 Pakete mit Assignaten aus Philippeville bei Lüttich erhalten zu haben, »deren Herkunft ihm verdächtig erscheine«.

Bei der Festnahme des Marquis de Bigny in Bourges findet man zwischen seinen Papieren die Briefe Fourcaults. Auch er wird verhaftet, sein Amtszimmer gerichtlich versiegelt und seine Wohnung durchsucht. Am 28. Pluviôse des Jahres II erhält er den von Fouquier-Tinville verfaßten Anklageakt:

… aus seinem Verhör … und den vom Sicherheitsausschuß des Konvents an den Öffentlichen Ankläger weitergeleiteten Unterlagen geht hervor, daß der besagte Fourcault, gleich vielen anderen Notaren der Pariser Gemeinde, Bankiers, Maklern, Spekulanten und anderen Blutsaugern des Volkes, den Komplizen des infamen Capet und der Messalina Antoinette, als Agent für ihre Geldgeschäfte diente, indem er ihre Assignaten mit Profit gegen Bargeld eintauschte, das er ihnen entweder in Frankreich zustellte, um ihnen die Emigration zu erleichtern, oder nach Koblenz oder anderswohin schickte, um ihnen bei der Finanzierung ihrer vaterlandsfeindlichen, auf die Invasion des französischen Territoriums abzielenden Pläne behilflich zu sein; an dieser Komplizenschaft mit den verschworenen Halunken, die von ihm selbst zugegeben wurde, besteht nicht der geringste Zweifel; allein die Namen der Gegenrevolutionäre, deren Vertrauen er genoß, sind ein Beweis dafür, inwieweit er ihr Komplott zur Vernichtung der Freiheit durch Geld, Anleihen und auf welche Weise auch immer sein Amt als Notar es ihm erlaubte, unterstützt hat, ohne sich dabei um die gegen sie und ihre Agenten erlassenen Gesetze zu scheren: Marbeuf, ehemaliger

Erzbischof von Lyon, die Witwe Marbeuf [seine Tante, vor kurzem guillotiniert], Choiseul, Montbard, Rohan-Chabot, Caylus, ehemalige Herzogin, und andere der gleichen Sorte, allesamt Emigranten und Gegenrevolutionäre...

In einem Schreiben an Fouquier-Tinville protestierte Fourcault gegen die Unterstellung, mit den Feinden des Vaterlandes gemeinsame Sache gemacht zu haben: »Man kann meine Register durchsehen, meine jüngeren Angestellten befragen, meine Buchhaltung kontrollieren, ich schwöre, seit Januar 1792 den Emigranten kein Geld zugestellt zu haben...«

Nichtsdestoweniger befand ihn die Jury des Tribunals der Komplizenschaft und Korrespondenz mit inneren und äußeren Staatsfeinden schuldig und verurteilte ihn zum Tod. Kurz bevor er den Karren bestieg, schrieb Fourcault einen letzten Brief an seinen ersten Sekretär und Herzensfreund, den Bürger Dessouches:

An den Bürger Dessouches,
Rue Sainte-Croix-de-la-Bretonnerie, Nr. 27.
Man hat das Todesurteil über mich gefällt, mein Freund. Diese Furien haben mich aufgrund eines in Eile verfaßten Briefes, der meine Gedanken verstellt wiedergibt, verurteilt. Anscheinend wollte man – vielleicht auch weil es gesetzlich nicht möglich ist, mein Verhalten und meine Gesinnung seit der Revolution sowie die Rechtschaffenheit, mit der ich mein Amt ausgeübt habe, völlig außer acht lassen. Ich verlasse mich auf Dich, mein lieber Freund, um mein Andenken zu rechtfertigen. Ich weiß, daß in einem revolutionären Staat mit dem Gesetz nicht zu scherzen ist und vergebe denen, die mich zum Tod verurteilt haben. Ich hoffe, das Departement wird Dich um Auskünfte über meine Buchführung fragen. Nimm Dich meiner armen Gläubiger an; nach der Verfügung über unsere Liquidation wird nicht viel für sie übrigbleiben. Ich verlasse mich auf Deine noble Großzügigkeit und die Deiner Familie – Ihr werdet den Benachteiligsten zu Hilfe kommen. Benachrichtige vor allem die Gläubiger der Emigranten, damit sie vor dem 1. Germinal, dem letzten Termin, zu ihrem Geld kommen. Ich bin das Opfer der Ränke ihrer

rücksichtslosen Schuldner. Du weißt, mein Freund, daß ich ihr infames Verhalten nie gebilligt habe, und wie sehr ich mein Vaterland liebe. Doch bereit, vor unser aller Herrgott zu erscheinen, will ich den Menschen nicht mehr zu imponieren versuchen. Es ist das letzte Mal, daß ich mich um ihre Interessen kümmere. Alle menschlichen Gefühle werden ein Ende haben, doch Dich werde ich bis zum letzten Atemzug in meinem Herzen tragen. Tröste meine Mutter, mein Freund, sie tut mir mehr leid als ich selbst. Schwöre mir, daß Du mich überleben wirst. Falls es Dir möglich ist, belohne meine treue Haushälterin, versichere meinen Freunden sowie allen meinen Mitbürgern, daß ich – wenn auch vor dem Gesetz für schuldig befunden – unschuldig von hinnen scheide.

Adieu, mein zärtlicher Freund, sei zum letztenmal umarmt.

2. Ventôse, mittags.

Fourcault.

MAUSSION DE CANDE[211], Étienne-Thomas de (1750–1794)

Maussion de Candé diente 1775 dem Ancien Régime als Referent des Staatsrates. Er heiratete die Tochter des Intendanten von Orléans, Cypierre de Chevilly, und wurde dank dem Einfluß seines Schwiegervaters 1787 zum Intendanten von Rouen ernannt. Die Plünderung seines Pariser Hotels in der Nacht vom 3. und 4. August 1789 zeugt von seiner Unbeliebtheit bei der Bevölkerung.

Als ausgemachter Gegner der Revolution emigriert er 1791 gemeinsam mit »mesdames tantes« Adélaïde und Sophie, den Töchtern Ludwigs XV., nach Rom, wo er sich um deren finanzielle Angelegenheiten kümmert.

Als die Gesetze über die Beschlagnahmung der Emigrantengüter erlassen werden, kehrt er schleunigst nach Frankreich zurück, um sein riesiges Vermögen zu retten, und verschafft sich gefälschte

Aufenthaltsbescheinigungen. In Wirklichkeit unterstützt er seit 1792 auf großzügige Weise die Gegenrevolution und unternimmt mehrere Auslandsreisen. In Paris hält er sich in einer unauffälligen Wohnung in der Rue du Faubourg-Saint-Honoré auf, die ihm von Marion Latour, der Frau des Agenten des Prinzen von Condé, Josset de Saint-Laurent, zur Verfügung gestellt wird. (Die Autoritäten entdeckten später, daß »dieses Haus ein wahrer Sammelplatz von Verschwörern war«.)

Als er 1794 festgenommen wird, gelingt es ihm, in die »Maison de Santé« des Bürgers La Chapelle überwiesen zu werden, wo die reichsten Gefangenen unter bevorzugten Bedingungen untergebracht sind – doch nur für drei Wochen. Der Emigration angeklagt, erscheint er im Februar 1794 vor dem Revolutionstribunal. Weitere gegen ihn erhobene Anklagepunkte sind: er habe als Verwalter von Rouen »versucht, das Volk durch Beschränkung und Rationierung des Getreides auszuhungern«. Zudem sollte er 1789 zwei Bürger aus Rouen, die einen Sturmangriff auf die Getreidespeicher angeführt hatten, an den Galgen gebracht haben. Einige Stunden nach der Verkündung des Todesurteils schreibt er folgenden Abschiedsbrief an seine Nichte:

An die Bürgerin d'Escayrac, Haus des C. du Ruey,
vom Boulevard aus die dritte Toreinfahrt links,
Rue de Richelieu.

Ich weiß, meine liebe Nichte, daß Sie sich gestern in Valois aufhielten. Bei Gott, wie beunruhigt war ich doch bei dem Gedanken, Sie könnten der Urteilsverkündung beiwohnen. Ich weiß, wie schmerzlich das für Ihr zartfühlendes und sensibles Wesen gewesen wäre.

Zwei Punkte standen insbesondere zur Debatte. Erstens die Bordier-Affäre: Sie wissen, wie wenig ich damit zu tun habe. Zweitens meine angebliche Emigration. Niemand weiß besser als Sie, daß ich noch zwei Jahre vor dem von den Autoritäten als letzte Frist zugelassenen Zeitpunkt nach Frankreich zurückgekehrt bin. Dennoch will ich mich über mein Urteil nicht beklagen. Ich füge mich in die Vorsehung und preise die Hand, die mich straft. Ich glaube, ich habe bei meiner Verteidigung Geistesgegenwart, Klarheit, Unerschrockenheit und Mut bewiesen. Freilich wäre ich gern auf mehr Einzelheiten eingegangen und rechnete mit der Unterstützung meines Verteidigers; warum dieser sich auch nur kurz gefaßt hat, weiß ich nicht. Doch er soll beruhigt sein, ich werde es ihm nicht nachtragen. Ich weiß ja, daß es nicht in seiner Macht stand, mich zu retten. Was mich jedoch entrüstet hat, ist, daß man jene Zeugen, die meine Aufenthaltsbescheinigung unterschrieben haben, für schuldig befunden hat, wo sie mir doch nur eine Tatsache bestätigt haben, die der Wirklichkeit entspricht. Obwohl ich darauf gefaßt bin, vor dem Höchsten Gericht zu erscheinen, kann ich dies nur von neuem versichern ohne Furcht, widerlegt zu werden.

Da ich im Gefängnis absolut mittellos war, konnte ich meine Verteidiger nicht bezahlen. Meines Erachtens nach wäre es Sache der Nation, diese Schuld zu begleichen, da sie sich ja meines gesamten Vermögens bemächtigt. Falls dies jedoch mit irgendwelchen Schwierigkeiten verbunden sein sollte, wird sich meine Familie darum kümmern, die zu ehrlich ist, um eine solche Schuld anstehen zu lassen. Meine Kinder werden sicher bereit sein, den ausstehenden Betrag von dem Geld, das ihnen zukommt, zu begleichen. Seien Sie so gut und sorgen Sie dafür, daß die Bürger Chauveau und La Fleutrie die ihnen zustehende Summe erhalten.

Ich überlasse meine unglücklichen Kinder Ihrer Obhut und vertraue auf Ihre zärtliche Fürsorge für sie. Achten Sie vor allem auf ihre Erziehung, das ist das Beste, was man ihnen mit auf den Lebensweg geben kann. Lehren Sie sie frühzeitig Verhaltens- und Lebensregeln, auf die sie in ihrem ganzen Leben zurückgreifen können. Möge das unglückselige Beispiel, das sie vor Augen haben, ihnen rechtzeitig zeigen, daß es Böses auf dieser Welt gibt, auf daß sie sich dauerhafteren und verläßlicheren Gütern zuwenden.

Wenn ich in meinem Testament die Versorgung meiner Kinder mehr Ihrem Vater anvertraut habe als Ihnen, dann nur deshalb, meine liebe Nichte, weil seine Stellung ihn freier macht als Sie und es ihm darum eher möglich ist, sich ihrer anzunehmen. Ich bitte ihn und Sie, sie zu adoptieren. Bitte, grüßen Sie meine ganze Familie ein letztes Mal von mir.

Adieu, meine liebe Nichte, adieu zum letztenmal. Maussion.

PRUNELLE[212], Louis (1758–1794)

Der Fall Prunelle steht in engem Zusammenhang mit den Geschehnissen in Coulommiers (siehe S. 232) und spielt sich in der sogenannten »petite Vendée briarde« ab.

Auf Betreiben der Royalisten und im Namen der religiösen Freiheit kam es Mitte Dezember 1793 in den Gemeinden La Ferté-Gaucher, Maupertuis und Meilleray zum Aufstand. Für die Abgeordneten des Wohlfahrtsausschusses handelte es sich zweifellos um eine Manipulation der Bevölkerung: »Um ihre verwerflichen Absichten zu verwirklichen, verbargen sich Männer, die diesen Namen übrigens zu Unrecht tragen, hinter der Maske der Religion, deren faszinierende Wirkungskraft auf schwache und ungebildete Geister sie nur allzu gut kannten.«

Aus einem in »Les Révolutions de Paris« erschienen Artikel über die Aufstände in der Vendée geht hervor, wie abergläubisch die ländliche Bevölkerung zu jener Zeit war: »Längst hätten die Bewohner der Vendée die Waffen gestreckt, wären sie nicht so fanatisch religiös. Sie glauben tatsächlich, sie könnten nach drei Tagen wiederauferstehen. Als man in einem Dorf in der Nähe von La Châtaigneraie eine Frau nach ihrem Mann fragte, zog sie diesen aus dem Graben, in dem er lag, versetzte ihm einen Fußtritt in die Seite und sagte: ›Steh endlich auf, Toussot, die drei Tage sind um.‹ Die Leiche war bereits im Zustand der Verwesung, und man versuchte, sie über ihren Irrtum aufzuklären. Doch sie antwortete nur, anscheinend habe er noch nicht alle seine Sünden gesühnt. Nie hat man einen derartigen Glaubenseifer gesehen. Das ist dem Pfarrer von Sainte-Cécile zu verdanken, der sie oft in der Kirche versammelt, um sie dort in Christi Namen zu Mord und Konterrevolution aufzuwiegeln.«

Zielscheibe der konterrevolutionären Propaganda waren die Bauern, Handwerker und kleinen Beamten wie Louis Prunelle, die sich, von den Agenten der Gegenrevolution bewaffnet, an die Spitze der Erhebung stellten: »Die Gewährsmänner der Rebellion sind durch die Gemeinden gezogen und haben die Totenglocken läuten lassen. Den einen haben sie erzählt, die Jakobiner aus Coulommiers würden kommen und sie niedermachen, die anderen, die solche Absurditäten nicht glauben wollten, haben sie mit Gewalt auf ihre Seite gebracht.«

Trotz der Bemühungen der örtlichen Autoritäten, die Bevölkerung zu beruhigen, und trotz des an die Nationalgarde gerichteten Befehls, keinen allgemeinen Aufstand zu provozieren, mußte schließlich doch eingegriffen werden, als die Menge die Munizipalitätsgebäude mit dem Ruf stürmte: »Es lebe die Religion und die katholische Armee! Nieder mit den Klubs und den Köpfen der Jakobiner!«

Unter den Verhafteten befanden sich ein Fuhrmann, ein Müller, ein Weber, ein Hufschmied, ein Seiler, ein ehemaliger Pfarrer, ein Sägemüller, ein Korndrescher sowie der Lehrer Prunelle. Sie wurden vor dem Revolutionstribunal von Paris angeklagt, »an allen am 24. Frimaire in La Ferté-Gaucher begangenen Verbrechen teilgenommen und die Bewohner von Meilleray aufgewiegelt zu haben, zu den Waffen zu greifen und dem Tod zu trotzen«. Sie wurden zum Tod verurteilt.

Vor dem Gang zum Schafott richtete Louis Prunelle folgenden Brief an seine Frau:

> An die Bürgerin Prunelle, ehemalige Schullehrerin, bei
> La Ferté-Gaucher in der Brie, in Meilleray.
>
> Paris, 12. Ventôse, Jahr II
der einen und unteilbaren französischen Republik.
>
> Meine liebe Freundin, ich muß Dir hiermit eine für Dich und Deine armen Kinder traurige Nachricht mitteilen. Doch bitte, mach Dir keine Sorgen und vertrau auf Gott, was die Kinder be-

trifft, Er soll Deine Kraft und Stütze sein. Schon seit zwei Stunden ist mir, als hätte ich das Fallbeil im Nacken, und dies nur wegen der Nachlässigkeit des Gemeindevorstehers von Meilleray, der nicht holen ließ, worum ich ihn gebeten habe.
Versuche, Dich zu trösten, mein Herz, denn ich werde Dich nie wiedersehen. Kümmere Dich gut um die Kinder und um ihre Erziehung. Ich gehe unschuldig in den Tod, denn man macht mich für die Meuterei in Meilleray verantwortlich. Das war, als wir nach La Ferté-Gaucher gezogen sind. Damit haben sie Unrecht, aber schließlich muß ja jemand hingerichtet werden. Überlasse Dich der Barmherzigkeit Gottes. Zeige diesen Brief allen meinen Verwandten und sage denen aus Champguion, sie sollen Dich und die Kinder so behandeln, als wäre ich noch am Leben, sie sollen Dir keine Unannehmlichkeiten bereiten und mit Dir und meinen armen, kleinen Kindern Mitleid haben.
Adieu, meine Freundin, mein Herz, ich verlasse Dich unter Küssen und Tränen. Umarme meine armen Kinder, meinen Vater und meine Mutter sowie alle meine Verwandten und Freunde. Betet alle zum Allmächtigen für mich. Von dem, der Dich für immer verläßt.

Prunelle, Dein lieber Freund.

VILLEMAIN[213], Claire-Madeleine de Lambertye, Gräfin von (1750–1794)

Sie hatte 1770 Nicolas-Pierre-Geoffroy, Graf von Villemain und Gutsherr von Mesnil, geheiratet, der dem königlichen Kabinett angehörte. Kurz vor der Revolution war sie jedoch die Geliebte des Herzogs von Polignac, der dank der Geschenke, mit denen Marie-Antoinette seine Frau bedachte, ein angenehmes Leben führte.
Die Polignac zählten zu den ersten Emigranten im Jahr 1789, ihnen folgten die Brüder von Madame de Villemain. Sie selbst begab sich »zur Kur« nach Spa, wo sie sich in Wirklichkeit um das Vermö-

gen der Familie Polignac kümmerte, das der Beschlagnahmung noch einmal entgangen war.

Bei ihrer Rückkehr nach Frankreich gab Madame de Villemain vor, »eine Erbschaft in der Seitenlinie anzutreten«; im Grund aber handelte es sich darum, Wertsachen aller Art, die den Polignac und anscheinend auch dem Grafen von Artois gehörten, in ihrem Haus zu verstecken. Sie wurde denunziert und mußte im Oktober 1792 eine Hausdurchsuchung in ihrer Wohnung, Rue de Provence, über sich ergehen lassen. Bei der Bestandsaufnahme wurde festgestellt, daß sie Silbergeschirr mit dem Wappen der Polignac in einem »zugemauerten Raum« versteckt hatte; hinzu kamen verschiedene andere Gegenstände, über deren Herkunft Madame de Villemain keine zufriedenstellende Auskunft geben konnte. Sie erklärte den Autoritäten, sie habe diese Wertsachen, die ihr von einem »Unbekannten« für den Betrag von 30.000 Livres anvertraut worden seien, vor Dieben in Sicherheit bringen wollen. Es war ein leichtes, sie am 27. März 1794 vor dem Revolutionstribunal der Komplizenschaft mit den Feinden der Republik zu überführen und zu verurteilen.

Als sie nach langer Haft krank wurde, überwies man sie ins Diözesangefängnis, Hospiz des Revolutionstribunals, wo sie, ohne Illusionen über ihr Schicksal, ihr letztes Vermächtnis für ihr Hauspersonal verfaßte, insbesondere für ihren Diener, den Bürger Lhomme, der drei Monate nach ihr als Mittäter hingerichtet wurde. Ihre Abschiedsbilletts richtete sie, bevor sie vor dem Tribunal erschein, an ihren Mann, ihre Mutter und an den treuen Lhomme.

An den Bürger Villemain, Rue de Cerutti.

Ich bin soeben vor das Tribunal berufen worden, es ist 10 Uhr abends, ich kann mich nur mit Mühe aufrechthalten. Da die menschliche Gerechtigkeit eine allzu ungewisse Sache ist, möchte ich Sie wissen lassen, daß ich in meinen letzten Augenblicken an Sie gedacht habe, auch möchte ich Ihnen versichern, daß ich dem Ende meines Lebens mit reinem Gewissen entgegengehe. Was mir am meisten am Herzen liegt, ist, Sie glücklich zu wissen. Ich bitte Sie, den Verpflichtungen, die ich meinen Dienern und Hausangestellten gegenüber eingegangen bin, nachzukommen. Sie sind ein allzu ehrlicher Mensch, um mir diesen Wunsch abzuschlagen. Es handelt sich nicht um mein Testament – dazu kommt es ohnehin nicht mehr –, sondern um einen Gefallen, um den ich Sie bitte. Jeder von ihnen soll ein Geschenk von mir erhalten. Mein Freund, ich bedaure nicht, aus diesem Leben zu scheiden, das mich so ungerecht behandelt hat. Ihnen aber wünsche ich alles nur erdenkliche Glück.

Lambertye de Villemain.

Ich bestätige Ihnen hiermit, daß ich dem Bürger Jumilhac sechs Livres schulde. Für diesen Betrag, den er mir schon vor einiger Zeit geliehen hat, habe ich ihm einen Schuldschein ausgestellt. Die Bürgerin Ferrière wird Ihnen die Rechnung über die 300 oder 400 Livres geben, die ich ihr schulde. Sie kennen sie und wissen, wie rechtschaffen sie ist.

An die Bürgerin Lambertye, in Montluçon über Moulin.

Weinen Sie nicht über Ihre Tochter, liebe Mama, sie hat sich bis zu ihrer letzten Stunde Ihrer würdig erwiesen und Sie bis zum letzten Atemzug geliebt. Bleiben Sie bei guter Gesundheit und beten Sie für mich.
Adieu, mein letzter Seufzer wird Ihnen gelten.

L.D.V.

Ich bin mir der Dienste, die Sie mir geleistet haben, wohl bewußt, lieber Bürger, und werde Ihnen auf ewig dafür dankbar sein. Machen Sie mir die Freude, diesen Bon anzunehmen und alle beiliegenden Briefe und Gutscheine an ihre Empfänger weiterzuleiten. Es fällt mir schwer, zu schreiben, meine Kräfte schwinden, doch mein Herz gehört bis zum letzten Moment all denen, die mir lieb sind, und dazu zählen auch Sie.
Kümmern Sie sich besonders gut um Monsieur de Saint-Sernon, ich wage es nicht, ihm zu schreiben, doch sagen Sie ihm, daß ich ihn ins Herz geschlossen habe. Wenn ich nicht mehr bin, geben Sie ihm meine Konfitüren, meinen Zucker und meine sonstigen Vorräte, adieu.

Frau Villemain.

Ihrem Mann, von dem Sie getrennt lebte, war ein glücklicheres Los beschieden als ihr, denn erstaunlicherweise gelang es ihm, der Guillotine zu entgehen. Er galt bei den Mitgliedern der revolutionären Sektion seines Bezirkes, übrigens einer eher gemäßigten Sektion, als eifriger Patriot. Doch geriet er bei dem Kommissar Mosnier, dem die Verfolgung der Hamsterer oblag, in den Verdacht, Lebensmittel gehortet und nicht deklariert zu haben.

Villemain zeigte Mosnier seinerseits wegen »Übertretung seiner Amtsbefugnisse« an, was einen erregten Briefwechsel zur Rechtfertigung beider Seiten zur Folge hatte. Nach Abstimmung des Gemeinderates gewann Mosnier seine Sache gegen den »Patrioten Villemain«. Dieser wurde im Dezember 1793 verhaftet, aber kurz darauf wieder freigelassen.

POIRÉ[214], Louis-François (1758–1794)

Poiré, Sohn eines Holzhändlers, war als Sekretär zunächst in dem Haus Talleyrand-Périgord angestellt und wurde dann der Sekretär von Diane de Polignac, einer Schwägerin der Favoritin Marie-Antoinettes. Seine Festnahme erfolgte am 9. Dezember 1793 auf Antrag des Revolutionskomitees des Departements Finistère unter der Begründung, er habe sich den Geschehnissen des 31. Mai und dem Sturz der Gironde widersetzt. Zudem wurde ihm unterstellt, er habe gegen die Wahl Hanriots zum Kommandanten der Pariser Nationalgarde intrigiert:

> Lange Zeit machte der Reiche die Gesetze und unterstützte den General*, nun ist endlich der Arme an der Reihe, auf daß Gleichheit herrsche zwischen Arm und Reich.

---

* Gemeint ist der General Hanriot (Anm. d. Übers.).

Darauf erwiderte Poiré:

(...) Es gibt ehrliche Reiche, die ihr Vermögen der eigenen Arbeit und rechtmäßigen Spekulationsgeschäften verdanken, und schuldhafte Reiche, die durch Intrigen und hinterhältige Berechnung in den Besitz ihres Reichtums gelangt sind.

In Wirklichkeit war Poiré ein überzeugter Royalist. Dies ging eindeutig aus seiner Korrespondenz hervor, die er unvorsichtigerweise nicht vernichtet hatte. Im September 1792 erhielt er eine Stellung als Türsteher im Konvent, und zwar durch Vermittlung seines Freundes Rose du Rempart. Dieser war mit dem Bankier Ker befreundet, der als Pariser Geheimagent des englischen Ministers Pitt Beziehungen zu mehreren Abgeordneten unterhielt. Man brachte Poiré mit einem gewissen Knight aus London zusammen, der ihm eine ansehnliche Belohnung versprach, wenn er ihm über die Debatten im Konvent berichtete und die Gespräche der Abgeordneten in den Fluren der Nationalversammlung belauschte.

Im Oktober machte sich Poiré an die Arbeit. »Offiziell« waren seine Berichte für die englische Zeitung »Le Courrier« bestimmt, und die seines Freundes Rose du Rempart, ebenfalls Türwächter, für den »Morning Chronicle«. Seine englischen Korrespondenten empfahlen ihm in ihren Briefen, ihnen »weder Vermutungen noch Gerüchte, sondern Tatsachen« mitzuteilen. »Vor allem«, fügten sie hinzu, »brauchen wir nichts, was bereits in einer Zeitung veröffentlicht wurde.« Kurz darauf, im Dezember 1792, verlangten sie Auskünfte über »die Verpflegung der Armee, die Situation in Holland, die Eröffnung der Schelde, die Möglichkeit eines Krieges mit Holland und mit England, den Waffenstillstand, der im Winter geschlossen werden sollte, sowie über die augenblickliche Stimmung unter den Mitgliedern der Nationalversammlung«. Nach der Hinrichtung Ludwigs XVI. bat man ihn um »detaillierte Einzelheiten, den Verstorbenen und seine Familie betreffend, für die sich England sehr interessierte«.

Um keine Aufmerksamkeit zu erregen, adressierte Poiré seine Berichte an den ehemaligen Offizier und damaligen Postbeamten in Calais François d'Affrengues, mit dem Vermerk in einer Ecke des

Umschlags: »An den Bürger Boosey.« Bald nach der Verhaftung d'Affrengues wurde jegliche Kommunikation zwischen Frankreich und England verboten, und die Postämter in Calais und Boulogne wurden besonders streng überwacht. Also ging die konterrevolutionäre Post nun nach Belgien, um über Ostende nach England zu gelangen. Doch war inzwischen ein Haftdekret gegen alle in Frankreich residierenden Ausländer erlassen worden. Dies führte zur Beschlagnahmung und eingehenden Untersuchung aller Papiere der Bankiers Boyd und Ker, in denen viele ihrer französischen Freunde und Mitarbeiter, darunter auch Poiré und Rose du Rempart sowie die übrigen Türsteher des Konvents namentlich erwähnt waren. Sie wurden alle verhaftet.

Einer der in Poirés Wohnung gefundenen Briefe zeigt, wie vorsichtig die Konterrevolutionäre miteinander korrespondierten und wie schwierig es für die Autoritäten der Republik (und den Historiker) gewesen sein muß (bzw. ist), den Sinn ihres anscheinend belanglosen Briefwechsels zu erfassen:

> Wenn wir Ihnen auf dem Postweg schreiben müssen, werden Sie unsere Schreiben sinngemäß zu interpretieren haben, ohne den Inhalt wortwörtlich zu nehmen; manchmal werden Sie aus dem, was wir schreiben, sogar das Gegenteil entnehmen müssen in Anbetracht der Tatsache, daß Ihre Adresse [der Konvent, wo Poiré angestellt ist] zu Verdacht und Überwachung Anlaß gibt und wir nicht glauben, auf die absolute Zuverlässigkeit der Post vertrauen zu können.

Poiré wurde angeklagt, sich gegen das französische Volk verschworen, mit den Feinden der Republik korrespondiert und als Komplize der Agenten der Auslandspartei gewirkt zu haben, und zum Tod verurteilt. Er richtete folgenden Brief an seine Frau:

> An die Bürgerin Poiré, Rue Saint-Dominique,
> in der Nähe der Rue des Saints-Pères, Nr. 1023.
>
> 9. Germinal.
>
> Liebe Freundin, ich gehe zufrieden in den Tod, da man das Opfer meines Lebens für das Wohl meines Vaterlandes für notwen-

dig hielt; doch Du, meine Liebe, lebe weiter, um für mein Kind und meinen armen, dem Elend preisgegebenen Vater zu sorgen und meine Brüder in der Armee zu trösten, mit denen ich im Briefwechsel stand.

Ich weiß, wie grausam es ist, seinen Mann zu verlieren, doch muß man in revolutionären Zeiten auf alles gefaßt sein. Ich bitte Dich, im Namen Deines Sohnes, dieses Unglück zu überwinden. Du bist dem schrecklichsten Elend ausgesetzt, und ich muß Dich der Barmherzigkeit unserer Freunde überlassen, dieser guten Bürger, die die Redlichkeit unserer Absichten kannten. Zieh Dich in das Haus meines armen Vaters zurück, er wird Deinen Schmerz besänftigen können und Dir der beste Freund sein.

Ich lege die Rechnung bei, die ich dem Hausmeister vom Luxembourg-Gefängnis schulde.

Adieu, adieu.

Poiré.

Am 26. Ventôse habe ich von dem Bürger Benoît, Hausmeister, sechs Pfund Fleisch zu vierzehn Sols erhalten, was den Betrag von vier Livres vier Sols ausmacht.

Am 3. Germinal sieben Pfund Fleisch zu vierzehn Sols: vier Livres achtzehn Sols.

GATTEY[215], François-Charles (1756–1794)

Gattey war in Rouen ansässig, als er 1787 zum ersten Sekretär der Finanzverwaltung in Paris ernannt wurde. Mit der Revolution wurde jedoch sein Amt hinfällig, und so widmete er sich der Herausgabe und dem Vertrieb von Broschüren und Werken, die das Ancien Régime unterstützten. Eine der von ihm herausgegebenen Schriften wurde am 5. Mai 1790 polizeilich beschlagnahmt und ihr Verkauf untersagt. Es handelte sich um die »Auszüge aus den Schlußfolgerungen des Domkapitels der Pariser Kirche«, abgedruckt im Rahmen eines Artikels mit dem Titel:»Kundgebung von mehreren Mitgliedern der Nationalversammlung zu dem am 13. April 1790 erlassenen Dekret über die Religion.« In dem Urteil hieß es, dieser Text ziele darauf ab, »das Volk unberechtigterweise über die Aufrechterhaltung und den Fortbestand der apostolischen, römisch-katholischen Religion zu beunruhigen«; er offenbare »einen wahrhaft kriminellen Widerspruchsgeist, gegenüber den Verordnungen der Nationalversammlung« und laufe darauf hinaus, »aufrührerische Maximen zu proklamieren, die die Konstitution und die Rechte der Nation verletzen und das Aufbegehren gegen die Gesetze bestärken«.

Dessen ungeachtet fuhr Gattey fort, ausgesprochen konterrevolutionäre Broschüren und Zeitungen ähnlicher Art herauszugeben, bis schließlich am 10. August 1792 seine Buchhandlung unter den Arkaden des Palais-Egalité (Palais Royal) geplündert und mehrere Exemplare der royalistischen Zeitung »Les Actes des Apôtres« vor seiner Tür verbrannt wurden.

Aus Furcht vor der Zensur expedierte er 1793 besonders virulente royalistische Schriften heimlich nach England. Ein Buchhändler namens Bernard, der sich in Haiti niedergelassen hatte und Gatteys Ansichten teilte, schlug ihm vor, ihm seine Werke über einen Angestellten namens Grandmaison zuzuschicken.

Die Durchsuchung eines in Le Havre konfiszierten Koffers ergab, daß Gattey, dem Gesetz zum Trotz, weiterhin mit konterrevolutionären Schriften Handel trieb. Einige Titel und ihre Verfasser zeugen davon: Die »Geschichte der französischen Revolution« des reaktionären Abbé de Montjoye, die »Werke« des »Verräters« Pétion, des ehemaligen Bürgermeisters von Paris, der zusammen mit den Girondisten verbannt worden war, die »Kleine Abhandlung über die Liebe der Frauen für Dummköpfe« des Ritters von Champcenetz, eines Freundes von Rivarol, der vier Tage nach Gatteys Verhaftung festgenommen wurde, und »Mein achtunddreißigstündiger Todeskampf« von Jourgniac de Saint-Méard, der von den Septembermassakern des Jahres 1792 handelte.

Das Revolutionstribunal, vor dem Gattey gemeinsam mit mehreren anderen Buchhändlern und Verlegern erschien, schloß auf »eine Verschwörung, die darauf abzielte, einen Bürgerkrieg in den Kolonien anzufachen und die Bürger gegeneinander aufzuwiegeln«. Gattey wurde für schuldig befunden und verhaftet. Beim Verlassen des Gerichtssaals rief seine Schwester Claudine, die dem Verhör beigewohnt hatte, wiederholt: »Es lebe der König!«, worauf sie unverzüglich festgenommen wurde. Man hielt sie für geistesgestört und brachte sie in das Hospiz des Revolutionstribunals. Doch begriffen die Ärzte bald, daß sie durchaus bei Sinnen war, und lieferten sie an Fouquier aus. Da sie weiterhin laut und deutlich ihre Gesinnung kundtat, wurde sie ebenfalls zum Tod verurteilt.

Kurz bevor Gattey den Todeskarren bestieg, schrieb er folgenden Abschiedsbrief an seine Frau:

An die Bürgerin Gattey, Haus der Egalité, Nr. 14.

Liebe Freundin, ich gehe mit reinem und unschuldigem Herzen in den Tod. Niemand kennt meine Gefühle besser als Du: ich empfehle Dir meine armen Kinder, Du wirst sie nach den neuen Gesetzen erziehen können. Ich weiß, wie rein Deine Seele ist. Wenn ich mich manchmal dazu hinreißen ließ, Dich zu schelten, vergib mir und schreibe es meinem allzu heftigen Temperament zu, doch sei versichert, daß ich Dich über alles geliebt habe. Ich brauche mich Deinen Eltern nicht zu empfehlen, sie sind mir ebenso lieb wie die meinen. Beklage mein Los, wie sie es beklagen werden. Doch, ei, warum solltet Ihr mich beklagen, ich bin unschuldig, die Todesstunde naht, ich begebe mich auf eine Reise, die die despotischen Tyrannen erbeben lassen sollte, wenn sie nur daran denken. Bevor ich gehe, erlaub mir, daß ich mich zu Deinen Füßen werfe, um Dich um Vergebung für allen Kummer zu bitten, den ich Dir bereitet haben mag. Sei nicht länger traurig. Dein tapferer Freund, durch die Reinheit seiner Absichten bestärkt und ermutigt, schickt sich an, der Natur den Tribut zu zahlen, den er ihr schuldet. Wenn er etwas bedauert, so ist es, nicht in Deinen Armen sterben zu können, um Dir im letzten Augenblick alle die Gefühle auszudrücken, die die Natur ihm immer für Dich eingegeben hat. Adieu, vergiß Deinen

Freund, um Frieden zu finden, seine Kinder werden Dir eines Tages zum Glück gereichen. Küsse sie zärtlich und erziehe sie zu jener Haltung, die eines wahren Patrioten würdig ist. Der Tod hat keine große Bedeutung, ich war nie ein Verschwörer, und der, der mich denunziert hat, sollte sich schämen. Adieu, umarme zum letztenmal meine Kinder, Deine Eltern und die meinen und vergiß auch meine Freunde nicht.
25. Germinal 94, auf meinem Knie geschrieben.

Gattey.

Falls dieser Brief Dich erreicht, sterbe ich befriedigt. Vergiß nicht meine adoptierten Neffen.
Es ist drei Uhr.
Wir fahren ab.

Gattey.

LAVOISIER[216], Antoine-Laurent de (1745–1794)

Der berühmte französische Chemiker Lavoisier, Mitglied der Akademie der Wissenschaften, bekleidete seit 1779 das Amt eines Generalsteuerpächters. Er war stellvertretender Abgeordneter der Generalstände des Ancien Régime, Mitglied des Ausschusses zur Einführung eines neuen Gewichts- und Maßsystems und seit 1791 Sekretär der Schatzkammer. Als solcher hatte er unter dem Titel »Über den territorialen Reichtum Frankreichs« ein neues System der Steuereinziehung entworfen.

Lavoisier besaß in der Gemeinde Blois beträchtliche Ländereien, die ihm jährlich dreißigtausend Livres einbrachten. Doch verdankte er den größten Teil seines Reichtums seiner Frau, einer Aktionärin der *Compagnie des Indes* und Tochter des ehemaligen Steuerpächters Jacques Paulze.

Am 24. November 1793 beschloß der Konvent die Verhaftung aller früheren Generalsteuerpächter. Die gegen sie erhobene Anklage lautete auf »Geldeintreibung und Veruntreuung«; sie wurden beschuldigt, der Nation »ungeheuere Summen« unterschlagen zu haben, die für den »Krieg gegen das Bündnis der Despoten, die die Revolution bedrohten« nötig gewesen wären. Sie wurden alle ohne Ausnahme vor das Revolutionstribunal geladen und verurteilt.

Der Untersuchungausschuß der Gewerbeakademie hatte einen Bericht über Lavoisier und seine Arbeiten beantragt. Dieses Gutachten, das ihm am 4. Floréal des Jahres II, wenige Tage vor der Verurteilung des Chemikers, unterbreitet wurde, kam zu folgendem Schluß:

> Der vorliegende Bericht ist so reich an bedeutenden Tatsachen, daß man daran zweifeln könnte, sie seien alle das Werk eines einzelnen Mannes [...]. Der Bürger Lavoisier gehört zu den Männern, deren Arbeiten zum Fortschritt der Wissenschaften, deren Grenzen sie erweiterten, und zum Ruhm der Nation am meisten beigetragen haben.

Dieses Gutachten, von dem wir annehmen können, es sei unveröffentlicht geblieben, befand sich unter den Papieren von Fouquier. Es ist unwahrscheinlich, daß es während des Prozesses herangezogen wurde.

Einer der letzten Briefe Lavoisiers findet sich in den Memoiren von Berryer, den Lavoisier in seinem Amt als Sekretär der Schatzkammer kennengelernt hatte:

> Ich habe eine verhältnismäßig lange Karriere hinter mir, [schrieb er an seine Frau], vor allem eine sehr glückliche, und ich hoffe auch, daß sie mir einigen Ruhm eingebracht hat. Was hätte ich mir mehr wünschen können? Es ist anzunehmen, daß die Ereignisse, in die ich verstrickt bin, mir die Unannehmlichkeiten des Alterns ersparen. So werde ich mein Leben als kerngesunder Mann beenden, was ich ebenfalls zu den Vorteilen rechnen muß, die mir beschieden waren...
>
> Ich schreibe Ihnen heute, weil es mir vielleicht später nicht mehr erlaubt sein wird, und es ist mir ein Trost, in diesen letzten Augenblicken an Sie und alle die Personen, die mir lieb sind, zu denken.

LUBOMIRSKA[217], Rosalie Chodkiewicz, Prinzessin (1768–1794)
SALM-KYRBURG[218], Friedrich, Prinz von (1747–1794)

Rosalie Chodkiewicz, in Tschernobyl in der Ukraine geboren, stammte aus einer einflußreichen polnisch-litauischen Familie. Sie war noch sehr jung, als sie den Prinzen Alexander Lubomirski heiratete, dessen Vater sich 1764 um den polnischen Thron beworben hatte.

Am Vorabend der Revolution befand sich die Prinzessin, die leidenschaftlich gern reiste und sich für Musik und Literatur begeisterte, auf einer Europareise. Sie war zwanzig Jahre alt und »so schön wie Venus«. Man sah sie in Wien, London, Nizza und Paris, wo sie, wie viele junge, liberal eingestellte Adlige, die Ereignisse von 1789 begrüßte.

1791 kehrte sie überstürzt nach Warschau zurück, um den »polnischen Patrioten« und insbesondere ihrem Freund, dem Senator Mostowski, einem der Verfasser der polnischen Konstitution vom 3. Mai, zu Hilfe zu kommen. Doch 1792 kamen Rußland und Preußen plötzlich zu dem Schluß, die Polen hätten »alle Narrheiten« von Paris noch übertroffen, und es wäre höchste Zeit, diese »Brutstätte des Jakobinismus« im Keim zu ersticken. Einige Wochen nur leistete die polnische Armee den Russen und Preußen Widerstand, dann mußte sie kapitulieren: Die Konföderation von Targowicza war eine bloße Karikatur der demokratischen Hoffnungen Polens.

Um der Deportation nach Sibirien zu entgehen, mußten die Patrioten fliehen. So hatte sich Senator Mostowski in den Diener »William« der Prinzessin Lubomirska verwandelt und begleitete sie als solcher nach Wien, von dort nach Lausanne und im November 1792 schließlich nach Paris.

Während Mostowski die französische Regierung für die polnische Sache zu gewinnen suchte, lief der Prozeß gegen Ludwig XVI. Rosalie ließ sich bei ihrem Freund Salm-Kyrburg nieder, der mit seiner Schwester Amalie von Hohenzollern das luxuriöse »Hôtel de Salm« (das heutige Museum der Ehrenlegion) an den Ufern der Seine bewohnte. Hier hörte sie am 21. Januar 1793 ganz aus der Nähe die Salven, die den Tod Ludwigs XVI. verkündeten.

Zu diesem Zeitpunkt hielt sich ihr Gastgeber und vermutlicher Liebhaber Friedrich von Salm-Kyrburg in der Grafschaft Salm auf. Er befürwortete die Revolution von 1789 und begrüßte es, als die deutsche Grafschaft von den französischen Truppen eingenommen wurde (sie wurde 1793 annektiert). »Durchdrungen von der Wahrheit« der republikanischen Grundsätze schrieb er am 19. Dezember 1792 an den Konvent: »Ich ging zu Menschen, die ich einmal meine Untertanen genannt habe und jetzt meine Mitbürger, meine Freunde, meine Kinder nenne, um ihre Knechtschaft und Hörigkeit, die lehnsherrlichen Rechte über ihr Hab und Gut – mit einem Wort, alle barbarischen Reste der Feudalherrschaft abzuschaffen.«

Doch im Winter 1793 begann der Rückzug der republikanischen Truppen. Die feindlichen Mächte hatten Mainz zurückgewonnen und rückten in Richtung Mosel und Nahe vor. Der Prinz von Salm fühlte sich in Kyrn, seiner »republikanisierten« Hauptstadt, nicht mehr sicher. Er fürchtete den Unmut der deutschen Prinzen über seinen Abfall und kehrte nach Paris zurück.

Der Tod Ludwigs XVI. hatte einen Bruch zwischen den Anhängern des Herzogs von Provence – dem künftigen Ludwig XVIII., der sich als Thronfolger ausgab – und den Partisanen der konstitutionellen Monarchie, die in Marie-Antoinette die Thronfolgerin sahen, bewirkt. Salm-Kyrburg stand eher den letzteren nahe. Die meisten seiner Freunde waren Befehlshaber der Armee, Anhänger von Dumouriez, und glaubten sich berufen, eine politische Rolle zu spielen: Castellane, Broglie, Hénin und vor allem Dillon, von dem man sagte, er habe die Königin aus ihrem Gefängnis im Temple entführen wollen. Nach dem mißlungenen Staatsstreich des Generals Dumouriez wurden alle als Verschwörer angesehen und verfolgt. Wahrscheinlich hatten sie es der heimlichen Protektion von Männern des Konvents zu verdanken (Danton, Desmoulins, Merlin de Douai, Cambacérès usw.), daß man sie lediglich zu Hausarrest verurteilte. Allein Castellane gelang es, in die Schweiz zu flüchten, Dillon und Salm wurden erwischt. Ein Denunziant hatte am 20. August angegeben, sie hielten sich »mit mehreren Personen« in Vitryle-François bei einem Lebensmittelhändler namens Berquet versteckt. Sie wurden von neuem verhaftet und unter polizeiliche Überwachung gestellt. Als schließlich die Dantonisten gerichtlich belangt wurden, geriet auch Salm in eine kritische Situation. Am 11. Germinal beschloß der Überwachungsausschuß des Departements, »die Ausgänge mehrerer Pariser Theater von einigen seiner Mitglieder bewachen und alle verdächtig erscheinenden Personen, die ihre politische Einstellung nicht nachweisen können, festnehmen und vor das Komitee führen zu lassen«.

Zwei Tage darauf, am 13. Germinal, lag demselben Pariser Departement ein Bericht vor, demzufolge der polizeilich beaufsichtigte Salm in Begleitung seines Leibwächters ins Theater gegangen sei, »wo er den Ausschuß öffentlich kritisiert und die Bürger aufgefordert hat, gegen die vom Komitee für nötig gehaltenen Maßnahmen, das Théâtre du Vaudeville umstellen und mehrere verdächtige Personen ohne feste politische Überzeugung festnehmen zu lassen, zu rebellieren. In Anbetracht dieses feindseligen Verhaltens gegenüber dem Sicherheitsausschuß, dessen Maßnahmen sich bisher immer bewährt haben, beschließt das Komitee, dem besagten Salm sein Sonderstatut zu entziehen.«

Damit war das Los des Prinzen besiegelt: Er wurde ins Gefängnis geworfen. Dillon, der mit seiner Freundin Lucile Desmoulins eine Woche nach den Dantonisten guillotiniert wurde, sollte er um zwei Monate überleben.

Rosalie Lubomirska hatte sich ihrerseits entschlossen auf die Seite der royalistischen Anhänger Ludwigs XVIII. gestellt und war mehrmals in deren Auftrag ins Ausland gereist.

Aufgrund ihrer politischen Differenzen mit Salm-Kyrburg hatte sie im April 1793 ein Schloß in Chaillot gemietet. Kaum war sie eingezogen, wurde dem Sicherheitsausschuß ein Bericht über ihre Beziehung zu dem von russischen Agenten als Spion denunzierten polnischen Grafen Potocki übergeben. Bei ihrem Verhör erklärte sie, es sei ihr egal, daß sie in den Registern der Polizei eingetragen sei, denn schließlich sei sie Ausländerin und hätte als Polin das Recht, ihre polnischen Freunde zu empfangen.

In Wirklichkeit aber handelte es sich bei ihren »polnischen« Gästen um englische Spione oder um die Agenten der emigrierten Prinzen: unter ihnen Salm-Kyrburgs Neffen, der Prinz von Talmon, Anführer des Aufstandes in der Vendée, und sein jüngerer Bruder, der schöne Abbé de la Trémoille, der den ritterlichen Helden in höchster Vollendung verkörperte. In Bailleuls »Almanach des bizarreries humaines« (»Almanach der menschlichen Absonderlichkeiten«) ist von Rosalie, aber auch von ihrem Geliebten, Trémoille, die Rede: »Um der Zwangsverwaltung und Beschlagnahmung ihrer Güter zu entgehen, verteilten sie ihren Besitz in angeblichen Schenkungen. Seine Rolle bestand darin, über die gemeinsamen Interessen zu wachen. Sechsmal reiste er nach England. Er spekulierte auf den Verkauf der Staatsgüter und kannte alle Intrigen, die sich in den Ausschüssen der damaligen Regierung abspielten. Oft sprach er von der Korruption mehrerer ihrer Mitglieder und von den guten Geschäften, die ihnen das einbrachte. Doch enthüllte er niemals das Geheimnis dieser Machenschaften; nur den Namen Chabots nannte er gelegentlich und bezeichnete ihn als einen der Männer, mit denen sich am besten verhandeln ließe.«

Als im Verhör der Gräfin du Barry Rosalie Lubomirskas Name genannt wurde, führte dies am 9. November 1793 zu ihrer Festnahme. Zwei Monate verbrachte sie in der Petite-Force, wo sie sich vergeblich um die Beihilfe des Abgeordneten Hérault de Séchelles bemühte, der sein Ansehen bereits in mehreren politischen und finanziellen Skandalen aufs Spiel gesetzt hatte. Ende Januar gelang es Rosalie endlich, ihre Überweisung in das Hospiz Sainte Chapelle zu erkaufen, wo sie ihre fünfjährige Tochter Alexandra zu sich nehmen konnte. Trotz wiederholter Vermittlungsversuche von Mitgliedern der polnischen Regierung wurde sie am 30. Germinal als Komplizin der Madame du Barry zum Tod verurteilt.

Entsetzt über das ihr bevorstehende Schicksal gab sie sich für schwanger aus. Noch am selben Tag überwies man sie ins Hospiz des Tribunals, das im ehemaligen Bischofssitz in der Nähe von Notre-Dame eingerichtet worden war. Von den zwanzig zum Tod verurteilten Frauen, die sich dort befanden, war mehreren ein Strafaufschub gewährt worden. An diese Frauen, die gleich nach ihrer Entbindung aufs Schafott geführt wurden, dachte Alfred de Vigny in

»Stello«, als er folgende herzzerreißende Worte in den Mund seiner Heldin legte: »Es ist meine Pflicht, mein Kind auszutragen bis zum Tag seiner Geburt, der der Vorabend meines Todes sein wird. Nur deshalb läßt man mich auf dieser Erde. Nur dazu bin ich gut, ich bin nichts als die schützende Schale, die nach seiner Geburt zerbrochen wird, nichts weiter.

Glauben Sie, man läßt mir nach seiner Geburt wenigstens ein paar Stunden, um es zu betrachten? Es wäre grausam, mich sogleich hinzurichten, nicht wahr? Wenn ich nur Zeit hätte, es schreien zu hören und es einen Tag lang zu herzen und zu küssen, ich glaube, dann würde ich ihnen vergeben, so sehr sehne ich mich nach diesem Moment.«

Nach sechsmonatiger Verhaftung hatte der Abbé de la Trémoille seine Überweisung von der Force in das Hospiz erkaufen können. Er wußte, daß Rosalie sich notgedrungen für schwanger ausgegeben hatte, und daß ihre Tage gezählt waren. Für sie war er zu allem bereit. Was hat sich in dem ehemaligen Bischofssitz ereignet? Ein Zeuge hat erzählt, wie es La Trémoille gelang, die Aufmerksamkeit der Wachen abzulenken und in den Waschraum des Frauengefängnisses vorzudringen, wo die schöne Prinzessin ihn erwartete, und wie die beiden bei der Liebesumarmung überrascht wurden...

Für La Trémoille bedeutete dies die unverzügliche Überweisung in die Conciergerie und wenige Tage darauf die Guillotine. Rosalie, die alles dafür gegeben hätte, um ihr Leben zu retten, hatte ihre Todesangst schon zwei Monate lang hinausgedehnt. Ferrières-Sauvebeuf, der Spitzel der Force, der den Sicherheitsausschuß bereits über La Trémoilles Umtriebe unterrichtet hatte, lenkte dessen Aufmerksamkeit nun auf Rosalie. Ihre Schwangerschaft war alles andere als sichtbar und jede Nacht träumte sie vom Rattern des Todeskarrens.

Am 1. Messidor erfuhr sie von der Hinrichtung Beaussancourts, eines anderen Geliebten von ihr, bei dem man einen Armreif mit einer Locke ihres Haares sowie ihr Miniaturporträt gefunden hatte. Am selben Tag wurde die versiegte Inspiration eines der Gefangenen des Hospiz, des Generals Carteaux, durch die Liebe des Abbé de La Trémoille zu Prinzessin Lubomirska neu entfacht, und er

reimte romantische Liederverse, die er mit so lauter Stimme vortrug, daß sie im Frauenviertel zu vernehmen waren. Über den Effekt erstattete der Gefängnisverwalter noch am selben Tag Bericht an Fouquier-Tinville: »Das Ergebnis war, daß sie [Rosalie] von lange andauernden Konvulsionen ergriffen wurde. Am verwunderlichsten war jedoch, daß sie mit ihrem Zustand noch drei oder vier andere Frauen ansteckte. Heute ist wieder alles ruhig und normal...«
Zehn Tage später sollte die Todesangst der jungen Frau ein Ende nehmen. Eine ihrer Leidensgenossinnen, Victoire Lescale, brachte eine kleine Virginie auf die Welt. Sie selbst aber zeigte noch immer nicht die geringsten Anzeichen einer Schwangerschaft. Eines Abends kam ein Karren sie beide abholen. Tags darauf, an einem heißen Vormittag des 12. Messidor, richtete die schöne Polin ein Abschiedsbillett an Amalie von Hohenzollern:

> Adieu, Amalie, mein Leben geht dem Ende zu. Gedenke Deiner Freundin und hab mich weiterhin lieb, indem Du mein Kind liebst.
>
> Rosalie.

Drei Wochen nach ihrem Tod wurde der Prinz von Salm als Mitglied der »Verschwörung« im Karmelitergefängnis angeklagt. Auch er schrieb an Amalie von Hohenzollern, bevor er starb:

> Wenn Du diesen Brief erhältst, meine liebe Amalie, wird Dein armer Bruder nicht mehr am Leben sein. Ich habe mich an den Gedanken meiner bevorstehenden Hinrichtung gewöhnt, doch der Gedanke an Deine Verzweiflung ist mir unerträglich. Möge die Erinnerung an unsere geheiligte Freundschaft schmerzlich, aber tröstend Dein Leben durchwirken. Bleibe gesund, um mein Andenken zu würdigen und meinen kleinen Ernst aufzuziehen. Du wirst Dich seiner als Mutter annehmen und verhindern, daß er zum Waisenkind wird. Adieu, meine zärtliche Schwester. Die Religion, die mich bei meinem Eintritt ins Leben in ihren Schoß aufgenommen hat, hilft mir im Gefängnis und wird mich bis zum Grabe begleiten. Ihre väterliche, aber strenge Stimme läßt mich Tränen über meine vergangenen Sün-

den vergießen, doch fließen sie auch für meine Schwester und meinen Sohn. Mag es Dir eines Tages gegeben sein, zu erfahren, was Dein Bruder und seine Schicksalsgenossen den tapferen und mitfühlenden Priestern dieser Religion verdanken! Adieu, versprich mir, für meinen armen Ernst zu leben. Erinnere Dich Deines unglücklichen Bruders.

Friedrich.

Nach dem 9. Thermidor nahm die Prinzessin von Hohenzollern Alexandra Lubomirska und Ernst von Salm vorübergehend zu sich und ließ das Massengrab in Picpus, in das man die Leichen ihrer Eltern geworfen hatte, einfrieden.

COSTARD[219], Avoye Paville, Frau (1768–1794)

Im Mai 1794 befand sich im zum Gefängnis umgewandelten Hospiz des Bürgers Brunet, Rue Buffon Nr. 4, eine Gefangene, die der Aufmerksamkeit des Sicherheitsausschusses gewiß entgangen wäre, hätte sie nicht zu ihrem Glück und Unglück einen Mann geliebt, dessen konterrevolutionäre Ansichten durch gewisse Ereignisse in das Licht der Öffentlichkeit gerückt wurden.

Avoye Paville, die von ihrem Mann getrennt lebte, hatte Anfang 1790 den jungen Journalisten Jacques-Marie Boyer-Brun, einen Katholiken und überzeugten Royalisten, kennengelernt. Sie war ihm in seine Geburtsstadt Nîmes gefolgt, wo bereits die ersten Unruhen aufflammten. Die Gemeindeverwaltung von Nîmes war Antoine Teissier, Baron de Margueritte und seinem Stellvertreter François Descombières, einem ehemaligen Leutnant der königlichen Marine, unterstellt.

Durch die Vermittlung dieser beiden Männer wurde Boyer-Brun zum stellvertretenden Sachwalter der Gemeinde und gründete gleichzeitig das »Journal de Nîmes«, in dem er kein gutes Haar an den Jakobinern ließ.

Im Mai und Juni 1790 wurde die Stadt zum Schauplatz einer blutig niedergeschlagenen Meuterei, und die Gemeinde fiel in die Hände der Patrioten. Descombières wurde festgenommen, Margueritte entfloh nach Lagny (im Departement Seine-et-Marne), und Boyer-Brun kehrte mit seiner Geliebten nach Paris zurück. Im »Journal du Peuple« schwärzte er weiterhin die Revolutionäre aus Nîmes an und veröffentlichte einen »Précis historique sur les troubles de Nîmes« (»Historischer Abriß über die Unruhen von Nîmes«) sowie eine »Histoire des caricatures de la révolte des Français«. Um den Vertrieb dieser Werke kümmerte sich Gattey, royalistischer Buchhändler (siehe Gattey S. 262), der wegen Verkauf von offensichtlich reaktionären Büchern denunziert wurde. Boyer-Brun wurde mit ihm gemeinsam im Pluviôse des Jahres II festgenommen. Anläßlich einer Reise in das Departement Gard freute sich Chaumette, der Sachwalter der Pariser Kommune, über diesen Fang und schrieb an Fouquier-Tinville: »Der infame Boyer-Brun ist also endlich eingefangen! Ich muß Dir meine Verwunderung darüber gestehen, daß dieses Ungeheuer so lange ungestraft blieb. Wie ist es ihm gelungen, den Nachstellungen der Sansculotten zu entgehen? Der Unglückliche! Er verdient tausendmal den Tod!«

Tatsächlich wurde Boyer-Brun zusammen mit dem Baron de Margueritte und Descombières »wegen Anstiftung zum Bürgerkrieg im Departement Gard« zum Tode verurteilt. Unter den Belastungszeugen war auch der Bürger Ribeau, ein Cousin des Abgeordneten aus dem Gard und Mitglied des Sicherheitsausschusses Voulland, den Boyer-Brun einige Monate zuvor bei der Nationalversammlung als einen der »Mörder« der Bevölkerung von Nîmes angeschwärzt hatte.

Inzwischen war Avoye Paville ebenfalls verhaftet worden. Einer ihrer Schicksalsgenossen berichtete später, in welchem Zustand er sie antraf, als sie von der Hinrichtung ihres Geliebten erfuhr: »Dieses Ereignis brachte die Bürgerin Costard vollends um den Verstand. Sie war drei Tage lang wie von Sinnen. Sie wußte, daß die Frau von Lavergne, dem Kommandanten von Longwy, ›Es lebe der König!‹ geschrien hatte, als das Urteil über ihren Mann verkündet worden war, und daß sie daraufhin mit ihm zusammen verurteilt und im gleichen Todeskarren abgeführt worden war.«

Noch in der Nacht richtete sie einen Brief an den Nationalkonvent und an Fouquier-Tinville. Dieses Schreiben, im Zustand äußerster Verzweiflung verfaßt, ungereimt und mit ausgelassenen Satzteilen, zeigt, daß ihre Gedanken der Feder weit vorauseilten:

> Sie haben Boyer-Brun zum Tode verurteilt. Warum? Weil er seinen Gott, seine apostolische und römisch-katholische Religion und seinen König liebte. Hätte er auf der Seite jener Abgeordneten gestanden, die unentwegt nach Metzelei und Plünderung schrien, und die dies auch in die Tat umgesetzt haben wie bei dem Meuchelmord der Katholiken von Nîmes [der Satz ist ohne den Zusatz: »dann hätten Sie ihn nicht verurteilt« unverständlich; »er« bezieht sich höchstwahrscheinlich auf Voulland, von dem sie auch im folgenden spricht und der ihr nicht aus dem Kopf geht]. Auf das erste Schreiben, das Boyer an die Nationalversammlung richtete, um die Reaktion der von den Protestanten ermordeten Katholiken von Nîmes zu rechtfertigen, und in dem er Ribeau als einen der Mörder anzeigte, hat Voulland mit einem langen Brief geantwortet. Boyer hat daraufhin einen zweiten Brief an Voulland geschrieben, um ihm zu sagen, daß er unrecht habe zu glauben, sein Cousin Ribeau gehöre nicht zu den Mördern, er habe im Gegenteil die ersten Hiebe ausgeteilt. Da hat Voulland geschworen, sich an ihm zu rächen: er mußte irgend etwas finden, um sich seiner [Boyer-Bruns] zu entledigen, denn ein Halunke wie Voulland zittert und errötet vor einem rechtschaffenen Mann. Er wußte, daß Boyer seine Niederträchtigkeit nur allzugut kannte und daß es, wenn der Wind von andersher wehte, bald um ihn geschehen sein würde. Nur kann er nicht alle, die wissen, was er getan hat, aufs Schafott bringen, und also werden wir gerächt werden.
> Natürlich mußte man auf seine Werke [die Schriften Boyer-Bruns] zurückgreifen, wenn er sie auch nach der Verordnung über die Pressefreiheit verfaßt hat: Er hat »La Défense des catholiques de Nîmes«, »L'Histoire des caricatures« und »Le Journal du Peuple« geschrieben, in dem er Voulland ungeschminkt die Wahrheit sagte.

Sie haben nicht alle Schuldigen bestraft. Hiermit teile ich Ihnen mit, daß ich die ganzen vier Jahre, seitdem Boyer an diesen Werken gearbeitet hat, daran teilgenommen habe, daß er mein Freund war und ich seine Ansichten teile, und daß ich nicht ohne ihn leben kann.
Es ist mir unmöglich, unter einem Regime wie dem Ihrigen zu leben, in dem Raub und Mord an der Tagesordnung sind. Vor dem Tod meines Freundes habe ich mein Los geduldig ertragen, denn er hat mich getröstet, und ich hoffte, wir bekämen bald einen König und würden für all das Leid, das Sie uns zugefügt haben, Rache nehmen können. Doch jetzt, wo ich meinen Freund verloren habe, bleibt mir nichts mehr auf dieser Welt. Schlagen Sie zu, machen Sie einem Leben ein Ende, das mir zum Greuel geworden ist und das ich nicht ohne Abscheu ertragen kann.

Im Überschwang ihres Schmerzes unterschreibt sie nicht mit Tinte, sondern mit ihrem Blut und fügt folgende Worte hinzu:

Es lebe der König? Es lebe der König! Es lebe der König! Glauben Sie nicht, ich sei verrückt, nein, das bin ich nicht. Ich bin von allem, was Sie soeben gelesen haben, überzeugt und unterschreibe es mit meinem Blute.
Sie finden mich im Hospiz Rue de Buffon, Nr. 4.

Zwei Tage darauf wurde sie verurteilt und wegen Verleumdung der Volksvertretung und Beleidigung der öffentlichen Autoritäten hingerichtet.

DUFOULEUR DE COURNEUVE[220], Jean-François (1755–1794)

Was dem Notar Dufouleur den Kopf kostete, war die Fälschung notarieller Urkunden. Der Sohn von Leduc de Biéville hatte sich ins Ausland abgesetzt, worauf sein gesamter Besitz beschlagnahmt wurde. Um das Gesetz zu umgehen, beauftragte er seinen Sachwalter Maynard in Paris, bei Dufouleur eine Obligation für seinen Vater in Höhe von hundertfünfzigtausend Livres zu unterschreiben. De Biéville war von dem Gesetz über die Beschlagnahmung der Emigrantengüter nicht betroffen, da er Frankreich nicht verlassen hatte. Aber jeder von einem Emigranten abgeschlossene Vertrag, insbesondere wenn es sich um die Abtretung von Vermögen handelte, galt als ungültig, es sei denn, er war vordatiert. Zu dieser Zeit waren die Register der Notare weder numeriert noch paraphiert oder unterschrieben: man konnte also ohne weiteres ein Blatt vernichten und es durch ein anderes ersetzen, auf dem ein früheres Datum eingetragen war.

So war die Transaktion zwischen de Biéville und seinem Sohn nicht, wie es schien, bereits im Januar 1789, sondern erst 1792 abgeschlossen worden. Nur durch einen unglücklichen, in der Korrespondenz von Maynard vorgefundenen Brief kam der Betrug ans Licht und führte zur Verhaftung Dufouleurs. Doch muß gesagt werden, daß es sich hierbei um ein von den Emigranten häufig angewandtes Mittel handelte, um ihr Vermögen ganz oder teilweise vor der Einziehung zu retten. Erst am 14. März 1793 legte Fouché im Namen des Überwachungsausschusses für Vermögensübertragungen dem Konvent einen Gesetzesentwurf vor, durch den »die kriminellen Machenschaften der Emigranten« vereitelt werden sollten:

Bürger... die nach Frankreich zurückgekehrten Emigranten unterschreiben Obligationen verschiedenster Art, um sie dann entweder mündlich oder schriftlich abzutreten, und zwar zu dem alleinigen Zweck, den im Ausland residierenden Emigranten wieder zu ihrem Besitz zu verhelfen. Sie zählen auf die Unterstützung willfähriger Notare, wobei den Strohmännern ein Gewinn von fünfundzwanzig Prozent und denen, die die Notare vermitteln, ebenfalls ein ansehnliches Entgelt garantiert wird. Selbstverständlich läßt man auf Kosten der Eigentümer notarische Register anfertigen, damit die neuen Urkunden mit den von ihnen gewünschten Daten versehen sind...
Um diesen neuen Umtrieben ein Ende zu setzen, schlägt der

Überwachungsausschuß vor, die Pariser Notare aufzufordern, innerhalb von vierundzwanzig Stunden – und die Notare aus der Provinz innerhalb von vier Tagen – die Register sämtlicher von ihnen oder ihren Vorgängern seit dem 1. Januar 1753 ausgestellten Urkunden den zuständigen Obrigkeiten vorzulegen, und dies bei einer Geldstrafe von zwanzigtausend Livres.

Dufouleur wurde im Juni 1794 gemeinsam mit Maynard und Biéville hingerichtet. Vor seinem Tod schrieb er einen letzten Brief an seine Frau, die einen Monat darauf mit einem Kind niederkommen sollte:

An die Bürgerin Dufouleur, Rue Montmartre Nr. 205, gegenüber der Rue du Jour.

Ich kann Dir nur kurz schreiben, um Dir auf ewig adieu zu sagen. Der Himmel ist mein Zeuge, daß ich auf dieser Welt nur meiner armen Angélique und meinem armen kleinen Alphonse nachtrauere. Dein Zustand besorgt mich, doch bedenke, daß Du ihn der Frucht in Deinem Leibe schuldest, unserem armen Kind; küsse es herzlich von mir. Du aber nimm all Deinen Mut zusammen, das wird nötig sein. Du wirst den Grund meines Todes sicherlich erfahren. Maynard hat ihn, ohne es zu wollen, verursacht, ich aber konnte nichts dafür. Doch alles Bedauern ist unnütz. Adieu, ich küsse Dich hunderttausendmal, erinnere Dich manchmal an Deinen armen Freund, doch was sage ich, strenge Dich im Gegenteil an, ihn aus Deinem Gedächtnis zu tilgen, wenn Dir das möglich ist. Es ist schrecklich, zu sterben, wenn man jene, die man liebt, zurücklassen muß.

Dein guter, zärtlicher Freund,
Dein unglücklicher Gemahl Dufouleur.

RAUCOURT[221], Jean-Baptiste-François (17..–1794)

Der Bürger Jean-François-Stanislas Vuibert war vom Revolutionstribunal angeklagt worden, eine Schrift unter dem Titel »Opinion dans le procès de Louis XVI.« (»Ansicht zum Prozeß Ludwigs XVI.«) veröffentlicht zu haben, wofür er zum Tod verurteilt wurde. Wider alles Erwarten wurde jedoch sein Drucker, der Bürger Raucourt, der am selben Tag vor Gericht geladen war, freigelassen.

Am Abend, bevor er vor dem Revolutionstribunal erschien, hatte er diesen schönen Abschiedsbrief an seine Frau geschrieben – die er zwei Tage später in die Arme schließen konnte:

An die Bürgerin Raucourt, bei dem Bürger Le Cleslo, Buchhändler, Quai des Augustins, Nr. 4, Paris.

Meine liebe Frau, ich erwarte die Entscheidung über unsere Vereinigung oder endgültige Trennung: welch furchtbare Ungewißheit! In wenigen Stunden werde ich mein Schicksal erfahren. Ich verlasse mich auf die Gerechtigkeit meiner Richter. Doch was immer auch geschehen mag, nimm all Deinen Mut zusammen und erhalte Dich für unsere lieben Kinder; erziehe sie für das Vaterland. Wie gerne hätte ich doch diese Aufgabe mit Dir geteilt! Erzähl ihnen manchmal von ihrem Vater; sag ihnen, wie gern ich sie in diesem Moment mit Dir zusammen an meine Brust drücken würde! Laß meine Eltern, meine Freunde wissen, daß ich bis zum letzten Augenblick an sie gedacht habe. Sag meinen Feinden, daß ich ihnen die schreckliche Situation, in die sie mich versetzt haben und die ich nicht verdiene, vergebe. Wenn manchmal ein paar leichte Wolken die Heiterkeit der Tage, die wir zusammen verbracht haben, verdunkelten, denk nicht mehr daran, sondern erinnere Dich nur meiner Liebe. Ich habe nicht die Kraft, Dir über Geschäftliches zu schreiben, und wäre ich denn überhaupt dazu fähig? Welche Verkettung von einander widersprechenden Geschehnissen hat uns doch seit dem Schicksalsschlag, der mich getroffen hat, voneinander getrennt! Warum nur wünsche ich nichts sehnlicher, als Dich in meine Arme zu schließen und mit meinen Tränen zu benetzen: vergebliches Bedauern, ich weiß nicht einmal, ob Du diesen letzten Ausdruck meines Schmerzes erhalten wirst. Noch ist nicht alles verloren, doch in dieser Ungewißheit und ohne die Hoffnung, noch einmal Zeit zu finden, mich mit Dir zu unterhalten, mache ich von dem gegenwärtigen Moment einen süßen und ach, so bitteren Gebrauch, dem kann mein Herz nicht widerstehen: ich küsse Dich innigst, meine liebe, gute Freundin. Dein zärtlicher Freund und Gemahl Raucourt sagt Dir adieu. Aus der Conciergerie, 12. Messidor morgens.

Du hast Dich überzeugen können, wie falsch und grausam manche Menschen, die Interesse und Dienstbeflissenheit vortäuschen, in Wirklichkeit sind.

GOUY D'ARSY[222], Louis-Henri-Marthe, Marquis von (1753–1794)

Er war der Sohn eines Feldmarschalls der königlichen Armeen, Ritter von Saint-Louis, stellvertretender Regimentskommandant der Dragoner der Königin, und heiratete eine reiche Kreolin aus Saint-Dominique.

Als Abgeordneter dieser Kolonie wird er am 13. Juni 1789 zur Nationalversammlung zugelasssen. Gemeinsam mit den Mitgliedern des »Club de Massiac« widersetzt er sich mit aller Härte den Bemühungen Brissots und des Abbé Grégoire, die als »Freunde der Schwarzen« gelten und die Sklaverei abschaffen wollen.

Er ist zunächst Mitglied des Finanzkomitees, dann des Domänenausschusses und wird schließlich Kommissar der Nationalversammlung. Nach Ablauf der Sitzungsperiode geht er als Feldmarschall in die Armee zurück. Hier gerät er in Verdacht, sich der ihm anvertrauten Missionen mit berechnender Passivität zu entledigen. Er wird als Partisan La Fayettes angeklagt und in seinem Schloß in der Ortschaft Moret, deren Bürgermeister er ist, verhaftet.

Bald nach seiner Freilassung wird er ein zweites Mal gefangengenommen und am 31. März 1794 schließlich ins Karmelitergefängnis eingewiesen. Ohne Illusionen über sein bevorstehendes Los schreibt er in mehreren Fortsetzungen einen langen Abschiedsbrief an seine Frau. Dieser sehr schöne Brief wurde nach der Revolution veröffentlicht. Leider ist er zu lang, als daß er hier vollständig wiedergegeben werden könnte:

[...] Was bleibt mir noch zu tun übrig... ach, meine Freundin, das Schlimmste... Dich zu verlassen! Hier, das muß ich Dir zur Schande der menschlichen Schwäche, aber zum Ruhm meines Herzens gestehen, verlassen mich alle körperlichen und moralischen Kräfte, Tränen überströmen mein Gesicht, und mein Leid ist so groß, daß mir ist, als hätte ich zu existieren aufgehört, bevor ich noch den Tod erlitten habe. Dieser Zustand der Auflösung und des Schmerzes ist furchtbar, herzzerreißend... Meine Familie zu verlassen, mich für immer von meiner geliebten Lebensgefährtin und meinen lieben Kindern zu trennen, all das in der Blüte der Jahre aufzugeben, ohne Unfall, ohne Ruhm, ohne Krankheit, bei klarem Verstand zu wissen, was ich verliere, mit ganzem Herzen zu fühlen, was mir genommen wird, aller meiner Sinne Herr zu sein, um gegen den tödlichen Schlag zu kämpfen, der mich von den Lebenden trennen wird – das alles, meine Liebe, ist zu viel für mich und läßt mich im voraus sterben: so bereitet mir heute die eheliche Liebe, die mir soviel Freuden verschafft hat, den größten Schmerz, und die Vaterschaft, deren zärtliche Gefühle ich genossen habe, weckt heute das größte Bedauern in mir! So also endet alles Glück dieser Welt! Und dennoch will man sie nicht verlassen! Dabei muß ich in wenigen Augenblicken den Weg in eine andere antreten! Ach, Gott, woher werde ich die Kraft für diesen letzten Gang nehmen? Da ist kein Freund, kein Tröster, getrennt von allen, die mich lieben, sehe ich um mich herum nur das Gefängnis, Richter und Henker! Doch mein Gewissen hält mich aufrecht, meine Unschuld gereicht mir zum Trost, die Frömmigkeit gibt mir Kraft, und Gott ruft mich zu sich: so werde ich mich in seinen väterlichen Schoß werfen...

Beklage mich nicht mehr, meine Freundin, in wenigen Stunden werde ich glücklicher sein als Du; Dein Schmerz allein läßt mich bangen, Du wirst außer Dir sein, ich sehe im Geist Deine Tränen fließen... Ach, wie gern würde ich sie auffangen, wie gern Dich noch einmal küssen, meine Kinder noch einmal in die Arme nehmen... Aber nein...
Adieu, ihr meine geliebten Kinder! Adieu, meine Baptiste, meine Geliebte; ich sterbe als Dein Freund, Dein Gemahl, Dein Geliebter. Ich verzeihe meinen Richtern und vergebe meinen Henkern; meinem Vaterland wünsche ich alles erdenkliche Glück, und ich werde nicht aufhören, für Deinen Trost und Dein Wohlergehen sowie für das unserer Kinder zu beten. Adieu, adieu, Du, die Du alles für mich warst auf dieser Erde und die ich in der anderen Welt niemals vergessen werde, adieu für einige Zeit; diese Hoffnung mildert den grausamen Augenblick... Adieu, Du bessere Hälfte meines Selbst, es muß Schluß gemacht werden, adieu! Ich entreiße mich Deiner Umarmung und werfe mich in Gottes Schoß; tu es mir eines Tages gleich mit allen unseren Kindern. Die anderen warten auf mich, adieu! Empfange den letzten Kuß, er ist zärtlich und rein und des bewundernswerten Mutes würdig, den Du bewiesen hast und der die Anerkennung der Meinen verdient!
Mein Körper stirbt, meine Seele fliegt davon, aber mein Herz verläßt Dich nicht...
Ich lege diesem Brief einige andere bei: Briefe an meine Kinder, an meine Mutter und meine Schwester, die ich gerettet habe vor den Inquisitoren, die uns diese Tyrannen und Henker in die Gefängnisse schicken... Auch meine Haare, die ich mir selbst abgeschnitten habe, lege ich bei; ich will nicht, daß sie Dir, von der Hand des Henkers beschmutzt, übergeben werden. Nochmals adieu! Hundert Küsse für jedes unserer Kinder! Hundert Küsse für meinen Vater und meine Mutter! Tausend für Dich, meine Freundin! Ich schicke meinem Ältesten den Schlüssel meines kleinen Nécessaires; ich habe ihn in ein Papier gewickelt, das einige wichtige Worte für ihn und seine Brüder enthält. Gib auch allen anderen irgendeinen Gegenstand, der mir gehört hat, und

der ihnen zeigen soll, daß ich sie alle gleichermaßen lieb habe. Laß sie diesen kurzen Brief abschreiben, und Du, Liebste, behalte das Original, denn auch darin ist von Dir die Rede. Es scheint, als könnte ich nichts schreiben, ohne daß sich Dein lieber Name unversehens aufs Papier drängt! Er ist in meinem Herzen, auf meinen Lippen und überall. Noch einmal adieu! Wie herzzerreißend wäre doch dieses Wort, würde ich nicht hoffen, daß Du alles daran setzen wirst, um eines Tages mit Deinem Gemahl wieder vereint zu werden: unsere Kleinen erwarten uns, schon höre ich sie nach mir rufen; die anderen werden uns ebenfalls nachkommen. Bedenke, daß Du für ihre Erziehung verantwortlich bist. Ach, meine Freundin, meine liebste Freundin, erfülle mir alle meine Bitten; dafür bringe ich das bittere Opfer der Freuden, Genüsse und Belohnungen, die ich vielleicht nach soviel Leid verdient hätte!
Welche Ruchlosigkeit, einen Bürger auf diese Weise zu ermorden! Aber... was sage ich da? Habe ich nicht versprochen, mein Opfer ohne Murren zu bringen? – Und schon vergesse ich mein Gelübde.
O Gott, vergib der Menschheit in ihrer Schwäche und ihrem Elend. Und Du, meine liebe Frau, sei gewiß, daß ich all meinen Mut wiederfinden werde, um Dir, was mir an Tugend bleibt, in dankbarer Verehrung zu widmen: adieu, sei zum letztenmal umarmt... Mein Körper stirbt, meine Seele fliegt davon, mein Herz verläßt Dich nicht... es kann Dich nicht verlassen... Oh, mein Vaterland! ... mein Vaterland! Mögest Du endlich von den blutrünstigen Schindern befreit werden, die Dich vor allen Nationen entehren wollen!«

FOUQUIER-TINVILLE[223], Antoine-Quentin (1746–1795)

Nach dem Tod Robespierres und seiner Freunde werden die Hinrichtungen – und folglich auch die Abschiedsbriefe – seltener. Jedenfalls erreichen die meisten ihre Empfänger. Dagegen sind die beiden letzten Briefe, die Fouquier-Tinville an seine Frau gerichtet hatte, abgefangen worden.

Der Öffentliche Ankläger der Revolution stammte aus Hérouël im Departement Aisne und nannte sich de Tinville, so wie seine Brüder sich d'Hérouël, de Vauvilliers und de Foreste nannten. 1774 bekam er eine Stelle als »stellvertretender Sachwalter im Châtelet, dem Obersten Gericht von Paris«. Von Schulden belastet, mußte er sein Amt 1783 verkaufen und bei dem Abbé und Ratsherren de Lamarlière eine Anleihe von zwölftausend Livres aufnehmen. Ob diese Schulden jemals an den Abbé oder an seinen Neffen und Erben, den 1793 vom Revolutionstribunal zum Tode verurteilten General de Lamarlière, zurückgezahlt wurde, ist uns unbekannt.

Die Herzogin von Fleury erwähnt Fouquier als Agenten der Geheimpolizei Ludwigs XVI. Als Geschworener nimmt er am Tribunal des 17. August teil, das die »Mörder« zum Tod verurteilte, die eine Woche zuvor in den Tuilerien auf das Volk geschossen hatten.

Im März 1793 wird er zum Öffentlichen Ankläger des Revolutionstribunals ernannt, wofür er ein Jahresgehalt von sechshundertsiebzig Livres bezieht.

Am Abend jenes 28. Prairial des Jahres II, an dem er im Verlauf einer einzigen Sitzung vierundfünfzig Personen verurteilen ließ – es war der größte »Schub« des Terrors –, überquerte er inkognito den Pont-Neuf. Der Wachposten, ein junger Mann namens Falempin, verlangte seine Papiere zu sehen. Als Fouquier sie ihm verweigerte, schlug er laut schimpfend auf ihn ein. Falempin wurde festgenommen und im Luxembourg inhaftiert, wo sein Name seltsamerweise jedoch nicht auf den Listen der »Gefängnisverschwörer« aufscheint.

Nach dem 9. Thermidor wurde Fouquier-Tinville schwerwiegender Unregelmäßigkeiten bei der Ausübung seiner Ämter angeklagt. Dabei diente er so manchen als Sündenbock, insbesondere den Mitgliedern des Sicherheitsausschusses, deren Anordnungen er gewissenhaft befolgt hatte. Ohne Illusionen über den Ausgang seines Prozesses hatte er seiner zweiten Frau geraten, auf die Gütergemeinschaft zu verzichten und alles Mobiliar, das sie entbehren konnte, in Sicherheit zu bringen.

Nach Fouquiers Verurteilung wurde eine Bestandsaufnahme seiner konfiszierten Güter gemacht, bei der man feststellen mußte, daß sie sich auf einen ganz unbedeutenden Wert beliefen. Wenn sich Fouquier während des Terrors auch bereichert hat – wofür übrigens kein Beweis vorliegt –, war er sicherlich vorsichtig genug, seine Eigentumsurkunden an eine dritte Person abzutreten.

Aus seiner ersten Ehe mit einer Cousine hatte er einen Sohn und zwei Töchter; seine zweite Frau, Henriette-Jeanne Gérard, an die dieser Brief gerichtet ist, gebar ihm eine Tochter.

Aus dem Gefängnis du Plessis, ›Egalité‹ genannt,
22. Brumaire, Jahr II
der einen und unteilbaren Republik.

Obwohl ich noch keinem Verhör unterzogen wurde, muß ich damit rechnen, meine liebe Freundin, bald vor Gericht geladen zu werden. Zu einem anderen Zeitpunkt und aufgrund meines guten Gewissens hätte ich nichts zu befürchten, doch in Anbetracht der ungünstigen Lage, in der wir uns befinden, und der böswilligen Unterstellungen, Verleumdungen und Schmähungen aller Art, mit denen ich seit meiner Verhaftung bedacht werde, brauche ich mich keinen Illusionen mehr hinzugeben. Alle diese abscheulichen Lästerungen, mit denen ich fälschlicherweise zum Scheusal, Verschwörer und Blutsauger abgestempelt werde, sind das Vorspiel zu meinem Urteil. Es handelt sich um eine Taktik jener Faktion, die die Freiheit zugrunde richten und sich meiner mit Sicherheit entledigen will.

Ich bin darauf gefaßt, daß man mich, statt ein Urteil über mich zu fällen, der öffentlichen Meinung ausliefern wird, nachdem diese mit allen erdenklichen Mitteln gegen mich aufgehetzt wurde. Schon seit langem bin ich davon überzeugt, wollte Dir aber solange wie möglich den Schmerz dieser Nachricht ersparen. So werde ich mit reinem Herzen und sauberen Händen in den Tod gehen, nur weil ich meinem Vaterland mit zuviel Eifer gedient habe und den Wünschen der Regierung allzu dienstbeflissen nachgekommen bin. Doch Du, meine Freundin, was wird aus Dir und meinen armen Kindern werden? Das größte Elend erwartet Euch; zumindest wird dadurch unter Beweis gestellt, daß ich meinem Lande mit der Selbstlosigkeit eines wahren Republikaners gedient habe. Doch was wird aus Euch werden? Diese finsteren Gedanken verfolgen mich Tag und Nacht! Welch furchtbare Vorstellung, für solches Unglück geboren worden zu sein und als Verschwörer zu sterben, ich, der ich nie aufgehört habe, die Verschwörer zu bekämpfen. Das also ist der Lohn meines patriotischen Eifers! Inmitten all dieser düsteren Geschehnisse bleibt mir doch noch ein Strahl der Hoffnung oder vielmehr des Trostes, nämlich die Gewißheit, daß Du von meiner Unschuld überzeugt bist. Immerhin läßt mich diese Überzeugung hoffen, Du wirst unseren Kindern versichern, ihr Vater sei unglücklich, aber unschuldig gestorben und habe Dein Vertrauen und Deine Achtung nie verloren. Befolge meinen Rat, laß Dich vom Kummer nicht überwältigen und schone Deine Gesundheit für Dich und unsere armen Kinder. Vergiß unsere kleinen Streitigkeiten, sie zeugen nur von meinem lebhaften Charakter und nicht von den Gefühlen meines Herzens, das Dir immer, das versichere ich Dir, aufs tiefste verbunden war – wie das Deine dem meinen, davon bin ich überzeugt. Ach, meine liebe Freundin, wer hätte je gedacht, daß mir ein solches Ende beschieden sein würde, mir, der ich mich zu keiner Intrige habe hinreißen lassen und nie danach getrachtet habe, mich zu bereichern.

Es fällt mir schwer, meine Liebe, Dich mit solch düsteren Gedanken zu belasten. Ich habe lange gezögert, doch in Anbetracht der Tatsache, daß ich Dir im Laufe des Verhörs nicht mehr schreiben kann, habe ich mich schließlich entschlossen, Dir meine letzten Gefühle sowie meinen Dank für all die Mühe, die Du Dir seit meiner Verhaftung um mich gemacht hast, auszudrücken. Ich lege Dir nochmals ans Herz: Laß Dich vom Kummer nicht überwältigen und ergreife die Gelegenheit, durch die Dir ein besseres Los zuteil werden könnte. Mit Tränen in den Augen und schweren Herzens sage ich Dir, Deiner Tante und meinen armen Kindern zum letztenmal adieu, ich umarme Euch tausendmal. Ach, wie froh wäre ich, Dich noch einmal zu sehen und in meine Arme schließen zu können. Aber, Liebste, es ist aus, denken wir nicht mehr daran!

Adieu, tausendmal adieu den wenigen Freunden, die uns geblieben sind, und vor allem unserem guten Dienstmädchen, umarme unsere Kinder und Deine Tante; sei Deinen Kindern, die ich zum Gehorsam Dir gegenüber ermahne, eine gute Mutter, adieu, adieu.

Dein treuer Freund.

Das einzige, was ich Dir als Beweis meiner Freundschaft hinterlassen kann, sind diese Haare, die ich Dich bitte, aufzubewahren.

Nach der Urteilsverkündung und bevor er dem Henker ausgeliefert wurde, schrieb Fouquier-Tinville noch dieses letzte Billett:

Ich habe mir nichts vorzuwerfen; ich habe immer im Namen des Gesetzes gehandelt; nie habe ich blindlings die Anordnungen Robespierres oder Saint-Justs befolgt; im Gegenteil, viermal wäre ich beinahe festgenommen worden.
Ich sterbe für mein Vaterland und mit reinem Gewissen; erst später wird meine Unschuld erkannt werden.

A.Q. Fouquier.

BABEUF[224], François-Noël, erst Camille, dann Gracchus genannt (1760–1797)

Gracchus Babeuf hat in der Geschichte des Sozialismus eine wichtige Rolle gespielt. Er machte Bekanntschaft mit den Pariser Gefängnissen, unter anderen mit Sainte-Pélagie, und überlebte die Ereignisse des Thermidor um nur knapp drei Jahre. Sein letzter, 1797 geschriebener Brief soll diese Sammlung beschließen.
Er war in Saint-Quentin zur Welt gekommen und hatte sein Brot zunächst als kleiner Grundbuchbeamter verdient, dann als Hausangestellter; 1784 war er in den Dienst eines Landvermessers von Noyon getreten.

1790 war er Redakteur des »Correspondant Picard«, im September 1792 wurde er in den Provinzialrat der Somme gewählt, dann zum Verwalter des Distrikts von Montdidier ernannt und mit dem Verkauf der Staatsgüter beauftragt. Die Verwaltung des Departements lag damals in den Händen der Reaktionäre, die versuchten, sich seiner zu entledigen. Unter der Anklage, die Staatsgüter nicht auf ihren wahren Wert zu schätzen, wurde er vom Departementsgericht der Somme in Abwesenheit verurteilt.

1793 taucht er in Paris auf, wo er Fourniers Polemik gegen Marat unterstützt und als Sekretär bei der Lebensmittelverwaltung von Paris eine Stellung findet. Er wird vorübergehend verhaftet, auf Fürsprache von Thibaudeau jedoch wieder freigelassen, worauf er für kurze Zeit als Publizist für das Blatt »Les Révolutions de Paris« tätig ist. Infolge eines neuerlichen Haftbefehls wird er zunächst in die Force eingewiesen und von dort am 1. Germinal nach Sainte-Pélagie gebracht. Da das vom Strafgericht der Somme gegen ihn eingeleitete Verfahren vom Kassationsgericht für ungültig erklärt und an das Gericht des Departements Aisne verwiesen wird, läßt man ihn am 9. Messidor nach Laon bringen...

Am 30. Thermidor des Jahres II (17. August 1794) wird er freigesprochen. Zwei Wochen später bringt er das »Journal de la liberté« heraus, in dem er für die Thermidorianer Stellung nimmt und damit der Sache der Konterrevolutionäre das Wort redet.

Am 4. Oktober wechseln Gesinnung und Ton dieser Zeitung, die jetzt unter dem Titel »Le Tribun du Peuple, ou le Défenseur des droits de l'homme« (»Der Volkstribun oder Der Verteidiger der Menschenrechte«) von Gracchus Babeuf herausgegeben wird.

Nun fordert er die Republik zur Verwirklichung des »gemeinschaftlichen Glücks« auf. In der Nummer des 31. Pluviôse (28. Januar 1795) – zu einem Zeitpunkt, als er sich, von einem neuerlichen Haftbefehl bedroht, wieder verstecken muß – schreibt er eine Abhandlung über das Recht zum Aufstand.

Nach seiner Festnahme am 17. Pluviôse (5. Februar) wird er zunächst in Paris, dann in Arras im Gefängnis Baudet und schließlich wieder in Paris festgehalten, jedoch am 18. Oktober wieder auf freien Fuß gesetzt.

Er beschließt, sich endgültig in Paris niederzulassen, und schreibt weiterhin im »Tribun du Peuple«. In einer der Ausgaben fordert er die »plebejischen Republikaner« zum Zusammenschluß gegen den wachsenden Einfluß des Royalismus auf das immer ärmer werdende Volk auf. Er unterhält Beziehungen zu früheren Anhängern Robespierres und dient demokratischen Revolutionären aller Art als Vermittler: Buonarroti, dem ehemaligen Marquis d'Antonelle, Darthé, dem einstmaligen Gehilfen von Lebon, und Sylvain Maréchal.

Sie alle sind Mitglieder der »Société du Panthéon«, die sich »Verein der Freunde der Republik« nennt – ein politischer Klub, dem zeitweise bis zu zweitausend Personen angehören. Die immer schärfer werdenden Angriffe Babeufs gegen das Direktorium im »Tribun du Peuple« führen zur Schließung der »Société du Panthéon«.

Gegen März 1796 gründet er das Aufstandskomitee, das nach der Ausarbeitung eines neuen Organisationssystems die Führung der »Plebejischen Vendée« übernehmen sollte. Diese Geheimorganisation, deren Verzweigungen bis in die Provinz reichen, wirbt in Paris Soldaten und Arbeiter an und ernennt revolutionäre Agenten. Einen Monat später verbündet sich das Aufstandskomitee mit einer Gruppe ehemaliger Mitglieder der Bergpartei im Konvent, darunter Amar und Vadier, die sich des Direktoriums entledigen wollen.

Die Bewegung Babeufs gewinnt immer größeren Einfluß und droht gefährlich zu werden. Für den Fall ihrer Machtergreifung hat Babeuf bereits eine neue Konstitution ausgearbeitet (Ausschluß aller Bürger aus dem politischen Leben, die nicht nutzbringend für das Vaterland arbeiten, Abschaffung des Erbfolgerechts, sofortige Errichtung einer kollektiven Gütergemeinschaft usw.).

Doch das Komplott wird denunziert, und seine Mitglieder werden festgenommen (21. Floréal des Jahres IV, 10. Mai 1797). Da sich Drouet, Abgeordneter des »Rats der Fünfhundert«, unter den Verschwörern befindet, müssen die Anhänger Babeufs und ihre Verbündeten der Konstitution gemäß vor einem Staatsgerichtshof erscheinen. Der Prozeß beginnt am 14. Vendémaire (5. Oktober 1796) in Vendôme. Am 7. Prairial des Jahres V (26. Mai 1797) versuchen Babeuf und Darthé, die beide zum Tod verurteilt worden sind, sich mit einem Messer das Leben zu nehmen, das Babeufs Sohn ihnen verschafft hat. Schwer verwundet werden sie trotzdem am nächsten Tag guillotiniert.

1828 erschien Buonarottis Buch »La Conspiration de l'Egalité« (»Die Konspiration der Gleichen«), wie Babeufs Verschwörung genannt wurde. Durch dieses Werk, das in Frankreich nach 1830 weite Verbreitung fand, sickerten Babeufs Ideen in die Arbeiterklasse ein und lösten in der Folge eine sozialistische Revolutionsbewegung aus.

Zwei Tage vor seinem Tod hat Babeuf diesen ernsten und bitteren Brief an einen seiner Freunde geschrieben:

Vendôme, 5. Prairial des Jahres V der Republik.

Mein guter, aufrichtiger Freund,

die Geschworenen werden sich versammeln, um über Dein und mein Los zu entscheiden. Voraussichtlich wirst Du – im Gegensatz zu mir – Deinen Kopf retten können. Falls meine Frau Dir diesen Brief übergibt, wird sie auch meinen Brief vom 26. Messidor letzten Jahres beilegen, den ich leider keine Gelegenheit fand, Dir zukommen zu lassen und den ich bis heute aufbewahrt habe. Seinem Inhalt habe ich übrigens nichts hinzuzufügen. Das herannahende unabwendbare Ende verschließt meinen Geist und vielleicht auch mein Herz jedem Gefühlsausdruck, dessen ich vor wenigen Tagen noch fähig gewesen wäre. Ich hätte nicht geglaubt, daß es mir so schwerfallen würde, dem Tod ins Auge zu sehen. Man hat leicht reden, aber die Natur gewinnt doch immer die Oberhand. Die Philosophie gibt uns ein paar Waffen, um sie zu besiegen, aber letzten Endes muß man ihr doch immer seinen Tribut zahlen. Ich hoffe trotzdem, noch Kraft genug aufzubringen, um meinen letzten Gang mit Würde anzutreten, aber mehr soll man nicht von mir verlangen.

Ich fühle eine Art Verwirrung, Gleichgültigkeit oder innere Leere, die ich mir nicht erklären kann; es ist mir, als wollte ich etwas für meine Frau, für meine Kinder empfinden, und dabei fühle ich nichts mehr. Es fällt mir nichts ein, was Du ihnen sagen könntest. Ich weiß nicht, ob das schreckliche Gefühl der Nutzlosigkeit all meiner Sorgen um sie daran schuld ist, weil ich voraussehe, daß die abscheuliche Konterrevolution alle Republikaner in Acht und Bann schlagen wird. Sicherlich werden auch durch diesen anhaltenden Zustand des Unglücks die zunächst überreizten Gefühlskräfte abgestumpft: es gibt ein Maß, über das die menschliche Natur nicht hinaus kann. Vielleicht handelt es sich auch gar nicht um Gefühlslosigkeit, und ich schäme mich ihrer umsonst. Vielleicht glaube ich, nichts zu fühlen, weil meine Gefühle zu stark sind. Entschuldige diesen Wirrwarr meiner Gedanken, errate alles, was ich Dir hier sagen möchte, und tu, was der von Dir erwartet, der glaubt, Dir alles gesagt zu haben, indem er Dir versichert, daß er seine letzten Worte seinem besten Freund anvertraut zu haben glaubt.

Ich denke, ich kann mit meiner Haltung während des Verhörs zufrieden sein. Trotz der Unruhe, von der ich besessen bin, fühle ich, daß ich bis zu meiner letzten Stunde nichts tun werde, was eines ehrenhaften Mannes unwürdig wäre. Adieu.

G. Babeuf.

Anhang

Verzeichnis der Pariser Gefängnisse zur Zeit der Schreckensherrschaft

Privathäuser und Palais

Grande-Force, Rue du Roi-de-Sicile
Petite-Force, Rue Pavée
Luxembourg, Rue de Vaugirard
Hôtel de Talaru, Rue de Richelieu, Nr. 62
Hôtel des Fermes, Rue du Bouloi und Rue de Grenelle, Saint-Honoré
Hôtel de Dreneuc, Rue de Provence
Château de Vincennes
Conciergerie, Boulevard du Palais.

Kasernen, militärische Einrichtungen

Caserne, Rue des Petits-Pères
Caserne, Rue de Sèvres
Caserne des Carmes, Rue de Vaugirard

Religiöse Einrichtungen

Carmes réformés, Déchaussés od. Deschaux, Rue de Vaugirard
Abbaye de Saint-Germain-des-Prés (Kapelle, Refektorium, Zellen)
Couvent de Sainte-Pélagie, Rue du Puits-de-l'Ermite
Couvent des Madelonnettes, Rue des Fontaines-du-Temple
Séminaire de Saint-Firmin, ex-collège des Bons-Enfants, Rue des Fossés-Saint-Bernard
Séminaire de Saint-Lazare, Rue du Faubourg-Saint-Denis
Anglaises de Saint-Augustin, Rue des Fossés-Saint-Victor (heute Rue du Cardinal-Lemoine)
Anglaises du Faubourg Saint-Antoine (Rue de Charenton Nr. 38)
Anglaises du Champ-de-l'Alouette (heute Rue des Tanneries)
Bénédictins anglais, Rue Saint-Jacques
Collège des Irlandais, Rue du Cheval-Vert (heute Rue des Irlandais)
Écossais, Rue des Fossés-Saint-Victor (Rue du Cardinal-Lemoine)

Capucins de la Chaussée d'Antin (heute Lycée Condorcet)
Couvent de Picpus (Zusatzbau an das Maison Coignard)

Krankenhäuser

Belhomme, Rue de Charonne
Eugène Coignard, Rue Picpus (heute Nr. 4 u. 6), Ecke Boulevard Diderot
Riedain (Zusatzbau Coignard), Rue Picpus
Catherine Mahaye, Jean-Baptiste-Reuche, Lescourbiac u. Lemoine, Rue des Amandiers (heute Rue du Chemin-Vert)
Montprins et Desnos, Rue N.-D.-des-Champs, Nr. 1466
La Chapelle et Romey, Rue Folie-Regnault
La Chapelle et Romey, Rue Saint-Maur (heute Rue des Écluses-Saint-Martin und Eugène-Varlin)
Brunet, Rue de Buffon, Nr. 4
Picquenot, Rue de Bercy
Picquenot, 48, Rue du Faubourg-Saint-Antoine, Petit-Bercy
Maison des Lions-Saint-Paul (heute Nr. 12)
Maison der Bürgerin Douay, Rue Bellefonds Nr. 218 (heute Rue de la Tour- d'Auvergne)

Kollegien, Hospize, Verschiedenes

Salpêtrière
Bicêtre
Maison des Oiseaux, Rue de Sèvres
Collège des Quatre-Nations (?)
Collège de Montaigu
Port-Royal, genannt Port-Libre, Rue Saint-Jacques
Collège du Plessis, Rue de la Bourbe (Boulevard de Port-Royal)
Polizeirevier im Rathaus
Polizeirevier der 48 Sektionen.

Zeittafel

1792

12. Februar u. 13. Sept.:	Dekrete betreffend die Beschlagnahmung der Emigrantengüter
10. August:	Ende der Monarchie. Die königliche Familie wird im Temple in Gewahrsam genommen
2.–6. September:	Massaker in den Pariser Gefängnissen (Septembermorde)
22. September:	Proklamation der Republik
25. Oktober:	Die lebenslängliche Ächtung der französischen Emigranten wird dekretiert

1793

21. Januar:	Hinrichtung Ludwigs XVI.
10. März:	Einrichtung des Revolutionstribunals
28. März:	Verschärfte Maßnahmen gegen heimlich nach Frankreich zurückgekehrte Emigranten
17. Juli:	Prozeß gegen Charlotte Corday
17. September:	Verdächtigengesetz
14.–16. Oktober:	Prozeß gegen Marie-Antoinette
24.–30. Oktober:	Prozeß gegen die Girondisten

1794

26. Februar–3. März:	Ventôse-Dekrete und Einberufung von Volksausschüssen
14.–24. März:	Prozeß gegen die Hébertisten
30. März–5. April:	Prozeß gegen Danton
13. April:	Erste Verschwörung im Luxembourg-Gefängnis sowie Hinrichtung der Komplizen von Hébert und Danton: Dillon, Chaumette, Lucile Desmoulins u. a.
27. April:	Eine Gefängnisverschwörung in Bicêtre wird im Konvent denunziert
10. Juni:	Dekret vom 22. Prairial des Jahres II, das die Arbeitsweise des Revolutionstribunals ändert und die Voruntersuchung abschafft
16. Juni:	Verurteilung der »Verschwörer« von Bicêtre

17. Juni:	Verurteilung der »Verschwörer des Auslandes«, Cécile Renaults und ihrer Familie
Juni–Juli:	Die angeblichen »Verschwörer« in den Gefängnissen Luxembourg, Saint-Lazare und Carmes werden verurteilt
27. Juli:	Verschwörung. Sturz Robespierres
August–September:	Freilassung vieler Gefangener
26. Oktober:	Dekret, durch das – unter Vorbehalt des Einverständnisses der zuständigen Verwaltungsgremien – gewisse Emigranten wieder zur Nutznießung ihrer Güter berechtigt werden

1795

1. April:	Unruhen. Verhaftung von Collot d'Herbois und Billaud-Varenne
April–Mai:	Prozeß und Hinrichtung von Fouquier-Tinville
20. Mai:	Unruhen. Aufstand gegen den Nationalkonvent
27. Oktober:	Beginn des Direktoriums

1796

10. Mai:	Denunziation der »Konspiration der Gleichen« und Verhaftung Babeufs

1797

Mai:	Hinrichtung Babeufs
4. September:	Staatsstreich des 18. Fruktidors

Konkordanz des republikanischen und gregorianischen Kalenders

Republikanische Zeitrechnung	Gregorianische Zeitrechnung	I 1792	II 1793	III 1794	IV 1795	V 1796
1. Vendémiaire	September	22	22	22	23	22
1. Brumaire	Oktober	22	22	22	23	22
1. Frimaire	November	21	21	21	22	21
1. Nivôse	Dezember	21	21	21	22	21
		1793	1794	1795	1796	1797
1. Pluviôse	Januar	20	20	20	21	20
1. Ventôse	Februar	19	19	19	20	19
1. Germinal	März	21	21	21	21	21
1. Floréal	April	20	20	20	20	20
1. Prairial	Mai	20	20	20	20	20
1. Messidor	Juni	19	19	19	19	19
1. Thermidor	Juli	19	19	19	19	19
1. Fructidor	August	18	18	18	18	18

Ausgehend vom ersten Tag des betreffenden republikanischen Monats kann man mit Hilfe dieser Tafel berechnen, welchem gregorianischen Kalenderdatum ein nach republikanischer Zeitrechnung angegebenes Datum entspricht. Der republikanische Kalender blieb noch bis 1805 (Jahr XIII/XIV) in Verwendung, die obige Tafel beschränkt sich jedoch auf den in diesem Buch behandelten Zeitraum zwischen 1792 und 1797.

Verzeichnis der Abkürzungen

AHRF	=	»Annales Historiques de la Révolution Française«
AN	=	Archives Nationales
BN	=	Bibliothèque Nationale
BHVP	=	Bibliothèque Historique de la Ville de Paris (Historische Bibliothek der Stadt Paris)
f.	=	feuille (Blatt)
ms.	=	manuscrit (handgeschrieben)
p.	=	pièce (Aktenstück)
pl.	=	plaquette (broschierte Aktenstücke)
L.	=	Liasse (Aktenbündel)
s.d.	=	sans date (ohne Datum)
s.l.	=	sans lieu (ohne Ortsangabe)
s.l.n.d.	=	sans lieu ni date (ohne Ort noch Datum)

Anmerkungen

Allgemeingültige Belegstellen für nähere Angaben über alle vor das Revolutionstribunal berufenen Personen sind die Nationalarchive, insbesondere die Prozeßakten (Serie W), die Fonds des Sicherheitsausschusses (Unterserie F 7) und eventuell die Domänen (T).

1. Es handelt sich im ersten Fall um langjährige Gefängnisstrafen, im zweiten Fall um Zwangsarbeit und Deportation, meist nach Guyana.
2. Seit den Gesetzen und Maßnahmen vom März und April 1792 waren die Güter und Einkünfte der Emigranten zugunsten der Nation beschlagnahmt (siehe Zeittafel).
3. AN, W 440, Dossier 46, Dokument 60.
4. Zentrales Aktenregister, Notarbüro Dupont, LXXII 514: Denise d'Estat, geschieden von Tobie Gothereau de Billens aus Freiburg, uneheliches Kind des Anwalts Joly de Fleury. Sie fungierte als Vermittlerin der zwischen den royalistischen, in Frankreich verbliebenen Bankiers und ihren ausländischen Amtskollegen geführten Korrespondenz. Ihr Bruder, Michel d'Estat, Bellecourt genannt, stand mit dem russischen Hof, wo er zehn Jahre verbracht hatte, im Briefwechsel. Ihre Schwester Lucrèce unterhielt mit der spanischen Regierung Beziehungen, zu denen ihr ihr späterer Gemahl Ocariz und die royalistischen Kreise von Versailles und im Pariser Westen verhalfen. Es fehlte nicht viel, und sie wäre gleichzeitig mit André Chénier verhaftet worden.
5. A. de Lestapis, »Un grand corrupteur, le duc du Châtelet«, AHRF, 1953. Siehe auch die unveröffentlichten Briefe und Berichte über die Versuche Marie-Geneviève du Châtelets, mit ihrem in Einzelhaft gehaltenen Onkel in Verbindung zu treten: AN, W 145 (216, 268–70).
6. Eines der berüchtigsten Beispiele für Spekulation während der Revolution ist der Fall Rouvroy de Saint-Simon. Dieser hatte die vom Konvent erlassenen Zahlungserleichterungen in zwei Jahresraten bei dem Ankauf von Staatsgütern dazu ausgenutzt, für wenig Geld Ländereien im Wert von 10 Millionen zu erwerben. Er wurde aufgrund seiner Beziehungen zu dem Grafen von Redern, der Gräfin von Stolberg, dem General von Flers, Louis Comte und anderen »Verschwörern des Auslandes« festgenommen. Siehe A. Mathiez, »L'arrestation de Saint-Simon«, AHRF, 2. Band, 1925, S. 571.
7. »Die Fabrikanten« (wie man sie damals nannte) von gefälschten Assignaten wurden vor die für Gemeinverbrecher zuständigen Tribunale berufen, obwohl ihre »politischen« Absichten oft unverkennbar waren. Ein berühmtes Beispiel ist das von Jean-François-Marie de Kératry, um 1765 in Rennes geboren, zweimal fest-

genommen und wieder auf freien Fuß gesetzt (April und August 1793), November 1793 von neuem festgenommen und in der Conciergerie in Einzelhaft gehalten, vom Gerichtshof des Pariser Departements verurteilt und im August 1794 guillotiniert. Siehe unter anderen A. Bouchary, »Les Faux-Monnayeurs sous la Révolution«, Paris, 1946; A. de Lestapis, »Faux assignats et émigration«, Revue des Deux Mondes, September 1955. R. Anchel »Les faux assignats«, Revue de Paris, April 1926, S. 605.
8. Bertrand de Molleville, ehemaliger Marineminister unter Ludwig XVI., der schon 1791 nach London geflüchtet war, organisierte mit den in Frankreich verbliebenen Royalisten ein weitgespanntes Netz zur Verteilung von falschen Assignaten. Zu seinen Gehilfen gehörte der Graf von Angivilliers.
9. Chateaubriand, »Mémoires d'outre-tombe«, Paris, 1841.
10. Zu diesem Thema sei auf »Métamorphoses« oder »Verzeichnis der Familiennamen der ehemaligen Herzöge, Marquis, Grafen, Barone«, s.l. 1792, verwiesen.
11. Je geschickter die Verhafteten oder Verurteilten ihre Identität verbergen oder einen Beruf erfinden, den sie niemals auszuüben genötigt waren, desto schwieriger erweisen sich die Versuche, sie zu klassifizieren. Da für Kaufleute die Auslandsreisen erleichtert wurden, gaben sich ab 1792 viele Aristokraten als Händler aus. Damals ließ sich der Bürger Sergent-Marceau nicht täuschen: »Das Gesetz verurteilt Euch, die französischen Emigranten [sagte er], die man auf französischem Boden unter falschem Namen und falschem Beruf verhaftet. Doch taucht Ihr wieder auf, verkleidet und unter einem ordinären, statt Eurem wirklichen Namen, inmitten einer Menge anderer Aristokraten, die sich ebenfalls verstecken, heimlich bewaffnet sind und sich diskret am Hofe aufhalten, der sich anschickt, das Pariser Volk zu bekämpfen und die Nation den ausländischen Armeen auszuliefern, die nur auf ein Zeichen warten, um unsere Grenzen zu überschreiten.« BHVP, ms. 798, f. 200.
12. Durch die Scheidung konnten die Frauen wieder in den Besitz ihrer Mitgift gelangen, indem sie entweder gegen den Staat als Inhaber der Ländereien oder gegen die Schuldner ihres Gatten Anklage erhoben. In Scheidungsprozessen wegen Emigration galt bis zum Erlaß des Gesetzes vom 24. Vendémiaire, Jahr III, das Gerichtsverfahren, nach dem Familienangehörige als Vermittler auftreten konnten und das es dem auf Scheidung klagenden Teil erließ, den emigrierten Ehepartner vorzuladen.
13. AN, W 148 (219–231).
14. AN, W 111, L. 1 (65).
15. AN, W 153, L. 2 (48 und 49).
16. AN, W 153 (1 bis 32).
17. AN, W 171 (15 und 37), W 124, L. 1 (86).
18. AN, W 293, Nr. 210 und W 164, L. 2.
19. AN, W 146 (100).
20. AN, W 132 (94).
21. AN, W 138 (200).
22. AN, W 131 (152) und W 136, L. 2 (214).
23. G. Lenôtre, »Le Tribunal révolutionnaire«, Paris, 1908. Bezüglich der schlecht bewachten Gefängnisse sind zwei Fluchtversuche aus dem Gefängnis der Force bekannt: am 7. Februar und 18. März 1794 (BHVP, Labat, ms. 863, 1022).

24. Mme. Roland, »Mémoires«, in der Reihe »Mémoires relatives à la Révolution française«, Paris 1821, S. 298.
25. Baron Frédéric von Kalb, um 1766 geboren, Sohn von Jean von Kalb und Émilie Vanrobais, Offizier im Regiment von Salm-Salm, Verwahrer eines Exemplars des »Manifeste de l'Empereur d'Autriche«, das auf dem Schafott verbrannt wurde bevor er als Deserteur und Emigrant hingerichtet wurde (14.11.1793). Sein letzter Brief: AN, U 1021 (Duplikat des Originals, Kennziffer W 109, L. 3 (8), unauffindbar).
26. AN, W 132 (18): Es handelt sich höchstwahrscheinlich um den aus Brest stammenden Rechtsanwalt Riou de Salaün.
27. J. Epois, »L'Affaire Corday-Marat«, Le Cercle d'Or, Sables-d'Olonne, 1980. Siehe auch die Arbeiten von Ch. Vatel über Charlotte Corday. Laut Ferrières-Sauvebeuf (AN, F 7 4706) soll noch ein anderes Porträt als das von Hauër im Tribunal gemacht worden sein, und zwar von dem Bürger Darnaud: Ist es mit dem anonymen Stich der Sammlung Vinck 5366 identisch?
28. Dauban, »Les Prisons de Paris«, Paris, 1870, S. 270.
29. Fleury, »Mémoires«, Paris, 1844, II, S. 195.
30. Dauban, S. 285. Die geborene Anne-Marie Gauthier de Montgeroult de Coutances, Mätresse des Deputierten Julien de Toulouse, fungiert als Mittelsperson zwischen dem Grafen de La Châtre in London und den in Paris verbliebenen Royalisten. Siehe A. Mathiez, »La corruption parlementaire«, S. 206–207, und AN, BB 3 (52, 66 und 67).
31. P. Caron, »Rapports des agents secrets...«, II, S. 208 (siehe Roman d'Amat, Notiz Victor de Broglie [1756–1794], Mitglied der verfassungsgebenden Versammlung, Feldmarschall, 1793 aus der Emigration zurückgekehrt, um seine Güter in Sicherheit zu bringen. Anläßlich seines Fluchtversuchs in die Schweiz festgenommen. Er wurde als Komplize von Dumouriez verurteilt.
32. Dauban, S. 359 und folgende.
33. AN, W 111, L. 3 (20).
34. Dauban, S. 354 und folgende.
35. A. Mathiez, »Dernières Lettres de Momoro«, AHRF, V, 1912, S. 396 und IX (1917), S. 544. Siehe A. Tuetey, X (1913), biographische Notiz. Sophie Momoro stellte die Göttin der Vernunft in Saint Sulpice dar. Sie war die Tochter des Graveurs und Gießers Fournier des Jüngeren. Ihr Mann Antoine-François war 1787 in die Gemeinschaft der Verlagsbuchhändler aufgenommen worden. Bürger der Sektion des Théâtre-Français, ließ er Rue Serpente Nr. 7 das »Journal du Club des Cordeliers« drucken. Als Departementsverwalter war er mit den Prozeßangelegenheiten der Emigranten beauftragt. Zusammen mit seinem Bruder, Mitglied des Prüfungsamts der Zertifikate für Nicht-Emigration, hatte er nach Frankreich zurückgekehrten Emigranten falsche Ausweise ausgestellt.
36. Dauban, S. 420.
37. Graf Louis-François von Ferrières-Sauvebeuf, 1762 geboren, 1814 ermordet, AN, F 7 4706 (siehe O. Blanc, »Les indics de la Révolution« [»Die Revolutionsspitze«], Revue »L'Histoire«, Dez. 1983).
38. A. de Coigny, »Journal«, S. 145, und C. Velay, »Le Duc de Lauzan«, Buchet-Chastel, 1983.
39. AN, W 134 (40): ein zweiter Brief (Nr. 66) ist an ihren Vater gerichtet.

40. G. May, »Madame Roland and the age of Revolution«, New York und London, Columbia University Press, 1970, und A. Le Corbeiller, »Le Calvaire de Madame Roland«, Paris, 1942.
41. AN, F 7 4704 (Ferniot) und W 152, L. 1 (179): unveröffentlichte Angaben über die Du Barry als Verschwörerin.
42. H. Lyonnet, »Une prison pour comédiennes«, La Nouvelle Revue, 4. Serie, Band 45, 1920, S. 166; »Comédiens révolutionnaires«, La Nouvelle Revue, Band 51 bis 53, 57, 59 usw. (1921–1925).
43. AN, BB 68 (148): Sie war die Schwiegermutter des Abgeordneten Regnault de Saint-Jean d'Angély, des Schriftstellers Arnault und des reichen Kaufmanns Buffaut und royalistischer als ihre gesamte Familie. Als Mätresse von Cazalès wurde sie 1791 vom Volk im Palais-Royal ausgepeitscht. Einer Denunziation von 1793 zufolge hatte sie in ihrem Hause, Rue Neuve-Sainte-Catherine, mit dem Abgeordneten Osselin, dem Gouverneur von Pondichéry Laumur und ihrer Schwester Françoise d'Eprémesnil – alle drei wurden Opfer der Guillotine – ein Komplott geschmiedet. Unter dem Direktorium soll sie mehrere Reisen unternommen haben, um Ludwig XVIII., in dessen Dienst ihr Gemahl als erster Kammerdiener gestanden hatte, auf den Thron zu verhelfen.
44. BHVP, Gefangenenregister von Sainte-Pélagie, ms. 997.
45. J.-A. Roucher, »Consolation de ma captivité« oder »Correspondance de Roucher«, Paris, Agasse, Jahr VI, 1797. Er wurde am selben Tag wie André Chénier, ebenfalls royalistischer Dichter, guillotiniert.
46. Abbé J. Gaston, »Une prison parisienne sous la Terreur...«, Champion, Paris, 1909 und 1911.
47. Foignet, »Encore une victime«, Paris, Vachat, s.d.
48. A. de Lestapis, »La Conspiration de Batz«, Sté. Et. Robesp., Paris, 1969.
49. AN, W 78, pl. 2, p. 141. Tochter aus der ersten Ehe von Madame d'Eprémesnil und mit ihr zusammen in Haft gehalten, heiratete Michèle Thilorier den Baron von Batz während des Empire.
50. A. Roland, »La Famille Sainte-Amaranthe«, Paris, Goupil, 1867, und Lefevre Saint-Ogan, »Les dames de Sainte-Amaranthe«, La Nouvelle Revue, Band 30 und 31 (1904). Siehe auch die mehrfachen Denunziationen von 1792 und 1793, durch die man erfuhr, daß die falschen Assignaten aus dem Ausland von diesem Spielhaus aus in Umlauf gebracht wurden (AN, AF IV [1470], F 7 4775 10, BB 73 3 [104] usw.).
51. P. Bru, »Histoire de Bicêtre«, Paris, 1890.
52. W 165, L. 2 (113). Siehe »Le Moniteur«, Band XX, S. 324.
53. Mehrere Gefangene wußten um das – immer noch nicht aufgeklärte – Geheimnis bezüglich des Diebstahls der Kronjuwelen im September 1792 Bescheid.
54. L. Blanc, »Histoire de la Révolution française«, Paris, Langlois, 1847–1862.
55. »Almanach des prisons«, Jahr III, 3. Auflage, S. 133.
56. Dauban, S. 235 und folgende. Anne-Louise-Reine-Jeanne Baillon, Tochter eines Intendanten aus Lyon, hatte den Grafen d'Ormesson geheiratet. Dieser hatte sie unter dem Ancien Régime aus unaufgeklärten Gründen auf königlichen Haftbefehl gefangennehmen lassen.
57. Armand Martial Joseph Herman, ehemaliger Richter im Tribunal des Distrikts von Arras, Präsident des Revolutionstribunals vom Brumaire bis Germinal des

Jahres II, danach Kommissar der zivilen Polizei- und Gerichtsverwaltung. Er wurde im Prozeß gegen Fournier-Tinville mitangeklagt und verurteilt.
58. »Papiers inédits trouvés chez ... Vadier«, Reihe »Mémoires relatifs à la Révolution«, Paris, 1828, Band 3, S. 341–343. Siehe Bourgin, »La commission des administrations civiles. Police et Tribunaux«, AHRF, 1930, S. 176.
59. Duras (Herzogin von), »Souvenirs«, Revue historique, 1889, I, S. 121.
60. AN, F 7 4704 (Ferniot).
61. Über Courlet de Boulot, der in Falschgeldaffären verwickelt war, und über die Verschwörung von Plessis siehe AN, F 7 4674 und W 187, L. 1 (88), W 434 (Nr. 974), W 145 (292), W 165, L. 1 (81) und L. 3 (143), W 149, L. 3 (49). Siehe »Procès Fouquier«, Bulletin du Tribunal Nr. 7, S. 3, und Nr. 11, S. 2. Ein Bericht des Polizeibeamten Faro vom 4. Thermidor, Jahr II, betrifft einen Brief, der ein »Komplott« im Gefängnis der Madelonnettes ankündigt. Der 9. Thermidor verhinderte jedoch die Verurteilung und Hinrichtung der vermeintlichen Anstifter des »Komplotts« (»Papiers trouvés...« wie oben angegeben, Band 2, S. 417).
62. Es handelt sich um Jean Henriot, 38 Jahre alt, geboren in Houilles (Seine-et-Oise). Das Gerichtsurteil, das auf Deportation lautete, wurde am 9. Floréal, Jahr V, für nichtig erklärt. Man gebrauchte den Ausdruck: ein Gefängnis »einimpfen«, wenn man einen Aufstand der Gefangenen provozieren wollte.
63. »Mémoires sur les prisons«, I, S. 282.
64. Ebendort, S. 285.
65. AN, W 111, L. 3 (35), W 150 (18 und 19), W 178 (99): Laut Dekret des 24. Ventôse, Jahr II, sollten alle an die Gefangenen gerichteten Briefe sowie die von ihnen an die Außenwelt gesandte Korrespondenz abgefangen werden (Tuetey, XI [75]).
66. Savine, S. 162–63.
67. Bezüglich P.A.N. Pépin Desgrouettes siehe: AN, F 7 4774 66 (V), F 7 4665 (IV) und I. Bourdin, »Les Sociétés populaires«, 1937.
68. Dauban, S. 390–92 und folgende.
69. P. Bart, »L'arrestation de Trenck«, AHRF, VII, S. 101.
70. Dauban, S. 395.
71. Dauban, S. 372.
72. Nicolaï (Mme de) »Mémoires«, Mercure de France, 15. März 1939, S. 619, und »Souvenirs«, La Nouvelle Revue, Band 91, 1894, S. 475.
73. Nicolaï, S. 620.
74. Roman d'Amat, Bericht über Alexandre de Beauharnais, Abgeordneter der Martinique in den Generalständen, des Komplizentums mit dem General Custine beschuldigt, wegen Hochverrats guillotiniert. Siehe auch die Abschiedsbriefe von zwei anderen wegen Verrats verurteilten Generälen: Dortoman: AN, W 131 (197) und Lamarlière: AN, W 121, L. 2 (64) und W 171, L. 2 (39).
75. »Almanach des prisons«, Michel, Paris, Jahr III, S. 155.
76. Siehe S. 280.
77. Siehe S. 267.
78. Roman d'Amat, Bericht über Louis-René Quentin de Richebourg, Ritter von Champcenetz (1760–1794), zusammen mit den royalistischen Buchhändlern und Verlegern Gattey, Lesclapart, Weber usw. festgenommen.
79. Dauban, S. 374: Diese Verse waren einem Fräulein von Croiseille gewidmet.
80. Wenn ein Gefangener – meist mit Handschellen versehen (»ganté« hieß es im

französischen Gefängnisargot) – ankam, wurde er zunächst genau gemustert (Argot: on »allumait le miston«) und manchmal, nachdem man seinen Namen ins Gefängnisregister eingetragen hatte, ins Kittchen (Argot: au »houzard«) geworfen.
81. Savine, S. 180.
82. Dauban, S. 141.
83. Savine, S. 178.
84. »Almanach des prisons«, Jahr IV, S. 56.
85. Dauban, S. 125 und 153.
86. Caron, II, S. 252.
87. Dauban, S. 127, S. 155 und folgende.
88. AN, U 1020: Duplikat des Briefes von Gabriel-Nicolas-François de Boisguyon, in Châteaudun geboren. Feldwebel unter dem Kommando von de Beysser.
89. AN, W 145 (196).
90. Dauban, S. 183.
91. P. Caron, »Rapports des agents secrets«, VI, p. 313 (siehe ebenfalls die Memoiren von Bergnot et Riouffe).
92. Siehe Bault, »Récit exact de la captivité de la reine«, Paris, 1817; Pierre, »Marie-Antoinette à la Conciergerie«, Revue des questions historiques, 1897.
93. AN, W 194. Das Revolutionstribunal von Paris hat insgesamt 2639 Todesurteile gefällt, wenn man die Opfer des »Tribunals vom 17. August« 1792 hinzurechnet. Mehrere als zum Tode verurteilt angesehene Angeklagte sind nie hingerichtet worden, insbesondere schwangere Frauen. Die Auswirkungen des Terrors sind von den Royalisten und mit dem Einverständnis der Thermidorianer absichtlich übertrieben worden. So hat der Terror vergleichsweise weniger Opfer gefordert als die Kommune von 1871 mit ihren mehr als 20.000 Hinrichtungen – allein in Paris. »La terreur« war weitaus weniger entsetzlich als die Russische Revolution von 1917–1921, der Weiße Terror von 1936–1939 und vor allem der braune nationalsozialistische Terror, der auf Deutschland und ganz Europa gelastet hat.
94. Siehe J. Godechot, »Les institutions de la France sous la Révolution et l'Empire«, PUF, Paris, 1968, S. 386.
95. AN, W 121 (67). Als Kriegskommissar war Bonnefoy mit dem Ankauf von Pferden für die Armee beauftragt. Er wurde wegen Unterschlagung verurteilt.
96. AN, W 171: Louis-Charles de Faverolles, ehemaliger Adjutant von Dumouriez.
97. AN, W 171 (75): Agathe Jolivet, von dem Juristen Barreau de Crécy aus Lyon getrennt lebende Frau.
98. Caron, II, p. 141.
99. Dulac, »Le Glaive vengeur«, Paris, Jahr II.
100. AN, W 171 (101); Caron, II, 323: Ebenfalls wegen Föderalismus wurde der Bürger Sourdille Lavalette am 12. Ventôse des Jahres II hingerichtet. Sein Brief: AN, W 123, L. 1 (30).
101. AN, W 123, L. 1 (79); W 116 (46).
102. Caron, IV, p. 260.
103. Caron, I, p. 187, II, p. 36, V, p. 13, 39, 159, 272, VI, p. 322 usw.: siehe Index »Hinrichtungen«.
104. Duras (Herzogin von), »Souvenirs«, S. 295. Dieser Bericht des Abbés Carrichon betrifft die Hinrichtung seiner Großmutter zusammen mit seiner Mutter, Madame d'Ayen, und der Vicomtesse de Noailles, seiner Schwester.

105. Caron, VI, p. 322.
106. Caron, VI, p. 272.
107. Caron, V, p. 53.
108. G. Perier de Feral, »La Maison d'arrêt des Oiseaux d'après les Souvenirs de captivité du président de Dompierre d'Hornoy«, Paris, 1955.
109. »Pièces originales du procès de Fouquier-Tinville et de ses complices...« Druckerei d'Hacquart, Paris, Jahr III.
110. D'Hornoy (Präsident) »Mémoires«, Fédération des Sociétés historiques et archéologiques de Paris et de l'Ile-de-France, Band IV.
111. AN, W 111, L. 2 (28).
112. AN, W 154, L. 2 (20) und W 154, L. 1 (86): Louise Cécile Quévrin genannt Lusigny, um 1762 in Montdidier (Somme) geboren.
113. AN, F 7 4673 (645), W 121, L. 1 (100), W 141 (155), W 148 (6 und 7), AF+ II 294 f. 106, BHVP, ms. 997 (Sainte-Pélagie-Register) usw. Ein Porträt sowie der Zopf der Prinzessin von Monaco wurden 1934 im Museum Carnavalet anläßlich einer Ausstellung zum Thema »Revolution« gezeigt.
114. A. de Lestapis, »Tallien, le héros du neuf«, Revue des Deux Mondes, Juni 1961.
115. A. de Coigny, »Journal«, wie oben angegeben, S. 105.
116. L. Lecointre, »Les Crimes des sept membres des anciens comités de salut public, 20 frimaire, an III. Plaidoyer de Lysias contre les membres des anciens Comités...«, Paris, Jahr III.
117. Foignet, a. a. O., S. 41. Bis zu seiner Neuwahl am 14. September 1793 oblag dem Sicherheitsausschuß nicht allein die Aufsicht über die höheren Polizeiinstanzen. Die dem Sicherheitsausschuß gegenüber mißtrauischen Girondisten hatten weitere Ausschüsse mit spezifischen Funktionen gegründet: das Komitee der 24, damit beauftragt, ein Verzeichnis der Papiere des Überwachungsausschusses der Kommune vom 10. August aufzustellen, das Komitee der 12, das die im Eisenschrank enthaltenen Papiere inventarisieren sollte, das Komitee der 21, mit der Formulierung des Anklageaktes gegen Louis Capet beauftragt, ein weiteres Komitee der 12, das am 18. Mai 1793 bevollmächtigt wurde, die Komplotte der Pariser Sektionen gegen den Konvent unter Strafe zu stellen. Der »große Sicherheitsausschuß« mit nur noch 12 Mitgliedern bereitete das Strafverfahren gegen die Girondisten und die Föderalisten vor. Er leitete die Untersuchung der langwierigen und heiklen Affäre der Ostindischen Handelsgesellschaft, eigentliche Ursache des gegen die Hébertisten und Dantonisten geführten Prozesses. Der Überwachungsausschuß des Departements von Paris war vom 31. Mai bis Mitte 1794 die rechte Hand des Sicherheitsausschusses. Das im Frühjahr 1794 im Wohlfahrtsausschuß eingerichtete Polizeibüro war eine der Hauptursachen seiner Rivalität mit dem Sicherheitsausschuß. Siehe G. Lefebvre, »La rivalité du Comité de salut public et du Comité de sûreté générale«, Revue Historique, 1935, S. 336, und A. Mathiez, »Les divisions dans les comités à la veille de thermidor«, Annales révolutionnaires, 1915, S. 70.
118. A. Mathiez, »La corruption parlementaire...«, Paris, 1917–1918, 2 Bde.
119. AN, F 7 4668 (Dossier Laubespin), BB 3 68.
120. AN, W 33 (Vernehmungsprotokoll), W 363, Dossier 787, Band 237 und 1610.
121. »Mémoire justificatif pour le citoyen Mesnil-Simon« (BHVP: 109 567).
122. AN, F 7 4774 80 (Pottier de Lille), 20. Thermidor, Jahr II.

123. Sainte-Beuve, »Nouveaux Lundis«, Band IV.
124. Madame Roland, »Mémoires«, in der Reihe »Mémoires relatives à la Révolution française«, Paris, 1821, S. 189.
125. AN, W 189 (42).
126. Mme Roland, wie oben angegeben, S. 191.
127. AN, W 145 (397), und Mme Roland, wie oben angegeben, S. 190.
128. AN, W 134 (158): Marie-Gabrielle Chapt de Rastignac, Marquise du Mas de Paysac, Mutter von Mme de Fausse-Landry, Autorin der Berichte über die Septembermassaker. Sie wurde aufgrund ihrer aktiven Korrespondenz mit dem Ausland und ihrer Reisen nach Holland verurteilt.
129. F. Foiret, »Une corporation parisienne«, Champion, Paris, 1912; siehe auch Zentrales Aktenregister, Denis de Villières, 14. Nivôse, Jahr II: Vollmacht Roettiers Antoinette-Catherine Hermant. Im Inventar der im Besitz der Roettiers gebliebenen Güter: BHVP, ms. 762, f. 25.
130. R. Arnaud, »La Débacle financière de la Révolution«, Cambon (1756–1820); Perrin, Paris, 1926; Mehée de la Touche, »Coup d'oeil d'un aveugle sur l'administration du contrôleur général Cambon«, s.l., 1794.
131. J. Laffitte, »Mémoires« (1767–1844), von Paul Buchon veröffentlicht, Firmin-Didot, Paris, 1922.
132. J. Bouchary, »Les Manieurs d'argent«, Band II, S. 38. Über Perrégaux siehe Lhomer, »Le banquier Perrégaux et sa fille la duchesse de Raguse«, Paris, 1925, und insbesondere J.-L. Rieser, »Les relations franco-helvétiques sous la Convention«, Dijon, 1927.
133. A. de Coigny, a. a. O., S. 123.
134. J.-B. Dubois, »Dubois d'Ossonville« genannt (1753–1833), stand unter dem Ancien Régime im Dienst des Grafen von Salisbruy und eröffnete zu Beginn der Revolution ein Café in Paris. Er ließ sich zum Friedensrichter ernennen (Nov. 1791) und trat der Geheimpolizei Ludwigs XVI. bei. Als Spitzel des Sicherheitsausschusses in den Jahren 1793 und 1794 war er vor allem damit beauftragt, die Falschmünzer zu verfolgen. Thermidorianer nach dem Sturz Robespierres, wird er nichtsdestoweniger in die Deportation nach Cayenne geschickt, ergreift jedoch die Flucht. Er taucht nacheinander in Hamburg, London, Madrid und Olmütz auf, tritt alsdann in den Dienst der Geheimpolizei Bonapartes und entgeht knapp dem Todesurteil wegen Hochverrats. Der ehemalige »Terrorist« bleibt unter der Restauration völlig unbehelligt und beendet sein Leben friedlich als Polizeikommissar des Viertels der Ile-Saint-Louis.
(Siehe die Memoiren von Durfort de Cheverny und des Grafen de Moré sowie von Ch. d'Héricault, »Fragments des Mémoires de Dossonville«, Revue de la Révolution 1884).
135. BHVP, ms. 775, f. 168.
136. AN, W 152, L. 2 (227).
137. Estat (Lucrèce von), Schwester von Mme de Billens, Mätresse, dann Frau des Geschäftsträgers Ocariz, der nach dem 10. August 1792 als Botschafter Spaniens in Paris fungierte. Es fehlte nicht viel, und Lucrèce d'Estat wäre in Passy gleichzeitig mit A. Chénier festgenommen worden. 1793, nach der Verhaftung des Abbés d'Espagnac in ihrer Wohnung, Rue Caumartin, verbrannte sie die Korrespondenz zwischen Dumouriez und dem Abbé.

138. Lavaud (»Les Campagnes d'un avocat«, Paris, 1819. Dem Abbé d'Espagnac wurde von dem Polizeiinspektor Louis Jouenne zur Flucht verholfen (Labat).
139. A. de Lestapis, La »Conspiration de Batz«, Paris, 1969.
140. Seilhac, »L'Abbé Marc-René Sahuguet d'Espagnac«, Tulles, 1881, und Bulletin de la Sté. historique de Paris et de l'Ile-de-France, 1934, S. 28.
141. AN, AF, II 292, f. 113 (17. August 1817).
142. AN, F 7 4673, Dokument 459 (25. Floreal, Jahr II).
143. François-Élie Ducoster wurde im Messidor zusammen mit der Frau seines Teilhabers Laplaigne festgenommen und in das Gefängnis von Saint-Lazare eingewiesen. Er und die in Paris während der Schreckensherrschaft weilenden Schweizer werden in der Korrespondenz von Barthélemy erwähnt. Siehe auch die Denunziation von Ferrières-Sauvebeuf (F 4706).
144. Über die Beziehungen von Romey ist im zentralen Aktenregister nachzuschlagen, das noch viele unbekannte Dokumente über seine Beziehungen mit Schweizer Geschäftsleuten und Bankiers sowie mit Konterrevolutionären enthält.
145. AN, W 328, Akte 541; siehe Foiret, »Une corporation...«, a. a. O.
146. AN, F 7 4706 (Ferrières-Sauvebeuf), La Feuillide, alias Cappot de Feuillide.
147. E. Daudet, »Magon de la Balue«, Revue des Deux Mondes, 15. März und 1. August 1911. Kurz vor dem 30. Germinal, Jahr II, waren die Magon in dem »Maison de la Santé«, Rue Saint-Maur, inhaftiert: Möglicherweise sind ihre Wertpapiere, die nach ihrer Hinrichtung unauffindbar blieben, dem Bürger Romey anvertraut worden (BHVP, Labat, f. 135, 178, 221). Siehe Berryer, a. a. O.
148. A. Doyon, »Maximilien Radix de Sainte-Foix« (1736–1810), Paris, 1966. Es sei darauf hingewiesen, daß der Polizeiverwalter François Lafosse am 28. Nivôse, Jahr II, an Fouquier-Tinville in Betreff eines »Maison de santé« schrieb, das er mit seiner Schwägerin in Bercy eröffnen wollte. Die Haftanstalt existierte nicht lange, da Lafosse am 29. Prairial des Jahres II mit den »Verschwörern des Auslandes« guillotiniert wurde. AN, W 111, L. 3.
149. Géant (17. Floreal, Jahr II), AN, W 123, L. 1 (131), W 147 (122), W 124, L. 1.
150. Poutet (17. Floreal, Jahr II), AN, W 147 (89), W 116, L. 3 (54), W 178, L. 2 (3 und 4).
151. Collignon (9. Germinal, Jahr II), ms. AN, W 147 (100). Paquet (R), »Bibliographie analytique de l'histoire de Metz pendant la Révolution«, Picard, 1926, S. 712–930.
152. Morisset (25. Germinal, Jahr II), ms., AN, W 147 (14). Barnier (C), »Montargis pendant la Révolution«, Bulletin de Montargis, 1922, S. 165–166.
153. Courtonnel (16. Pluviôse, Jahr II), ms. AN, W 115, L. 2 (17).
154. Grassin (17. Ventôse, Jahr II), ms., AN, W 134 (30). Grassin, »Souvenirs de famille«, s.l.n.d. (BN: 8° Ln^3 1572); Cornillon (J), »Une famille noble de Saint-Géraud le Puy pendant la Terreur«, Amis de Montluçon, 16. Jahr, ms., S. 58–89.
155. Collin (17. Floréal, Jahr II), ms., AN, W 146, L. 3 (6). Paquet (R), Bibliothèque analytique de l'histoire de Metz..., 1926. Poulmaire (M) »Mémoires de l'Académie de Metz«, 1881–82, S. 259–320.
156. Unbekannter, ms., AN, W 121, L. 1 (146).
157. Laviolette (18. Nivôse, Jahr II), ms. AN, W 194 (55) und W 194 (56), Bd. 622, Riouffe, Paris de l'Epinard.
158. Harelle (9. Germinal, Jahr II), ms. AN, W 168 (134).

159. Paisac (geb. Antoinette Albisson) (7. Messidor, Jahr II), ms. AN, W 153 (182), W 152, L. 2 (173); W 146, L. 1 (15); W 139, L. 1 (3), W 124 (124); W 150, L. 2 (178); W 115 (150). A. Lods »L'arrestation de Rabaut de Saint- Etienne«, La Révolution française, Bd. 45, Paris, 1903, S. 354.
160. Gueau-Reverseaux (24. Pluviôse, Jahr II), ms. AN, W 134 (53, 68, 69, 70), W 116 (43), Z 1053; Gruder (V.R.), »The royal provincial intendants, a governing elite in 18th century«, New York, 1968; Bluche (F), »Les magistrats au Grand Conseil au XVIIIe siècle«, Literarische Annalen der Universität von Besançon, Paris, 1966.
161. Bottagne, ms. AN, W 171 (47).
162. Paillot (14. Pluviôse, Jahr II), ms., AN, W 134 (35), Babeau (A), »Histoire de Troyes pendant la Révolution«, 1787–1792, Paris, 1873, Bd. 2; Paillot (R.), »Journal d'un émigré«, Bruxelles, 1909; Babeau (A.), »Histoire de Troyes pendant la R.F.«, Paris, 1874.
163. Duplain (21. Messidor, Jahr II), ms. AN, W 146, L. 2 (105), F 7 4694 »Notes tirées d'un portefeuille anglais« (BHVP: 106907). Lablée, »Relations de ce qui s'est passé au Luxembourg«, Paris, 1823.
164. Saint-Laurent, ms. AN, W 116, L. 2 (3).
165. Beaulieu de Surville (9. Mai 1793), ms. AN, W 134 (111). Le Bihan, Dulac.
166. La Rouërie, Bibl.: Pocquet du Haut Jusse, »La Rouërie a-t-il été le père de la chouannerie?«, AHRF, 1967.
Siehe Index de la Société historique et archéologique de l'arrondissement de Saint-Malo.
167. Groult de la Motte (18. Juni 1793), ms. AN, W 134 (94), W 134 (105).
168. Moëllien (18. Juni 1793), ms. AN, w 134 (96).
169. Fontevieux (18. Juni 1793), ms. AN, W 134 (109). Roman d'Amat, Bd. X; Lasseray, »Les Français sous les treize étoiles«, Paris, 1935, S. 216.
170. Morin de Launay, ms. AN, W 134 (93).
171. Vincent, ms. AN, W 134 (91 und 126). J. Haize, »Un lieutenant du marquis de la Rouërie«; G.J. Vincent, Saint-Servan, Haize, 1906.
172. Lamotte-La Guyomarais, ms. AN, W 134 (103).
173. Th. Courteaux, »Histoire générale de la famille Pontavice«, Paris, 1901. Pontavice, ms. AN, W 134 (98 und 102) Labat.
174. Locquet de Grandville, ms. AN, W 134 (24 und 104). E. Fournier, »Une Malouine au temps de la Révolution«, 1922.
175. La Fonchais, ms. AN, W 117 (46). Levot, »Biographie bretonne«, Bd. 2, 1857, S. 97–100; Bordeaux (H.), »Les trois soeurs des Isles«, Paris, 1952; Le Bastart de Villeneuve (P.), »André Desilles«, Nel, Paris, 1977.
176. Picot-Lemoëlan, ms. AN, W 134 (92). D. Darrah, »Conspiracy in Paris«, Expo-Press, New York, 1953.
177. Berger (13. September 1973), ms. AN, W 136 (137).
178. Rutant (5. Okt. 1793), ms. AN, W 134 (36). Rutant (A.), »Pétition«, Nancy, 1793, BN, 8° LN 27 18145.
179. Gorsas (7. Okt. 1793), ms. AN, W 123, L. 1 (59). S. Gorgeix, A.J. Gorsas, »Informations historiques«, 1953, 5, S. 179–183; Kuscinski, S. 299. Le Bihan, S. 229. Michaud, Robert und Cougny, Bd. 3, S. 208.
180. Barbot (20. Vendémiaire, Jahr II), ms. AN, W 123, L. 1 (60), W 177 (18). S. La-

croix, »Actes de la Commune de Paris«, Bd. VI, S. 348, und Bd. VII, S. 658; »Compte rendu aux Sans-Culottes«, Dulac, Le Glaive vengeur.
181. Marie-Antoinette (16. Okt. 1793). Tourneux, I (4180–4186); IV (21220–21230).
182. Wormeselle (12. Brumaire, Jahr II), ms. AN, W 131 (172), W 132, L. 1 (52), W 123, L. 1 (66); E. Labadie, »La Presse bordelaise pendant la Révolution«, Bordeaux, 1910, »Journal de Bordeaux et du département de la Gironde«; A. Forrest, »Society and Politics in revolutionary Bordeaux«, Oxford University Press, 1975, S. 126.
183. Lemoine (12. Brumaire, Jahr II), ms. AN, W 134 (51), W 132, L. 1 (52); A. Forrest, »Society and Politics in revolutionary Bordeaux«, Oxford University Press, 1975, S. 126. Le Moniteur.
184. Gouges (13. Brumaire, Jahr II), ms. AN, W 131 (192). O. Blanc, »Olympe de Gouges«, Syros, Paris, 1981.
185. Coutelet (14. Brumaire, Jahr II), ms. AN, W 134 (29). P. Gaulot, »Les Petites Victimes de la Terreur«, Plon Nourrit, Paris, 1912, S. 34.
186. Kolly (3. Mai 1793), ms. AN, W 134 (38), W 134 (38), W 123 (73), W 81, L. 3 (1); AF 11 286, 1637, 1683, 1685. P. Gaulot, »Madame de Kolly«, Revue Hebdomadaire, 2. Serie, 4. Jahr (VII und VIII); E. Seligman, »Mme de Kolly. Une conspiration politique et financière«, Paris, Juven, 1904; Bouchary, »Les Manieurs d'argent«, Bd. II, Paris, 1939. Le Bihan, Dulac, usw.
187. Gorneau (13. Frimaire, Jahr II) ms. AN, W 123, L. 1 (6), W 116 (144). P.R. Beyrrier, »Souvenirs«, Paris 1840.
188. Dufresne (13. Frimaire, Jahr II), ms. AN, W 123, L. 1 (7 und 80). Tuetey, Bd. X.
189. Léonard, ms. AN, W 131 (169) und AF 11 48, 371, 18, F 7 4774[17], D 4. Bouchary, »Faux-Monnayeurs sous la Révolution«, Paris, 1946. Der gleichen Motive wegen verurteilt, wurde der Bürger Dubiez am 5. Germinal, Jahr II, hingerichtet. Sein letzter Brief: AN, W 147 (102).
190. Pinard (19. Frimaire, Jahr II), ms. AN, W 134 (131).
191. Rigaud (19. Frimaire, Jahr II), ms. AN, W 131 (39). Caron, Bd. VI, S. 310.
192. Serpaud (25. Frimaire, Jahr II), ms. AN, W 134 (77), W 195 (168).
193. Blouet (25. Frimaire, Jahr II), ms. AN, W 134 (37), W 131 (86). Foiret, »Une corporation parisienne pendant la Révolution«, Paris, 1912.
194. Clément (6. Nivôse, Jahr II), ms. AN, W 134 (163). Tuetey, Bd. IX, 982 und 983; Caron, Bd. II, S. 298.
195. Dietrich (8. Nivôse, Jahr II), Riouffe, »Mémoires d'un détenu«, 2. Auflage, Paris, Jahr III, S. 193; A. Mathiez, »Un complice de La Fayette«, AHRF, S. 389 und 471. Roman d'Amat, Bd. XI.
196. Custine (14. Nivôse, Jahr II), ms. AN, W 141, L. 1 (15 und folgende), »Mémoires sur les prisons«, Bd. 1, S. 133–135, Roman d'Amat, Bd. IX.
197. Charras (11. Pluviôse, Jahr II), ms. AN, W 171, L. 2 (24), W 115, L. 3 (64), W 121 (154), F 7 4641, T 1683.
198. Roettiers (11. Pluviôse, Jahr II), ms. AN, W 115, L. 1 (142).
199. Vernon (Domherr), »La petite Vendée Briarde, ou Coulommiers sous la Terreur«; E. Dessaint »Coulommiers sous la Terreur« (BN, 8° Lk[7] 43915); Marolles, »Lettres d'une mère, épisodes de la Terreur« (1791–1793), Paris, 1901; M. Vovelle, »Religion et Révolution. La déchristianisation de l'an II«, Paris, Hachette, 1976.

200. Blancheton, AN, W 134 (34).
201. Deltombe, AN, W 134 (23).
202. Igonnet, AN, W 134 (53 und 54).
203. Prévost de la Plumasserie, AN, W 134 (71).
204. Merlin, AN, W 123, L. 1 (63).
205. Maulnoir, AN, W 123, L. 1 (84).
206. Martin, AN, W 134 (75).
207. Augier de Baulny, AN, W 134 (72).
208. Troussebois (19. Pluviôse, Jahr II), ms. AN, W 123, L. 1 (81), F 7 4434, Raoul Armand, »Sous la rafale«, Paris, 1913.
209. Millin-Labrosse (23. Pluviôse, Jahr II), ms. AN, W 134 (161), W 115, L. 3 (54).
210. Fourcault de Pavant (2. Ventôse, Jahr II), ms. AN, W 135 (140), AF+ II 294, Le Bihan; Foiret; J. Houdard, »Etat du notariat français à la fin du XVIIIème siècle«.
211. Maussion (6. Ventôse, Jahr II), ms. AN, W 134 (65), W 145 (258), W 193, BHVP, Berthe, Maussion (Mlle de), »Mémoires«, P. 1980, Le Bihan, Caron usw.
212. Prunelle (12. Ventôse, Jahr II), ms. AN, W 134 (61).
213. Villemain (7. Germinal, Jahr II), ms. AN, W 134 (25, 49, 55 bis 58, 156 bis 160), W 115, L. 2 (36), W 146, L. 3 (30), W 145 (233). A.Soboul, »Les Sans-Culottes«, Paris, 1966; P. Caron, Bd. I, S. 330–331.
214. Poiré (9. Germinal, Jahr II), ms. AN, W 134 (27). A. Soboul, »Les Sans-Culottes«, Seuil, Paris, 1966, S. 50.
215. Gattey (25. Germinal, Jahr II), ms. AN, W 152, L. 2 (27). H. Calvet, »Un instrument de la Terreur...«, Paris, 1941; A. Begis, »Persécutions des libraires pendant la Terreur«, Le livre, Bibliothèque rétrospective, V, 1884, S. 177.
216. Lavoisier (19. Floréal, Jahr II), ms. AN, W 153, L. 2, S. 16 und 42. A.P. Berrier, »Souvenirs...de 1774 à 1838«, Paris. Dujarric und Chabrier, »La vie et l'œuvre de Lavoisier«, Michel, Paris, 1959.
217. Lubomirska (3. Floréal, Jahr II), ms. AN, W 152 (201), W 150 (204), W 136, L. 2 (149), W 116 (40), W 115, L. 2 (170), W 115, L. 2 (26). C. Stryenski, »Deux victimes de la Terreur«, Girard et Villevelle, Paris, s.d.
218. Salm-Kyrburg (5. Thermidor, Jahr II), ms. AN, BB 3 68 (197). H. Wendel, Deux Salm »La Révolution française«, Oktober 1934, S. 325; H. Thirion, »Le Palais de la Légion d'honneur... précédé d'une notice sur le prince de Salm«, Versailles, 1883.
219. Paville (4. Prairial, Jahr II), ms. AN, U 1021, T 704. L. Baragnon »Abrégé de l'histoire de Nîmes«, Nîmes, 1831–1835; A. Durand, »Histoire religieuse du département du Gard pendant la Révolution« Nîmes, 1918.
220. Dufouleur de Courneuve (16. Prairial, Jahr II), ms. AN, W 134 (50), W 116 (94), Foiret, Le Bihan usw.
221. Raucourt, ms. AN, W 124, L. 2 (124).
222. Guy d'Arsy (5. Thermidor, Jahr II), »Lettre de M.G...d'A... alors détenu dans la maison des Carmes, adressée à son épouse« s.l.n.d., 8°, 23 S. BN, Lb[41] 3963; L. Boissonnade, »Saint-Domingue à la veille de la Révolution«, Paris, 1906, S. 52; G. Debien, »Les Colons de Saint-Domingue et la Révolution; Essai sur le Club de Massiac«, Paris, 1953, S. 59; Le Bihan, S. 231. Robert et Cougny, S. 227. Michaud.

223. Fouquier-Tinville (17. Floréal, Jahr II), ms. AN, W 479, Nr. 550, S. 41, W 118 (zwischen 4 und 31); W 123, L. 2 (88); W 129, S. 16; W 152, L. 1 (108). A. Dunoyer, »Fouquier-Tinville«, Paris. P. Labracherie, »Fouquier- Tinville«, Fayard, Paris, 1961.
224. Babeuf (5. Prairial, Jahr V), ms. Historische Bibliothek der Stadt Paris, ms. 774, f. 250 und ms. 1214, f. 76. Bibl.: Zehn-Jahres-Aufstellungen der »Annales Historiques de la Révolution française«. Siehe ebenfalls den schönen Abschiedsbrief von Goujon (mit Babeuf verurteilt), der nach seinem Tod veröffentlicht wurde.

Bildnachweise:

Archives Nationales, Paris: 13
Bulloz/Musée Carnavalet, Paris: 2
Jean Loup Charmet, Paris: 6, 11 (Bibliothèque Nationale)
Archives E.R.L./Bibliothèque Nationale, Paris: 8
Giraudon, Paris: 3 (Musée Carnavalet), 10 (Musée Lambinet), 12 (Musée Carnavalet)
Roger-Viollet, Paris: 1, 4, 5 (Musée Carnavalet), 9 (Bibliothèque Nationale)
Éditions Tallandler/Musée Carnavalet, Paris: 7

Bibliographie

ANONYME, *Les Hommes de la Terreur,* Paris, 1854.
ANONYME, *Tableau historique de la maison Lazare,* Paris, 1828.
ARDASCHEFF, P.: Les Intendants de province sous Louis XVI, Genf, 1909.
AUDOUIN, X.: L'Intérieur des maisons d'arrêt, Paris, 1795.
AULARD, F.A.: La Société des Jacobins, Paris, 1889–1897.
BAULT Récit exact des derniers moments de la captivité de la Reine, Paris, 1817.
BEAULIEU, *Essai historique sur les causes et les effets de la Révolution,* 1801.
BELLONI, *Le Comité de sûreté générale,* Paris, 1927.
BECQ DE FOUQUIÈRES, *Œuvres en prose d'André Chénier,* Paris, 1881.
BERRYER, P.N.: *Souvenirs de 1774 à 1838,* Paris, 1839.
BEUGNOT, Graf: *Mémoires,* Paris, 1866.
BILLARD, M.: »Les maisons de santé sous la Terreur«, *Chronique Médicale,* 1912.
BILLARD, M.: *Les Femmes enceintes devant le Tribunal révolutionnaire,* Paris, 1909.
BIZARD u. CHAPON, *Histoire de la prison de Saint-Lazare,* Paris, 1925.
BLANC, L.: *Histoire de la Révolution française,* Paris, 1865.
BLUCHE, F.: *Les Magistrats du Grand Conseil,* Paris, 1966.
BOHM, Gräfin von: *Les Prisons en 1793,* Paris, 1830.
BONNEMAIN, *Les Chemises rouges,* Paris, Jahr VII.
BOUCHARY, J.: *Les Manieurs d'argent à Paris à la fin du XVIIIe siècle,* Paris, 1939–1943.
BOUCHARY J.: *Les Faux-Monnayeurs sous la Révolution française,* Paris, 1940.
BOULOISEAU, M.: *La République Jacobine,* Paris.
BRU, P.: *Histoire de Bicêtre,* Paris, 1890.
CALVET, H.: Un instrument de la Terreur à Paris, le Comité de salut public ou de surveillance du département de Paris, Paris, 1941.
CARON, P.: *Tableaux de dépréciation du papier- monnaie,* Paris, 1909.
CARON, P.: *Paris pendant la Terreur. Rapport des agents secrets du ministre de l'Intérieur,* Paris, 1910–1949 (6 Bde. u. Index).
CHAUSSINAND-NOGARET, G.: *Gens de finances au XVIIIe siècle,* Paris, 1972.
CIORANESCU, A.: *Bibliographie de la littérature française du XVIIIe siècle,* Paris, 1969.
COBB, R.: *La Protestation populaire en France (1789–1820),* Paris, 1975.
COBB, R.: *Terreur et subsistances (1793–1795),* Paris, 1965.
COIGNY, A. von: *Journal,* présenté par A.-M. Grangé, Paris, 1981.
CONAN, La Dernière compagnie des Indes, Paris, 1942.
COURET, E.: *Histoire complète de la prison politique de Sainte-Pélagie,* Paris, 1895.
DURAS, Herzogin von: *Journal des prisons de mon père...,* Paris, 1889.
DAUBAN, C.-A.: *Les Prisons de Paris sous la Révolution,* Paris, 1870.
Débats de la convention nationale, Paris, 1828, 5 Bde.

DELAUNAY, P.: *La Prison de Port-Libre,* Paris, 1909.
DOUARCHE, *Les Tribunaux civils de Paris pendant la Révolution,* Paris, 1905–1907.
DOUCET-SURINY, *Mémoire sur trois arrestations...,* Prairial des Jahres II.
DOWD, D.-L.: *Security and secret police during the reign of Terror,* 1956.
DU BLED, V.: *La Société dans les prisons de Paris pendant la Terreur,* Paris, 1892.
DUSAULCHOY, *L'Agonie de Saint-Lazare,* s.l.n.d.
ELIOTT, G.-D.: *Mémoires sur la Révolution française,* Paris, 1861.
FELKAY, N.: *En prison sous la Terreur. Souvenirs de Billecoq,* Paris, 1981.
FLEURY, *Mémoires,* hg. von Lafitte, Paris, 1844.
FOIGNET, *Encore une victime, ou Mémoires d'un prisonnier... des Anglaises,* s.l.n.d.
FOIRET, P.: *Une corporation parisienne pendant la Révolution,* Paris, 1912.
GASTON, Abbé J.: *Une prison parisienne sous la Terreur: le couvent des bénédictines anglaises du Champ-de-l'Alouette,* Paris, 1909.
GODECHOT, J.: *La Contre-Révolution. Doctrine et action (1789–1804),* Paris, 1961.
GODECHOT, J.: *Les Institutions de la France sous la Révolution et l'Empire, Paris, 1951.*
GOODWIN, A.: »*The underworld of the french revolutionary Terror«, Memoirs and proceedings of the Manchester and philosophical Society,* 1954–1955.
GRUDER, V.-R.: *The royal provincial Intendants, a governing elite in 18th century,* New York, 1968.
HAUTERIVE, E.: *Mouchards et Policiers.* Paris, 1930.
HAUTERIVE, E.: *Figaro policier.* Paris, 1927.
HERLAUT, *Le Général rouge,* Paris, 1856.
HESDIN, R.: *Journal of a spy in Paris during the reign of Terror,* London, 1895.
JANZE, A. von: *Les Financiers d'autrefois,* Paris, 1886.
JACOB, L.: *Les Suspects pendant la Révolution (1789–1794),* Paris, 1952.
JACOB, L.: *Hébert, le père Duchêne,* Paris, 1950.
Jugements du tribunal révolutionnaire, Paris, 1793–1795.
LABAT, L.: Bibl. Hist. Ville de Paris, mss 816 bis 856.
LA CHABEAUSSIÈRE, *Les Huit mois d'un détenu aux Madelonnettes,* Jahr III.
LACROIX, S.: *Le Département de la Seine pendant la Révolution,* Paris, 1904.
LA LAURENCIE, J. von: *Une maison de détention sous la Terreur, l'hôtel des bénédictins anglais,* Paris, 1905.
LAMBEAU, L.: *Une prison parisienne dans la rue des Lions- Saint-Paul,* Cité, XIV, 1919, S. 201.
LAVAUX, *Les Campagnes d'un avocat,* Paris, 1819.
LE BIHAN, A.: *Francs-Maçons parisiens du Grand-Orient de France,* Paris, BN, 1966.
LEGRAND, L.: »*L'Hospice du Tribunal révolutionnaire«, Rev. question historiques,* Juli 1890.
LESTAPIS, A. von: *La »conspiration de Batz«,* Paris, 1969.
MAITRON, J.: *Dictionnaire biographique du mouvement ouvrier français (1789–1864),* 1964.
MALLET DU PAN, *Mémoires et Correspondance,* Paris, 1851.
MARICOURT, A. von: *Prisonniers et Prisons de Paris pendant la Terreur,* Paris, 1924.
MATHIEZ, A.: *La Vie chère et le mouvement social sous la Terreur,* Paris, 1927.
MATHIEZ, A.: *Un procès de corruption..., l'affaire de la Cie des Indes,* Paris, 1920.
MEYER, J.: *La Noblesse bretonne au XVIIIe siècle,* Paris, 1972.
MICHAUD, *Biographie Universelle,* 2. Ausg., Paris, 1854.

MITCHELL, A.: *The underground war against Revolutionary France,* Oxford, 1965. Moniteur (1789–1797).
PAREIN, P.M.: *Les Crimes des parlements ou les Horreurs des prisons judiciaires dévoilées,* Paris, 1791.
PARIS DE L'EPINARD, *Mon retour à la vie après quinze mois d'agonie,* s.l.n.d.
PAROY, Graf von: *Mémoires,* Paris, 1895.
PINASSEAU, J.: *L'Émigration militaire,* Paris, 1957.
POISSON, *Les Fournisseurs aux armées sous la Révolution,* Paris, 1932.
POTTET, E.: *Histoire de la Conciergerie,* Paris, 1887.
POTTET, E.: *Histoire de Saint-Lazare,* Paris, 1912.
PROUSSINALLE, *Histoire secrète du Tribunal révolutionnaire,* Paris, 1815.
RICHARD, G.: *La Noblesse d'affaires au XVIIIe siècle,* Paris, 1974.
RIESER, J.-L.: *Les Relations franco-helvétiques sous la Convention,* Dijon, 1927.
RIOUFFE, *Mémoires d'un détenu,* Paris, 1923.
ROBERT u. COUGNY, *Dictionnaire des Parlementaires français,* Paris, 1889–1891.
ROLAND (Mme), *Appel à l'impartiale postérité,* Paris, 2 Bde., s.d.
ROLAND, *Mémoires,* Paris, 1966.
SAINT-EDME (gen. E.T. Bourg): Description historique des prisons de Paris..., Paris, 1828.
STE-CLAIRE DEVILLE P.: *La Commune de l'an II,* Paris, 1946.
SAVINE, A.: *Les Cachots de Paris sous la Terreur,* Paris, 1911.
SENAR, *Mémoires,* hg. von A. Dumesnil, Paris, 1824.
SIX, G.: *Dictionnaire biographique des généraux,* Paris, 1924.
SOBOUL, A.: *Les Sans-Culottes parisiens de l'an II,* Paris, 1958.
SOREL, A.: *Le Couvent des Carmes... pendant la Terreur,* Paris, 1864.
TUETEY, A.: *Les Prisons de Paris en 1792,* Paris, 1902.
TUETEY, A.: *Répertoire des sources manuscrites de l'Histoire de Paris pendant la Révolution,* Neuaufl., Paris, 1890–1913.
VIGEE, *La Nouvelle Chartreuse ou ma détention à Port- Libre,* an III.
VOVELLE, M.: *La chute de la monarchie 1787–1792,* Paris, 1972.
WALTER, G.: *Actes du Tribunal révolutionnaire,* Paris, 1968.

Namenverzeichnis

Adélaïde, Tochter Ludwigs XV. 251
Affrengues, François d' 260, 261
Aigle (siehe Desacres)
Aiguillon, Herzogin von 87, 88
Aine, d' Bürger 120
Alexandre (Anwalt) 152
Aligre, d' 131
Alleray, d' 43
Alquier, C.-J.-M. 130
Amar, J.-B.-A. 131, 137, 139, 289
Angivilliers, Graf d', 23
Antonelle, Marquis von 289
Antraigues, Graf von 76
Aria, Graf d' 31
Armentières, N.-C. de Sennecterre 117
Artois, Graf d' 141, 151, 156, 193, 257
Aubigny, d' 76, 77
Auginot, Bürger 237
Auginot, Bürgerin 238

Babeuf, Camille, genannt Gracchus 57, 287–291, 298
Babin de Grandmaison, Marie 60
Baillard des Combeau, M. 242
Baillard de Troussebois, Armande 242, 243
Baillard, genannt der Ritter von Chorvil 242, 243, 245
Baillard des Combeaux, Fräulein 242, 243
Baillard de Troussebois, J.-J. 242–246
Bailleul 91, 270
Bailli 238
Bailly, J.-S. 115, 222
Balsac 173
Baraguay d'Hilliers, Graf von 76
Barbarou, C.-L.-M. 38
Barbot, J.-J. 189–192

Barère de Vieuzac, B. 65, 135
Baron, A. 223
Barry, Madame du 56, 113, 133, 270
Basire, Cl. 66, 130, 158
Bastde 218
Batz, Baron von 59, 60, 76, 137, 138
Bault 92
Baussancourt, Ph.-Ch.-E. de 271
Beaufort, Gräfin Brandouin de 28, 44, 130
Beauharnais, Alexandre de 87–89, 90
Beauharnais, M.-R., geborene Tascher de la Pagerie 87, 89
Beauharnais, Stéphanie de 48
Beaulieu de Surville, A. 149, 151, 152, 153
Beauvoir, A. de 90
Beauvoir (siehe Regnault de Beauvoir)
Belhomme, genannt »Doktor« 141
Bellanger, Jacques und Pierre 185
Bellecourt (siehe Estat)
Bellescize (siehe Regnault de)
Benoît 262
Berger, Cl.-F. 180–183
Berger, N. 181, 182
Bernard 263
Bernard, Madame 231
Berquet 269
Berryer, P. N. 141, 266
Berthault 188
Bertrand de Molleville, Graf von 23, 56, 136
Béthis, Fräulein de 43
Beugnot, Graf von 91, 98, 101
Beurnonville, Graf von 157, 158
Biéville (siehe Leduc)
Bigny, P.-Ch. Chevenon de 248
Billaud-Varennes, J. N. 157, 298

Billens, Baronin von, geborene d'Estat 21, 140, 229, 231
Biron, Herzog von 53, 54, 105, 224
Blanc, Louis 65
Blanchet, M. 110
Blancheton, Ch.-N. 235
Blondel, geborene Bataille 76
Blouet, A 221
Blouet, J. 220, 221
Bohm, Gräfin von 85
Boilleau 81
Boisguy, A. C. Picquet du 172
Boisguyon 96, 97
Bonnard, E. L. 28, 140
Bonnefoy, Ch. A. F. 106, 108
Bonneuil, Michèle Sentuary 28, 57
Boosey 261
Bottagne 148
Boucher, alias Caumont-Laforce 28
Boucherot 211
Bouchot 119
Boufflers, d'Auteuil 131
Boullainvilliers, Herzog von 42
Boulogne 140
Bourbon, Herzogin von 49
Bourget 82
Bourrée de Corberon 30
Boyaval 72
Boyd, Walter 75, 135, 261
Boyer-Brun, J. M. 273–276
Bréard, J.-N. 205
Briant 132
Brienne (siehe Loménie de Brienne)
Brissot, J.-P. 187, 280
Broglie, Herzog von 45, 147, 268
Brunet 273
Braunschweig, Herzog von 157, 163
Buffon, Graf von 31
Buonarroti 289, 290
Bussy, L.-J.-S. de Barral de 73
Butler, R. de Jassaud 124
Buzot 177

Cagny (siehe Decagny)
Callot 43
Calonne, Herzog von 155, 156, 203
Camasse (siehe Fontevieux)

Cambacérès, J. J. de 268
Cambon, J. 134, 135, 231
Capet (siehe Ludwig XVI.)
Cappot de Feuillide, J. 140
Carnot, L. 121
Carra, J. L. 187
Carteaux 271
Castellane 34, 132, 268
Cauchy 165
Caumont-La Force, A. H. H. de 28, 140
Caylus, Herzogin von 249, 250
Chabot, Fr. 34, 66, 130, 132, 270
Chamfort, S. R. Nicolas 42
Champcenetz, L. Q. 90, 263
Chapt de Rastignac (siehe Peysac)
Charanson 183
Charras, F. de La Laurencie 229, 230
Charras, Anne-Jeanne Roettiers 149, 228–231
Chateaubriand, F.-R. de 27, 155, 161
Chatelet, Herzogin von 22, 34, 52, 101, 130
Chaumette, P. G. 101, 274, 297
Chauveau-Lagarde 29, 40, 186, 253
Chenard 218
Chénier, A. 52, 57, 138
Chervil (siehe Baillard de Chervil)
Chevenoy 123
Chévetel de Latouche 155, 156, 161, 163
Chicard 240
Chimay, Prinzessin von 115, 117
Chodkiewicz (siehe Lubomirska)
Choiseul, Herzogin von 250
Choiseul-Praslin, Herzogin von 28, 118
Choiseul-Stainville (siehe Monaco)
Clément, A. A. 222, 223
Clément 240
Clermont 218
Clermont-Tonnerre, Herzog von 117, 118
Coburg, Prinz von 85
Coffinhal 131
Coigny, Marquis von 46
Coigny, Aimée de (siehe Fleury, de)
Coittant, E. 41, 46, 47
Colbert de Maulévrier, Marquise von 117
Collignon, de Metz 146
Collin, F. 146

Collot 152, 298
Comte, L. 49, 50, 52, 140
Condé, Prinz von 149, 252
Condorcet, M. J. 224
Conquedo 159, 160
Coquery 83, 84
Coquet la Grande Barbe 150
Corday d'Armont, M. A. C. 29, 37–40, 115, 222, 297
Corneille, P. 40
Cornet d'Egré 28
Costard, A. Paville 273–276
Courlet de Boulot, F. D. M. 76–78
Courtonnel, J.-B. 146
Coutelet, M. M. 201–203
Crébillon 212
Crosne, L. Thiroux de 43
Crussol, C.-A. Bersin, Marquise von 131
Crussol d'Amboise, Marquis von 117
Custine, A. L. Ph. F., Marquis von 224, 225–228
Custine, A. de 225
Custine, A. Ph. 226
Custine Delphine de Sabran, Marquise von 87, 225–227
Cuvilly, M.-A.-C.-H. du Moucel, Marquise von 116
Cypierre de Chevilly 251

Dangé 50–52
Danton, G. J. 60, 71, 130, 135, 149, 155, 243, 268, 297
Darmentières (siehe Armentières)
Darthé, A. A. 289, 290
David 171
Decagny 152
Degouge (siehe Gouges)
Deltombe, M. Foi-Franquet 235, 236
Denis de Villiéres, J. 134
Desacres de l'Aigle, L. 23
Descharmes 148
Desclos (siehe La Fonchais)
Descombières, J. F. 273, 274
Desmarets, L. 85
Desmoulins, C. 71, 268, 297
Desmoulins, L. 269
Dessouches 250

Deveaux, A. Saint-Haan 76
Devilliers (alias Denis de Villières) 221
Dietrich, J. 224
Dietrich, F. 224–225
Dillon, A. 71, 72, 132, 268, 269, 297
Dossonville, J. B. 60, 136, 137, 138
Douet, J. C. 76
Doulcet de Pontécoulant 39, 40
Drouet, J.-B. 289
Drouet 77
Du Buat, Marquis von 172
Duchesne (siehe Hébert)
Ducis 211
Ducorneau 96
Ducoster, E. 140
Ducray-Duminil 57
Ducret 115
Dufouleur de Courneuve 276–278
Dufrene 240
Dufresne, Léon 148, 212–215
Dufresne, Frau 21
Duhayet 197
Dumas, R.-F. 97, 131
Dumesnil 218
Dumouriez 132, 135, 141, 158, 268
Dupaumier, F. 65
Duplain de Sainte-Albine 149
Dupuis de la Jarousse 245
Dupuy 211
Durand, J. J. 109, 110
Duras, Herzogin von 73, 75
Durozoy 187
Durtal, Gräfin von 23
Dutard 159
Dutremblay, F.-J.-L. 108
Duval d'Eprémesnil (siehe Eprémesnil)
Duvaucel, I.-Ph. 23

Egasse 188
Eglé (siehe Catherine Halbourg)
Egré (siehe Cornet d'Egré)
Elisabeth (Schwester Ludwigs XVI.) 63, 192, 193
Eprémesnil, F.-A. Sentuary 52, 60
Escayrac, d' 252
Espagnac, M.-R. Sahuguet d'Amarzit 22, 135, 137–139

Espagnac, F.-L.-H. d' 139
Essex 165
Estat (siehe Billens de)
Estat, Lucrêce d' 138

Falempin, H. 284
Fanchon 171
Faverolles, L.-Ch. de 107, 108
Ferniot, J. 76
Ferré 122
Ferrière 258
Ferrières (Jacobiner) 206
Ferrières-Sauvebeuf, L.-F. de 49, 51, 52, 76, 122, 140, 271
Flers, Ch. de Lamotte-Angot 52
Fleury, J.-B. Lafitte 42
Fleury, A. de Coigny 53, 121, 128, 135, 284
Fleury, Marquise von 66
Florian 44
Foi-Franquet (siehe Deltombe)
Foignot 58, 59, 129
Fonfrède, J.-B. Boyer 114
Fontevieux, J.-B.-G. Camasse de 158, 163–165, 172
Forbin d'Oppède, A. de 38
Forceville, F.-A. de 22
Foucaud, F.-R. 203
Fouché, J. 277
Fouquier-Tinville 13, 17, 20, 29–33, 35, 49, 56, 65, 74, 77, 78, 80, 97, 100, 107, 108, 115, 119, 121, 131, 132, 134, 141, 147, 149, 152, 174, 185, 188, 190, 199, 209, 229, 247, 249, 250, 264, 272, 274, 275, 283–287
Fourcault de Pavant, R.-F. 248–251
Fournier 81
Fournier, genannt der Amerikaner 288
François 37
Frey 85
Froidure, N.-M.-A. 52

Galeau 110
Garnier-Launay 133
Gattey, Marie-Claudine 264
Gattey, F.-C. 262–265, 274
Gattey, Frau 264

Géant, J.-C. 145
Georget 37
Gérard, H.-J. 285
Gide 181
Gillet 233
Gorneau, P.-J. 209, 210
Gorneau, E.-P. 209–212
Gorsas, J. 186–189
Gouges, Olympe de 31, 49, 115, 198–201
Gouges, Perre Aubry de 199
Goutenesle du Donjon 245
Gouy d'Arsy, L.-M. 90, 280–283
Gouyou de Beaufort, L.-J. 175
Gramont (siehe Ossun)
Grandmaison (siehe Babin de)
Grandmaison 263
Grassin, M.-L.-F.-H. de Camps 146
Grégoire, Abt 280
Grimaldi, du Sauzay 74
Groult de la Motte, N.-B. 159, 166
Guai 181
Guean de Reverseaux 148
Guérin, Frau 221
Guérin, Herr 188
Guffroy, A.-B.-J. 130
Guillaudens de Bassablons, Th. 166
Gumpelsheimer 135
Guzman 135

Halbourg, Catherine 101
Haller, Camille 49, 50
Haller, Emanuel 140
Haly 76, 77
Hamilton, Lord und Lady 121
Hanriot, Fr. 124, 259
Harcourt, d' 242
Hardancourt 97
Harelle 102
Harelle, J. V. M. 147
Harny 248
Hauër 39
Hébert, J. R., alias »Père Duchesne« 47, 133, 135, 138, 186, 188, 297
Hénin, Prinz von 52, 268
Hérault de Séchelles, M. J. 166, 270
Henriot, J. 79
Herbetot 221

Herman, A. M. J. 70–72, 97
Hessen, Prinz Karl von 76
Heurtault de Lammerville 31
Hohenzollern, A. von, geborene Salm 267, 272, 273
Hornoy, d' 116
Houssaye 166
Hugues, J. Ferniot 76

Igonnet 235, 236
Isles de Cambernon, M.-P. 176
Isles de Cambernon, Angélique des 166, 176–178

Jacquemin, G. 77
Joachim 172
Joannin 171
Joli 213
Joli 51
Jolivet 107, 108
Joly-Braquehaye 246
Josset de Saint-Laurent, L.-J. 149, 252
Jouanne 173
Jourgniac de Saint-Méard 263
Julien de Toulouse 130
Julienne 117
Jumilhac 258

Kalb, F. 36, 37
Karl X. 193, 204
Ker, J. G. 135, 140, 260, 261
Keratry, J. F. M. de 172
Knight 260
Kolly M.-F.-S. de Rabec 48, 203–208
Kolly, P.-P. de 203–208
Kolly, Foucaud de 207

Laborde de Méréville 66
La Chabeaussiére, de 46
La Chapelle 252
Lachâtre, Graf von 130
Lacombe, Claire 57
Lacombe-Puyrégaux 196
La Fayette, General 48, 222, 224, 280
La Ferté 66, 118
La Fleutrie 29, 253
Lafon 197

La Fonchais, J.-R. Desclos de 159, 176
La Fonchais (siehe Isles de Cambernon)
La Fontaine, J. de 209
La Guyomarais, M.-J. Michault de 169–172
La Guyomarais, Familie 157, 158, 163, 169
Lainville 51
La Jeunesse 171
Lalligant-Morillon 155, 157, 158
Lamarlière, Collier de 284
Lambert (siehe Scarra)
Lambertin 29
Lambertye (siehe Villemain)
Lambin 201
Lameth, A. de 87
Lamorlière, R. 102
Lamotte, de 166
Langeac 78
Langlois 235
Lanoue 42
La Pallu, J.-M. 30
La Perche 36
La Plaigne 140
Larivière, L. 32, 33
La Robineau 183
La Rouërie (siehe Tuffin de La Rouërie)
La Tartet 171
Latour Marion 252
La Tour du Pin 42
La Trémoille, Abt von 140, 172, 270, 271
Laubespin (siehe Scorailles)
Launay (siehe Morin de Launay)
Laurent 53
Lauze du Perret 38
La Vacquerie 37
La Valette, F.-J.-E.-T. de 46
Lavalette, Frau von 46
Lavaud 138
Lavergne 274
Laviolette, Catherine Bedtinuer 94, 147, 149
Lavoisier, A.-L. 265, 266
Leblanc 204, 205
Lebon, J. 289
Le Cam 160
Leclerc 117

Lecointre 129
Leduc 233
Leduc de Biéville 276–278
Le Fourdrai 214
Lemercier 191, 192
Lemoine, G.-A. 196–198
Lenfant, Abt 36
Léonard, G. 215–216
Le Roy, Marquis von Montsabert, genannt »Leroy 10.August« 232
Lescale (siehe Roger)
Lestapis, A. 138
Lévis, Herzog von 66
Lézerot 223
L'Harmonnier 107
L'Herbette 31
Lhomme, J. B. 257
Liendon 97
Limoëlan (siehe Picot de Limoëlan)
Liniéres, Esther Pingon de 76
Locquet de Grandville, F.-V. 166, 174–176
Loménie de Brienne 63, 187
Ludwig IX. 64
Ludwig XV. 56, 224, 251
Ludwig XVI. 23, 63, 76, 136, 141, 155, 156, 180, 187, 192, 193, 198, 224, 232, 249, 260, 267, 268, 279, 284, 297
Ludwig XVII. 101
Ludwig XVIII. 137, 184, 193, 204, 268, 269
Lubomirsky, Rosalie Chodkiewicz 267–273
Lubomirski, Alexandre 267
Lux, A. 114, 115

Magon de la Balue 141, 175
Magon de la Belinaye 141
Maillard 220
Maillé, Gräfin von 82, 85
Maillé 85
Maillé, Frau von 116
Maisonneuve 81
Malesherbes, Ch. G. 46, 76
Maleyssie, geborene Lachabeaussiére 46
Maleyssie, Tardieu le 72
Mandrillon 94

Manini 83, 84
Marat, J.-P. 37, 38, 100, 187, 209, 288
Marbeuf, Marquise von 140, 250
Marbeuf, Erzbischof von 249, 250
Maréchal, S. 289
Margueritte, Baron von 273, 274
Marie-Antoinette 17, 102, 192–195, 202, 249, 256, 268, 297
Marillé 218
Marino, J.-J.-B. 41, 69
Martin, G. 236, 240, 241
Massereene, Lord 133
Mathey, Brigitte 187
Mathieu 209
Mauduit, S. 216
Maulévrier (siehe Colbert Maulévrier)
Maulnoir, E.-F. 236, 238–240
Maussion de Cande, E.-Th. de 251–254
Maviatte 191
Maynard, J.-J. 277, 278
Mazuel, J.-B. 31
Melin, A.-J. 66
Ménage-Pressigny, F. 30
Merlin, P. 236–238
Merlin de Douai 268
Merlin de Thionville 135
Mesnil-Simon, J.-H. de 131
Micault-Mainville, M. 170
Millin-Labrosse, C.-V. 246–248
Mirabeau 187
Mirepoix, de 66
Moëlien, S.-H. de 161
Moëlin, Thérèse de (siehe Trojoliff)
Momoro, A.-F. 47, 48, 135
Momoro, Sophie 47
Monaco, Thérèse-Caroline Choiseul-Stainville de 52, 118, 119, 121, 122, 124, 125, 147
Montane, J.-B.-M. 53
Montbard 250
Montjoye, Abt von 263
Montmorency, A.-L. de 220
Montmorin, Graf von 36
Montréal, M.-N. 75
Mony 132, 133
Morel 140
Morin de Launay, G.-M. 166–167

Morisset 146
Mosnier 259
Mostowski 267
Mouchy, A.-C. d'Arpajon 67
Mouchy, de 67, 73
Mougis 37
Moulin 236
Moysoud 208
Muller 88

Napoléon I. 127
Naulin, M.-C. 97
Narbonne, A.-M.-T. de Nonant-Pierrecourt 117, 118, 120
Narbonne-Pelet, H. F. Duplessis-Châtillon de 117–119
Necker, J. 135, 140
Neuvéglise 201
Nicolaï 66
Nicolaï, Familie 249
Nicolaï, Frau von, geborene Lameth 87, 88
Noirette (siehe Blancheton)

Ogier de Baulny 236, 241
Orléans, Herzog von (Philippe-Égalité) 36, 49, 105, 115, 172
Ormesson, Gräfin von 68
Osselin 34
Ossun, Geneviève de Gramont 52, 116, 117

Paillot, Graf von 148
Paladu, Frau von 245
Paraud 213
Paris 231
Paris de l'Épinard 123
Paulze, J. 265
Paville (siehe Costard)
Paysac, A. Albssion 133
Pépin-Desgrouttes 84
Périgord (siehe Talleyrand-Périgord)
Perlet 39
Perrégaux 76, 135, 138
Perrin, F. 171
Perroteau 140
Person, N. J. 172

Person, Elisabeth-Louise 172
Petion 263
Peysac, M. C. Chapt de Rastignac, Baronin von 147
Philippe-Égalité (siehe Orléans)
Philippe IV., der Schöne 73
Picot de Limoëlan, M. J. A. 158, 166, 177–179
Picot de Limoëlan, Fräulein 179
Pigace, Graf von 136
Pinard, Ch.-A. 216–220
Pitt, William 260
Plessis, G. du 73
Poincelot 120
Poiré 261
Poiré, L.-F. 259–262
Polignac, Herzog von 256, 257
Polignac, Diane de 259
Pontavice, L. A. de 158, 159, 172–174
Pontoïse, J. de 64
Postel 238
Pottier de Lille 131
Pottier 183
Potocki, Graf von 269
Pourvoyeur 112, 113
Poutet 145
Prévost 101
Prévost de la Plumasserie 232, 234, 236, 237
Prévost 217
Proly, P.-J.-B. 135
Prouville, Marquis von 205
Provence, Graf von (siehe Ludwig XVIII.)
Prunelle, L. 254–256
Prunelle 255

Querhoënt, F. de Lopriac-Donge, Marquise von 117, 119
Quevrain, C. 117–119, 121, 124, 149

Rabec (siehe Kolly)
Rabourdin, Abt 28
Radix de Sainte-Foix, C.-P.-M. 136, 141
Rastignac, Abt von 36
Raucourt, J.-B.-E. 279–280
Raucourt, F. 53

Regnault de Beauvoir 204–206
Regnault de Bellescize, Ch. 242, 243
Rembrandt 43
Rhoze 218
Ribeau 274, 275
Richard (engl. Gefangener) 51
Richard, Herr 33, 92, 102, 105
Richard, Frau 105
Richer de Sérizy 48
Rigaud, Ph. 216–220
Riou de Salaün 38
Riouffe 55, 92
Rivarol, A. 90, 263
Rivier 38
Riviers de Mauny, J.-F. 151, 152
Robert, H. 57, 78
Robert (Pseudonym de Batz) 60
Robespierre, M. 54, 60, 69, 72, 75, 77, 100, 115, 124, 127, 128, 141, 145, 149, 199, 283, 297, 289, 298
Robineau de Beaunoir, Adélaïde 140
Roblâtre 87
Rochecouart, Armide Durey de Morsan 28, 132, 133
Roettiers de la Chauvinerie, E. 134, 228–231
Roger Victoire de Lescale 272
Rohan-Chabot 249, 250
Roland, M.-J. Ph. 17, 36, 53, 54, 56, 115, 132, 177, 198
Rollet d'Avaux 122
Romey 76
Romey, J. B. 138–140
Ronsin 79
Rose du Rempart 260, 261
Roucher, J.A. 57, 58, 82
Rouërie (siehe Tuffin de la Rouerie)
Rouget de l'Isle 224
Rousseau 188
Rouvroy de Saint-Simon (siehe Saint-Simon)
Rovère 130
Ruey, C. du 252
Rutant, André 185
Rutant, Jeanne-Charlotte 183–186

Sabran (siehe Custine)

Sagué 218
Saint-Aignan, P.-M.-V. Beauvilliers de 82
Saint-Hurugue, Marquis von 76
Saint-Just 187, 287
Saint-Maurice 218
Saint-Paul, P. P. de 52
Saint-Sernon, Herr von 258
Saint-Simon, Herzog von 117
Saint-Simon Rouvroy de 27
Saint-Amaranthe, E. 60
Saint-Amaranthe, J. F. 60
Sainte-Amaranthe, L. 60
Sainte-Foix (siehe Radix de Sainte-Foix)
Salm-Kyrbourg, Prinz von 90, 267–273
Sanson 77
Sanson, H. 96, 108
Santerre, A. J. 204
Saron 238
Saurin 212
Saussier 183
Saxe-Cobourg (siehe Coburg)
Scarra 28
Scorailles, E.-Ch. de 130
Ségur, Graf von 46, 66
Sénard 238
Séris 209
Serpaud, J. 220, 221
Sevestre, J. F. M. 157
Sévin, C. 101
Sillery, Baron von 114
Simiane, A. de Damas 48
Simon 135
Simon (Abgeordneter) 71, 72
Sombreuil, Baron von 48
Sophie 251
Soulès 52
Souque 30
Sourdille-Lavalette P. J. 147
Subleyras 97

Talleyrand-Périgord 259
Talleyrand-Périgord, S. de Viriville 82, 124
Tallien, J. 129, 196
Talmon, Prinz von 270
Talon 136

Tayra 218
Teissier (siehe Margueritte)
Thébault de la Chauvinière, E.-V.-A. 158
Théroigne de Méricourt 198
Thibaudeau 288
Tisset 205
Titon, J.-B.-M.-P. 74
Toussot 254
Toustin 77
Treilhard 209
Trenck, Baron F. von 85, 86
Tripotin 111
Trojoliff, Thérèse de Moëllien 156, 158, 159, 161
Troçon du Coudray 175
Troussebois, L.-M. de 242
Troussebois (siehe Baillard)
Tuffin de la Rouërie, Armand 155–159, 161, 163, 166, 167, 172, 177, 179
Tunduti de la Balmondière 112
Turgot 224
Turpin 76

Uzelle, Rose 204

Vadier, M. G. A. 135, 289
Valagnos 64, 65

Vaubertrand 41, 43
Vendel 162
Vergniaud, P. V. 36, 40, 186
Vernantois (siehe Courlet de Boulot)
Viée 37
Vielle, M.-Th. 139
Vigéc 44, 45
Vigée-Lebrun, E. 57, 121
Vigny, A. de 270
Villemain, Cl.-M. de Lambertye 256–259
Villemain, N.-P.-E.-G. 256, 257
Vincent, G. J. J. 158, 166–169
Vincent 167
Viotte, A. D. B. 122
Virolle 88
Voulland, H. 65, 274, 275
Vuibert, J. S. 279

William Arabella Mallet, E. 76
Wimpfen, F. von 38
Wormeselle, G. Rochon de 196–198
Wormeselle 197

Ysabeau, A. C. 196

Zweibrücken, Herzog von 28, 140, 163

Gordon Brook-Shepherd
MONARCHIEN IM ABENDROT
Europas Herrscherhäuser bis 1914
ca. 450 Seiten

Die neun Kaiser- und Königshöfe Europas waren eine Welt für sich. Da führten die Monarchen mit ihren Kaiserinnen und Königinnen, Prinzen und Prinzessinnen samt Gefolge ein höchst exotisches Leben fernab vom grauen Alltag ihrer Untertanen. Brook-Shepherds feine englische Art macht die Lektüre dieses Buches zu einem Hochgenuß.
Der Genuß ist mit Gewinn verbunden. Brook-Shepherd hat nämlich das erste Buch geschrieben, das die Vorgeschichte des Ersten Weltkrieges vom Verhalten der europäischen Herrscherhäuser her aufhellt. Seine Darstellung führt bis etwa zur Mitte des 19. Jahrhunderts zurück, als sich das Netz der intim miteinander verwandten und verschwägerten Dynastien bildete, das mit dem Ersten Weltkrieg zerriß: Der Ehrgeiz der einen, die Achtlosigkeit der anderen und die Unfähigkeit beinaher aller Monarchen haben wesentlich dazu beigetragen.
Es macht den besonderen Reiz dieses Buches aus, daß es die europäischen Herrscherfamilien in ihrem Abendrot vor 1914 respektlos, doch mit Sympathie porträtiert und sie trotz der Fremdartigkeit ihrer Welt als Menschen glaubhaft werden läßt.

Gordon Brook-Shepherd, Autor von vielbeachteten historischen Büchern, studierte an der Universität Cambridge Geschichte. Nach dem Zweiten Weltkrieg war er Oberstleutnant beim Alliierten Rat und später Redaktionschef des *Daily Telegraph*. Anschließend wurde er Auslandsberichterstatter und stellvertretender Chefredakteur des *Sunday Telegraph*. Als Historiker hat er sich insbesondere mit der Geschichte Deutschlands und Österreichs befaßt.

PAUL ZSOLNAY VERLAG